"十四五"普通高等教育精品系列教材

根据2023年最新会计准则修订

高级财务会计

（第四版）

▶ 主 编◎胡世强　曹明才　刘金彬　刘 羽

西南财经大学出版社

中国·成都

图书在版编目(CIP)数据

高级财务会计/胡世强等主编.—4 版.—成都:西南财经大学出版社,
2023.11
ISBN 978-7-5504-6001-0

Ⅰ.①高… Ⅱ.①胡… Ⅲ.①财务会计 Ⅳ.①F234.4

中国国家版本馆 CIP 数据核字(2023)第 222090 号

高级财务会计(第四版)
GAOJI CAIWU KUAIJI

主编 胡世强 曹明才 刘金彬 刘 羽

策划编辑:孙 婧
责任编辑:孙 婧
助理编辑:陈婷婷
责任校对:李 琼
封面设计:墨创文化 张姗姗
责任印制:朱曼丽

出版发行	西南财经大学出版社(四川省成都市光华村街 55 号)
网 址	http://cbs.swufe.edu.cn
电子邮件	bookcj@swufe.edu.cn
邮政编码	610074
电 话	028-87353785
照 排	四川胜翔数码印务设计有限公司
印 刷	郫县犀浦印刷厂
成品尺寸	185mm×260mm
印 张	14.5
字 数	335 千字
版 次	2023 年 11 月第 4 版
印 次	2023 年 11 月第 1 次印刷
印 数	1—2000 册
书 号	ISBN 978-7-5504-6001-0
定 价	39.80 元

总 序

  21世纪普通高等院校系列规划教材自2008年首次策划和出版以来，通过西南地区普通高等院校经济管理学院院长联席会议多轮次研讨，按照"分类指导、突出特色、重在改革"的原则，以教育教学改革和优质资源共享为手段，以提高人才培养质量为目标，先后编写和出版了九个系列百余本经济管理类本科教材，对推动普通高等院校经济管理类本科教材建设和课堂教学质量提升取得了良好的效果。

  党的十九大以来，中国高等教育进入了新的发展阶段。以习近平同志为核心的党中央高度重视高等教育，对高等教育工作做出了一系列重大决策部署，要求高校落实立德树人的根本任务，坚持"以本为本"、推进"四个回归"，建设一流本科教育。《教育部关于加快建设高水平本科教育全面提高人才培养能力的意见》（又称"新时代高教40条"）对新时代高等教育的指导思想、总体目标和主要任务进行了全面和系统的规定。2018年，教育部启动"六卓越一拔尖"计划2.0，提出了建设新工科、新医科、新农科、新文科，其中新文科建设成为人文社科类一流本科专业建设的目标和方向。

  近20年来，无论是财经院校或综合性高等院校，还是地方院校或专业性高等院校，经济管理类专业招生规模增长迅速，经济管理类专业建设是新文科建设的重要内容。在新文科建设背景下，近年来，有专家、学者根据经济管理类专业的教育教学规律和特征，提出了新财经和新商科教育的理念。新文科就是用符合世界高等教育发展规律和中国特色社会主义建设要求的新理念、新模式、新理论和新方法，改造传统的人文社科专业，以实现人文社科专业的新交叉、新功能、新范式与新路径。它是一个覆盖哲、史、经、管、文、教、法七个人文社科学科门类的广义概念。新文科建设主要包含学科专业交叉、人才培养和教育教学改革三个方面。新财经是新文科的一个分支，是经济学与管理学门类学科专业的新文科建设。概括而言，就是根据教育发展规律，立足中国基本经济制度和经济社会发展的阶段性特征，用新理论、新思想、新技术和新方法改造传统的经济管理学科教育教学，达成经济管理学科教育教学的新体系、新模式、新路径和新质量。新商科是新文科的建设思路在管理学科专业特别是工商管理和部分应用性经济学科专业的应用，目的是培养既掌握商科知识，又具有现代技术特别是信息技术运用能力的应用型和管理型人才。

教育部建设一流本科教育的主要抓手是一流专业、一流课程的两个"双万计划"，并对一流课程建设提出了体现高阶性、创新性和挑战度的"两性一度"要求，而一流课程必须有一流的教材支撑。"新时代高教40条"对一流教材也提出了明确要求，即必须创新教材呈现方式和话语体系，实现理论体系向教材体系转化、教材体系向教学体系转化、教学体系向学生知识体系和价值体系转化（三个"转化"），体现教材的科学性、前沿性，增强教材的针对性、实效性，让教材成为教书和育人相统一的载体。这意味着在新文科建设背景下，新财经教材既要服务于一流课程建设，提高"两性一度"，又要服务于中国特色的哲学社会科学理论体系、学术体系和话语体系，更要服务于本科教育教学的知识传授、价值塑造和能力培养三大基本功能的发挥。党的二十大报告指出"加强教材建设和管理"。因此，编委会决定按照新文科建设的新要求，以新财经教材为目标，引导和指导各相关教师对已有课程教材进行大幅度的修订或重编，并根据本科专业建设和发展的需要，组织编写新课程教材。总体而言，我们将对新财经教材进行三项改革，并力图体现三个特征：

第一，改革教材的理论知识体系，吸收最新学科专业成果，体现出新财经教材的科学性和挑战度。其一，教材必须要吸收最新学科理论成果。进入新世纪以来，随着科技革命的不断深入，经济不断全球化和信息化，以科技为先导、以经济为中心的综合国力竞争不断加剧，再加上气候变化、新冠疫情（新型冠状病毒感染）、贸易保护主义抬头、逆全球化和全球不断加剧的滞涨，传统的经济管理理论受到巨大挑战，新的经济理论和管理理论成果不断出现，这需要我们把这些理论新成果添加进教材，升级理论框架。其二，教材必须要吸收专业交叉的知识。科技创新有原始创新、集成创新和引进消化再创新三种方式，其中集成创新就是多个学科专业、多种技术手段的集成和交叉融合创新，是创新的主要方式。专业交叉也非常有必要，当前主要是现代信息技术与经济管理专业知识的交叉和融合，因此要更新知识体系，体现出学科知识的科学性和交叉融合性。其三，教材必须要增"负"和提高挑战度。较长时间以来，大学本科的"水"课多和"严进宽出"一直为社会所诟病，同时产业升级、经济发展对学生的知识水平和综合实践能力的要求也不断提高，为了支撑一流课程建设，必须为教材增"负"和提高挑战度。

第二，改革教材的价值体系，服务中国经济科学和经济建设，体现新财经教材的价值引领和目标导向。其一，教材建设必须要体现中国特色哲学社会科学的建设成果。习近平总书记指出，要从我国改革发展实践中提出新观点、构建新理论，努力构建具有中国特色、中国风格、中国气派的学科体系、学术体系、话语体系;《中共中央关于加快构建中国特色哲学社会科学的意见》要求加快构建中国特色哲学社会科学。较长时期以来,西方经济学理论和方法在我国经济学科建设中占据了重要地位。新财经教材必须在理论体系和教学内容上做出重大转变,以习近平新时代中国特色社会主义思想为指导,综合运用马克思主义政治经济学理论和借鉴吸收西方主流经济理论,建构中国经济学科的理论框架,解决"道"的问题;总结提炼中国经济改革开放实践经验和参考借鉴西方资本主义经济方法、机制等设计中国经济运行的模式、机制和路径,解决"术"的问题,做到以道驭术、以术行道。其二,教材必须致力于培养中国特色社会主义经济建设者和接班人。不同于西方的资本主义经济制度,党的十九届四中全会指出,中国社会主义基本经济制度有三项:公有制为主体、多种所有制经济共同发展,按劳分配为主体、多种分配方式并存,以及社会主义市场经济体制。新财经教材必须立足于既能巩固和发展中国的基本经济制度,又能借鉴西方经济学的理论和方法,推动人类命运共同体建设。总之,新财经教材要有利于学生实现三个维度的教育教学目标:掌握基本知识、基本理论和基本方法的知识目标,提高学生思想政治素质和经世济民情怀的素养目标,增强学生运用现代科技手段进行经济分析和经营管理的能力目标。

第三,改革教材呈现方式,兼顾教育教学的需求,体现教材的现代性和应用性。其一,教材要便于以学生为中心的自主学习。要运用新一代信息技术,采用互联网、二维码、微视频等现代信息技术手段呈现教材内容、教学资源,加快数字化教材建设,同时服务于MOOC、SPOC和微课等新型课程形式,加快教材与课程一体化建设,方便学生自主学习。其二,教材要便于教师组织系统性教学。围绕当前的一流课程建设,教材的结构要兼顾理论教学与实验教学、第一课堂与第二课堂相融合、线下与线上教学的需要,教材的呈现形式需要更加多样化。其三,教材要服务于普通本科的应用性教学。普通高校以培养应用型人才为主,教材必须做到产教融合,即把握产业发展趋势,反映行业的新知识、新技术和新进展,关注新行业、新业态和新产品,体现教材的针对性和实效性。

为了编好本系列教材,西南财经大学出版社采取了与之前不同的模式,根据教材性质和特点有针对性地邀请有相同任课经历的资深教授担任匿名评审专家,从而对教材进行审计并提出评阅意见,供教材编委会参考。在出版社的组织和协调下,该系列教材由各院校具有丰富教学经验的高级职称教师担任主编,由主编拟订教材编写大纲,经教材编委会审核后再修订或编写。同时，每一种教材均由多所院校的一线教师合作，取长补短、共同提升。截至2021年年底，该系列教材中已有10多种成为省部级一流课程或课程思政示范课教材。

我们希望，在新文科建设背景下，在新财经和新商科教育目标下，通过主编、编写人员及使用教材的师生的共同努力，让此系列教材成为支持新时代普通本科院校一流专业和一流课程建设的一流教材。最后，我们对各经济学院、管理学院和商学院院长的大力支持、各位编者的认真编写以及西南财经大学出版社编辑的辛勤劳动表示衷心的感谢！

编委会

2022 年 12 月

第四版前言

　　《高级财务会计》从 2012 年第一版出版发行至今已经有 11 个年头了，感谢众多高校老师和其他读者对本教材的认可、支持与厚爱。我们将一如既往地伴随着我国会计、税收、金融等改革的深入进行，与时俱进，对本教材进行不断更新，以适应会计环境的变化和"高级财务会计"教学的需要。因此我们根据 2023 年最新的《企业会计准则》和税收、金融等财经法规的发展变化，对《高级财务会计（第三版）》进行了系统、全面的修订，完成了《高级财务会计（第四版）》。

　　2012 年，我们遵循最新的 39 项《企业会计准则》以及《企业会计准则——应用指南》，以国内外最新的会计理论为基础，结合我国会计、财务、税收、金融、财政等改革的最新成果，按照高级财务会计的教学规律，首次编写了教材《高级财务会计》，全面系统地阐述了高级财务会计的基本理论、基本知识和基本技能。

　　2016 年 10 月，根据会计环境的变化，加上对"高级财务会计"教学规律的进一步认识，我们对本教材进行了全面修订，出版了《高级财务会计（第二版）》。

　　2016 年起，我国全面实行"营业税改增值税"政策。2016 年年底，财政部印发了《增值税会计处理规定》；随后 2 年，财政部新发布了 2 个新的具体准则：《企业会计准则第 41 号——在其他主体中权益的披露》和《企业会计准则第 42 号——持有待售的非流动资产、处置组和终止经营》；财政部对《企业会计准则第 14 号——收入》《企业会计准则第 16 号——政府补助》《企业会计准则第 22 号——金融工具确认和计量》《企业会计准则第 23 号——金融资产转移》《企业会计准则第 24 号——套期会计》《企业会计准则第 37 号——金融工具列报》这 6 项具体准则进行了修订与发布；随后，财政部陆续发布了《企业会计准则解释第 8 号》《企业会计准则解释第 9 号》《企业会计准则解释第 10 号》《企业会计准则解释第 11 号》《企业会计准则解释第 12 号》。2017 年，财政部还发布了《小企业内部控制规范（试行）》；特别是当年 7 月修订发布的《企业会计准则第 14 号——收入》要求从 2018 年开始实施；2017 年 12 月，财政部修订印发了《一般企业财务报表格式》，并要求从 2017 年度起执行。

　　会计改革的不断深入，会计环境的不断变化，迫使我们对本教材再次进行了全面修订，形成了《高级财务会计（第三版）》。

　　"高级财务会计"是会计学专业的主干专业课程，是"中级财务会计"的延续与拓展，其内容与"中级财务会计"的内容一道形成完整的财务会计理论体系、方法体系和技能体系，是从事会计职业必备的专业知识和基本技能。该课程内容与我国会计改革及会计准则联系紧密。

当前，我国会计理论界对高级财务会计的含义及内容并没有统一的界定，而企业会计实务中也并没有严格地将财务会计区分为中级财务会计和高级财务会计。但从会计教学规律、知识的循序渐进规律、中级财务会计和高级财务会计的具体研究对象来看，将它们分开是必要且必需的。

我们以培养应用型会计人才目标为出发点，根据高级财务会计课程在应用型大学会计学专业课程体系中的地位，依据我国最新的企业会计准则、税收、金融、财政等政策规范以及国际财务报告准则等国际会计规范，借鉴国内外财务会计理论研究的新成果和新经验，在紧密结合我国企业会计实务的基础上，确定了本教材的基本框架和具体内容，并全面系统地阐述了高级财务会计的基本理论、基本知识和基本技能。

我们认为，高级财务会计应当定位为中级财务会计的延续、补充和拓展，既以传统的财务会计理论与方法为理论基础，又随着社会经济的不断发展而拓展新的会计理论。它是以一般企业没有或者不经常发生的特殊经济业务为对象进行会计确认、计量、记录和报告的会计学科。通过学习高级财务会计，学生们可以"拾遗补缺"，全面、系统、完整地掌握财务会计的全部内容、方法和技能，以适应企业对会计人才知识结构、能力结构和技能水平的要求。

因此，本教材突出了高级财务会计的显著特征：①特殊性；②例外性；③公允价值的广泛应用；④非系统性；⑤实务性；⑥发展性。

我们在编写过程中注重会计理论与会计实务的结合，力求体现系统性与专题性并重、现实性与前瞻性兼顾、中国国情与国际惯例相结合；既注意与中级财务会计的衔接与拓展，又注重高级财务会计本身的科学性与完整性，更突出了高级财务会计的重点与难点。

本教材分为四篇14章。第一篇介绍高级财务会计的基本理论；第二篇介绍企业特殊经济业务或者事项的会计核算，包括投资性房地产、或有事项、借款费用、所得税、会计政策、会计估计变更和差错更正、资产负债表日后事项、非货币性资产交换、债务重组、租赁、股份支付等会计核算理论与方法；第三篇介绍外币折算的理论与核算方法；第四篇介绍企业合并及合并报表的理论及方法。

本教材由成都大学胡世强教授、曹明才副教授、刘金彬教授、刘羽讲师担任主编。本教材具体写作分工如下：胡世强教授撰写第1、2、6、7、8章；曹明才撰写第9、13、14章以及第10章部分内容；刘金彬撰写第11、12章以及第10章部分内容；刘羽撰写第3、4、5章。最后由胡世强、曹明才对全书进行修改、补充和定稿。

由于编者水平有限，加之我国会计改革正在深入进行，书中难免有疏漏和不足，恳请广大读者批评指正。

胡世强

2023 年 7 月于成都

目 录

第一篇 高级财务会计的基本理论

1 绪论 ……………………………………………………………………… (3)

1.1 高级财务会计的含义及特征 …………………………………… (3)

1.2 高级财务会计的理论基础 ……………………………………… (5)

1.3 高级财务会计的内容及研究方法 ……………………………… (7)

思考题 ………………………………………………………………… (8)

第二篇 企业特殊经济业务或事项的会计核算

2 投资性房地产核算 ……………………………………………………… (11)

2.1 投资性房地产的内涵及特征 …………………………………… (11)

2.2 投资性房地产的确认与会计处理方法 ………………………… (12)

2.3 投资性房地产的初始计量 ……………………………………… (14)

2.4 投资性房地产的后续计量 ……………………………………… (16)

2.5 投资性房地产转换 ……………………………………………… (17)

2.6 投资性房地产的处置 …………………………………………… (21)

思考题 ………………………………………………………………… (23)

3 或有事项核算 …………………………………………………………… (24)

3.1 或有事项的内涵及特征 ………………………………………… (24)

3.2 或有事项的确认与计量 ………………………………………… (26)

3.3 或有事项的会计处理 …………………………………………… (30)

3.4 或有事项的披露 ………………………………………………… (37)

思考题 ………………………………………………………………… (37)

4 借款费用核算 …………………………………………………… (38)

  4.1 借款费用的内涵 ……………………………………………… (38)

  4.2 借款费用的确认 ……………………………………………… (39)

  4.3 借款费用的计量 ……………………………………………… (42)

  思考题 …………………………………………………………… (47)

5 所得税会计核算 ………………………………………………… (48)

  5.1 所得税会计概述 ……………………………………………… (48)

  5.2 资产与负债的计税基础 ……………………………………… (50)

  5.3 暂时性差异 …………………………………………………… (54)

  5.4 递延所得税的确认和计量 …………………………………… (56)

  5.5 所得税费用的确认和计量 …………………………………… (62)

  思考题 …………………………………………………………… (65)

6 会计政策、会计估计变更和差错更正核算 …………………… (66)

  6.1 会计政策及其变更的会计处理 ……………………………… (66)

  6.2 会计估计及其变更的会计处理 ……………………………… (74)

  6.3 前期差错及其更正的会计处理 ……………………………… (77)

  思考题 …………………………………………………………… (82)

7 资产负债表日后事项核算 ……………………………………… (83)

  7.1 资产负债表日后事项的内涵 ………………………………… (83)

  7.2 资产负债表日后调整事项的会计处理 ……………………… (86)

  7.3 资产负债表日后非调整事项的会计处理 …………………… (92)

  思考题 …………………………………………………………… (95)

8 非货币性资产交换核算 ………………………………………… (96)

  8.1 非货币性资产交换 …………………………………………… (96)

  8.2 非货币性资产交换的确认与计量 …………………………… (97)

8.3 涉及单项非货币性资产交换的会计处理 …………………………… （99）

8.4 涉及多项非货币性资产交换的会计处理 ………………………… （103）

思考题 …………………………………………………………………… （107）

9 债务重组核算 …………………………………………………………… （108）

9.1 债务重组的内涵及方式 ……………………………………………… （108）

9.2 债务重组的会计处理 ………………………………………………… （109）

9.3 债务重组的披露 ……………………………………………………… （115）

思考题 …………………………………………………………………… （116）

10 租赁会计核算 ………………………………………………………… （117）

10.1 租赁概述 ……………………………………………………………… （117）

10.2 承租人的会计处理 ………………………………………………… （118）

10.3 出租人的会计处理 ………………………………………………… （127）

思考题 …………………………………………………………………… （134）

11 股份支付核算 ………………………………………………………… （135）

11.1 股份支付概述 ………………………………………………………… （135）

11.2 股份支付的确认和计量 …………………………………………… （137）

思考题 …………………………………………………………………… （151）

第三篇 外币折算

12 外币折算 …………………………………………………………………… （155）

12.1 与外币折算相关的概念 …………………………………………… （155）

12.2 外币交易会计核算 ………………………………………………… （158）

12.3 外币报表折算 ………………………………………………………… （165）

思考题 …………………………………………………………………… （169）

第四篇 企业合并及合并报表

13 企业合并会计核算 ··· （173）

13.1 企业合并概述 ··· （173）

13.2 同一控制下企业合并的会计处理 ·················· （175）

13.3 非同一控制下企业合并的会计处理 ·················· （181）

思考题 ··· （185）

14 企业合并报表 ··· （186）

14.1 合并财务报表概述 ·· （186）

14.2 合并资产负债表、合并利润表与合并所有者权益变动表的编制 ······ （194）

14.3 合并现金流量表的编制 ·································· （215）

14.4 报告期内增减子公司的合并处理 ·················· （219）

思考题 ··· （221）

参考文献 ··· （222）

第一篇

高级财务会计的基本理论

1.1.2 高级财务会计的定位及特征

1. 高级财务会计的定位

从培养应用型会计人才的角度出发，我们认为，高级财务会计应当定位在：对中级财务会计的延续、补充和拓展，既以传统的财务会计理论与方法为理论基础，又随着社会经济的不断发展而拓展新的会计理论。它是以一般企业没有或者不经常发生的特殊经济业务为对象进行会计确认、计量、记录和报告的会计学科。通过学习高级财务会计，帮助学生们"拾遗补阙"，使其全面、系统、完整地掌握财务会计的全部内容、方法和技能，从而满足企业对会计人才知识结构、能力结构和技能水平的要求。

2. 高级财务会计的特征

高级财务会计除了具有中级财务会计的特征外，还具有如下显著特征：

（1）特殊性。高级财务会计的特殊性表现在两个方面：一是一般企业不常见的特殊业务，比如投资性房地产、债务重组、非货币性交换、或有事项、融资租赁等；二是特殊行业的经济业务或事项，比如金融业、农业、石油天然气行业等的经济业务或者会计事项。

（2）例外性。高级财务会计的例外性表现在对会计基本理论和方法的例外，比如：企业合并会计与合并报表对会计主体假设的例外；债务重组对持续经营假设的例外；外币折算对货币计量假设的例外；融资租赁、合并报表对实质重于形式会计信息质量特征的例外；等等。

（3）公允价值的广泛应用。在高级财务会计中，公允价值得到了充分应用，比如，债务重组、非货币性交换、外币折算、企业合并、投资性房地产等都广泛采用了公允价值计量属性。

（4）非系统性。由于高级财务会计的特殊性，该课程的体系并不构成一个完善的系统，其内容是分散的，并没有一根"红线"将其串联起来，这对教师授课和学生学习都带来了一定难度。

（5）实务性。高级财务会计并不是一门纯会计理论课程，而是一门以企业实际经济业务为对象，更注重于实务应用的课程。它与中级财务会计、成本会计等构成财务会计整体，一同进行会计核算方法和技能的传授。

（6）发展性。目前我国的《企业会计准则》规范的主要是企业已经发生过的经济业务以及已经出现过的会计事项，对它们的会计处理理论及方法都已经比较成熟了。但随着科学技术的迅猛发展，社会经济生活的不断提高，企业生产经营活动的日益复杂，社会中不可避免会出现新的经济业务和事项，这将对会计理论、会计方法提出更高的要求，从而促使高级财务会计理论的创新和方法、技能的提高，这些都将体现在高级财务会计的内容中。

1 绪论

1.1 高级财务会计的含义及特征

1.1.1 高级财务会计的含义

1. 财务会计的整体含义及层次

财务会计（Financial Accounting）是以公认的会计准则为准绳，运用会计核算的基本原理，主要是对会计主体已经发生的所有经济业务及会计事项，采用一套公认、规范的确认、计量、记录和报告的会计处理程序和方法，通过一套通用的、标准的财务报表，定期为财务会计信息使用者，特别是企业的外部使用者提供真实、公正、客观的财务会计信息的会计信息系统。所以，财务会计又称为对外报告会计（外部会计）。

从企业会计实务来看，财务会计涵盖了企业所有的经济活动或事项，既包括大多数企业共有的经济业务或事项，也包括企业发生的特殊、不常见经济业务或事项，也涉及特殊企业（行业）的经济业务或事项。

但从会计理论研究和高等会计教育规律出发，应将财务会计分为三个层次进行研究和教学。

第一层次，初级财务会计（会计学原理），是财务会计的入门课程，主要研究会计的基本理论、基本方法和基本技能，学习从凭证、账簿到报表的会计核算技能程序与方法。

第二层次，中级财务会计，主要围绕通用的财务报表的组成要素及编制展开，研究一般企业共有的经济业务及事项的会计确认、计量、记录及报告。

第三层次，高级财务会计，主要研究中级财务会计没有涵盖的其他经济业务及事项，以及今后可能发生的新的经济业务或事项的会计确认、计量、记录及报告。

2. 高级财务会计的内涵

当前，我国对高级财务会计的定义和涉及的范围并没有形成统一的定论。本书从培养应用型会计人才的目标出发，将高级财务会计定义如下：高级财务会计是建立在中级财务会计基础之上但内容更为复杂、特殊的一个会计领域，它的内容会随着会计环境的变化而不断更新。它是利用财务会计基本理论和方法，同时也利用某些例外原则，以一般企业不常发生的特殊经济业务或事项为对象进行会计确认、计量、记录和报告，为会计信息使用者提供财务会计信息的会计信息系统。

1.2 高级财务会计的理论基础

1.2.1 财务会计的理论框架

根据我国《企业会计准则——基本准则》的规范，我国构建的是以会计假设、财务报表构成要素、会计信息质量要求、会计确认、会计计量为核心的会计理论框架结构。

1. 会计假设

会计的基本假设是指会计存在、运行和发展的基本假定，是进行会计工作的基本前提条件，故又称为会计的基本前提。它是对会计核算的合理设定，是人们对会计实践进行长期认识和分析后所做出的合乎理性的判断和推论。会计要在一定的假设条件下才能确认、计量、记录和报告会计信息，所以会计假设也称为会计核算的基本前提。

《企业会计准则——基本准则》确定了四项会计假设：会计主体、持续经营、会计分期和货币计量。财务会计必须建立在这些假设之上，其内容才能得以充分体现。

2. 财务报表构成要素

财务报表的构成要素：资产、负债、所有者权益、收入、费用、利润以及利得和损失。这些内容正是中级财务会计研究和处理的核心内容。

3. 会计信息质量要求

会计信息质量要求是对企业财务会计报告所提供的会计信息质量的基本要求，也是这些会计信息对投资者等会计信息使用者决策有用应当具备的基本质量要求。根据企业会计基本准则的规定，企业会计信息质量要求包括可靠性、相关性、可理解性、可比性、实质重于形式、重要性、谨慎性和及时性八个方面。

4. 会计确认与会计计量

（1）会计确认是指确定将交易或事项中的某一项目作为一项会计要素加以记录和列入财务报表的过程，是财务会计的一项重要程序。会计确认主要解决某一个项目是否确认、如何确认和何时确认三个问题，包括在会计记录中的初始确认和在会计报表中的最终确认。我国的《企业会计准则——基本准则》采用了国际会计准则的确认标准。

（2）会计计量是指为了在会计账户记录和财务报表中确认、计列有关会计要素，而以货币或其他度量单位确定其货币金额或其他数量的过程。《企业会计准则——基本准则》规范了五个会计计量属性：历史成本、重置成本、可变现净值、现值、公允价值。

5. 会计基础

财务会计核算是建立在一定的会计基础之上的，企业应当以权责发生制为基础进行会计确认、计量、记录和报告。

权责发生制又称应收应付制，是以收入和费用是否已经发生为标准来确认本期收入和费用的一种会计基础。权责发生制要求：凡是当期已经实现的收入和已经发生或应当负担的费用，不论款项是否收付，都应当作当期的收入和费用计入利润表；凡是不属于当期的收入和费用，即使款项已在当期收付，也不应当作当期的收入和费用。

权责发生制是与收付实现制相对的一种确认和记账基础，是从时间选择上确定的基础。其核心是根据权责关系的实际发生和影响期间来确认企业的收入和费用。建立在该基础上的会计模式可以正确地将收入与费用相配比，正确计算企业的经营成果。

1.2.2 高级财务会计的理论基础

总的来讲，高级财务会计的理论基础是建立在财务会计理论框架基础上的，但高级财务会计的特殊性和会计环境的不断变化，决定了高级财务会计理论研究与实务应当有较大的延伸与拓展。

1. 会计假设的延伸与拓展

（1）会计主体假设的延伸与拓展。现代经济的发展和会计环境的变化促进了会计主体假设的拓展：产生了多层次、多方位的会计主体。比如，企业合并业务导致了企业集团的出现，并分别形成了母、子公司，会计为之服务的主体就具有双重性，会计核算的空间范围已经处于一种模糊状态。这些理论的拓展在高级财务会计中必须加以研究。作为母公司的会计人员既要为具有法人地位的母公司服务，又要为不具有法人地位的集团公司服务。所以它产生了超越前述空间主体假设的新的会计业务，比如合并报表、分部报告等。

（2）持续经营假设的延伸与拓展。传统财务会计是建立在企业持续经营前提之上进行会计核算的。但在市场经济的激烈竞争中，有些企业将难以持续经营而需要进行重组甚至破产，必然出现企业清算、重组、破产等经济业务，这些经济业务的会计处理就应当建立在非持续经营假设的基础上。而非持续经营假设是持续经营假设的延伸与拓展，所以高级财务会计在研究清算会计、重组会计、破产会计等的理论基础之一应当是非持续经营假设。

（3）货币计量假设的延伸与拓展。在市场经济的发展变化中，货币的币值不变也由于持续的物价变动而动摇，因此出现了物价变动会计；而在记账本位币制度下的一种货币被另一种货币所计量已成为现实，以及外币折算等也超越了货币计量假设。

2. 会计公认原则的延伸与拓展

（1）对传统计量属性的延伸与拓展。在中级财务会计中主要应用历史成本进行计量，而在现代市场经济中，从资本市场、证券市场到房地产市场、技术市场等，市场都比较成熟，因此公允价值计量就成为自然或者必然的选择。在高级财务会计中将广泛地应用公允价值理论及其计量；同时物价变动对社会经济生活带来的影响也直接冲击着建立在货币计量假设基础上的历史成本计量属性，世界经济一体化促进了大量的外币业务发生，因此外币折算、物价变动等的会计处理已成现实，这些都将是高级财务会计研究的对象。

（2）实质重于形式原则的广泛应用。实质重于形式是指企业应当按照交易或者事项的经济实质进行会计确认、计量和报告，不应仅以交易或者事项的法律形式为依据。一般情况下，企业发生的交易或事项的经济实质和法律形式是一致的，这些在中级财务会计中已经充分体现了。但在现代市场经济中，在许多情况下，企业发生的交易或事项的经济实质和法律形式可能不一致。例如，为了准确反映企业集团的会计信息，使得投资者等报表使用者了解企业集团的财务状况、经营成果和现金流量情况，母公司将其子公司编制的报表合并，该合并报表反映的是企业集团的经济实质内容，而没有反映被合并公司的法律形式。母公司和子公司在法律上是两个或多个独立的法人实体，但母公司在编制合并报表时，并非按其法律形式（两个或多个独立法人）进行合并，而是按母、子公司的经济实质，将母、子公司的个别报表合二为一（当然不是简单地相加，而是按照会计准则的规范进行合并）。再如，在融资租赁情况下，租赁资产被承租方确认为资产等都是实质重于形式的应用。这些都是高级财务会计要研究的理论与实务内容。

1.3 高级财务会计的内容及研究方法

1.3.1 高级财务会计的内容

1. 特殊的财务报表

高级财务会计研究的财务报表主要是一般企业不涉及的合并财务报表的理论与编制，以及外币报表折算、分部报告等内容。

2. 特殊经济业务或事项的会计处理方法

在市场经济条件下，企业会根据自己的实际情况随时调整其策略，这就不可避免地发生特殊的经济业务或事项，以实现其目标，比如将自用的房地产用于出租、融资租入机器设备、用非货币性资产进行交换、专门借款扩大规模，等等。这些经济业务必须按照特殊的会计处理方法进行核算，这些是高级财务会计研究的主要内容。它包括：

（1）投资性房地产核算；

（2）或有事项核算；

（3）借款费用核算；

（4）所得税会计核算；

（5）资产负债表日后事项核算；

（6）非货币性资产交换核算；

（7）租赁会计核算等。

就其本质讲，特殊经济业务或事项与一般经济业务或事项的会计处理方法是一致的，都是从初始确认、计量到后续计量，从记录到报告的一般程序。但其具体的各个环节上的理论基础与条件是有较大变化的，且更深入和复杂。

3. 特殊状况下的会计处理方法

在激烈的市场竞争中，企业可能会因调整发展战略而紧缩或扩张进行合并重组，可能出现债务困境危机，甚至破产。此时，企业的持续经营状况受到了冲击，将处于某种特殊状态，比如，企业合并、债务重组、企业破产与清算、改变企业的会计政策或会计估计、通货膨胀，等等。这些特殊状态下的经济业务或事项将是高级财务会计研究的重点内容。它主要包括：

（1）企业合并核算；

（2）企业破产和清算；

（3）债务重组核算；

（4）会计政策、会计估计变更和差错更正核算；

（5）股份支付核算；

（6）物价变动会计等。

特殊状况下发生的经济业务或事项的会计处理应当遵循特殊的会计理论，采用特别的方法进行核算。

1.3.2 高级财务会计的研究方法

1. 遵循会计准则规范

本书是以应用型会计学本科学生为对象，注重其会计理论与方法的应用。《企业会计准则》是我国的会计法规，是会计实务中必须遵循的准绳。所以本教材是对我国的会计准则的讲解与应用；同时也将借鉴国际财务报告准则，进行前瞻性研究。

2. 树立财务会计整体观念

高级财务会计是财务会计的重要组成部分，因此它应当以中级财务会计为起点，进行更深层次的研究。通过学习高级财务会计，帮助学生加深对财务会计完整性和系统性的理解，全面系统掌握财务会计的理论、方法及技能。

3. 注重各特殊经济业务核算内部的系统性，而非整体内容的系统性

高级财务会计的特征之一——非系统性，决定了在高级财务会计体系中并没有严密的系统性。但其各个特殊经济业务内部，即每个专题的系统性是很强的，每一专题内容符合同一逻辑顺序安排，即由特定经济现象引入会计问题，人们为解决这些会计问题提出不同会计方法，从而在诸多会计方法中明确我国会计准则的规范，最后按照我国会计准则的规定进行会计处理。因此，高级财务会计相关内容在授课中的逻辑联系非常强，我们要提炼出这些特殊业务的逻辑性，并进行专题研究。

4. 坚持理论与实务的紧密结合，重视业务分析和实例演示

高级财务会计与中级财务会计的理论不尽相同，不是集中起来介绍，而是分散在各个专题之中，各个特殊业务都有各自的基础理论。比如，所得税会计的基础理论——资产负债表债务法；合并财务报表的基础理论——所有权理论、主体理论、母公司理论等。所以在学习、研究高级财务会计时，必须将理论与企业的会计实务紧密结合起来进行分析研究，并通过实例进行演练。

思考题

1. 高级财务会计的内涵是什么？它与中级财务会计的关系如何？

2. 高级财务会计的特征主要表现在哪些方面？

3. 高级财务会计的理论基础包括哪些方面？

4. 应当如何学习高级财务会计？

第二篇
企业特殊经济业务或事项的会计核算

2 投资性房地产核算

2.1 投资性房地产的内涵及特征

2.1.1 投资性房地产的含义及内容

投资性房地产，是指为赚取租金或资本增值，或者两者兼有而持有的房地产，包括已出租的土地使用权、持有并准备增值后转让的土地使用权以及已出租的建筑物。投资性房地产应当能够单独计量和出售。

1. 已出租的土地使用权

已出租的土地使用权，是指企业通过出让或转让方式取得的、以经营租赁方式出租的土地使用权。对于以经营租赁方式租入土地使用权再转租给其他单位的，不能确认为投资性房地产。

2. 持有并准备增值后转让的土地使用权

持有并准备增值后转让的土地使用权，是指企业取得的、准备增值后转让的土地使用权。这类土地使用权很可能给企业带来资本增值收益，符合投资性房地产的定义。

按照国家有关规定认定的闲置土地，不属于持有并准备增值后转让的土地使用权，故不属于投资性房地产。

3. 已出租的建筑物

已出租的建筑物是指企业拥有产权的、以经营租赁方式出租的建筑物，包括自行建造或开发活动完成后用于出租的建筑物，以及正在建造或开发过程中将来用于出租的建筑物。

4. 注意问题

（1）某项房地产，部分用于赚取租金或资本增值，部分用于生产商品、提供劳务或经营管理，能够单独计量和出售的、用于赚取租金或资本增值的部分，应当确认为投资性房地产；不能够单独计量和出售的、用于赚取租金或资本增值的部分，不确认为投资性房地产。

（2）企业将建筑物出租，按租赁协议向承租人提供的相关辅助服务在整个协议中不重大的，如企业将办公楼出租并向承租人提供保安、维修等辅助服务，应当将该建筑物确认为投资性房地产。

（3）不属于投资性房地产的房地产，主要有以下两种：

① 自用房地产，是指为生产商品、提供劳务或者经营管理而持有的房地产。如企

业生产经营用的厂房和办公楼属于固定资产；企业生产经营用的土地使用权属于无形资产。企业拥有并自行经营的旅馆饭店，其经营目的主要是通过提供客房服务赚取服务收入，该旅馆饭店不确认为投资性房地产。

② 作为存货的房地产，通常是指房地产开发企业在正常经营过程中销售的或为销售而正在开发的商品房和土地。这部分房地产属于房地产开发企业的存货，其生产、销售构成企业的主营业务活动，产生的现金流量也与企业的其他资产密切相关。因此，具有存货性质的房地产不属于投资性房地产。

2.1.2　投资性房地产的特征

1. 投资性房地产是一种经营性活动

（1）投资性房地产的主要形式是出租建筑物、出租土地使用权，实质上属于让渡资产使用权的行为。出租房地产的目的是赚取房地产租金，而租金就是企业让渡资产使用权取得的使用费收入，是企业为完成其经营目标所从事的经营性活动以及与之相关的其他活动形成的经济利益总流入。

（2）投资性房地产的另一种形式是持有并准备增值后转让的土地使用权。尽管其增值收益通常与市场供求、经济发展等因素相关，但目的是增值后转让以赚取增值收益，也是企业为完成其经营目标所从事的经营性活动以及与之相关的其他活动形成的经济利益总流入。

2. 投资性房地产在用途、状态、目的等方面区别于作为生产经营场所的房地产和用于销售的房地产

企业持有的房地产除用作自身管理、生产经营活动场所和对外销售之外，出现了将房地产用于赚取租金或增值收益的活动，甚至是个别企业的主营业务。这就需要将投资性房地产单独作为一项资产进行核算，与自用的厂房、办公楼等房地产和作为存货（已建完工商品房）的房地产加以区别，从而更加清晰地反映企业所持有房地产的构成情况和盈利能力。企业在首次执行投资性房地产准则时，应当根据投资性房地产的定义对资产进行重新分类，凡是符合投资性房地产的定义和确认条件的建筑物和土地使用权，应当归为投资性房地产。

2.2　投资性房地产的确认与会计处理方法

2.2.1　投资性房地产的确认条件及日期

1. 投资性房地产确认条件

投资性房地产在符合其定义的前提下，必须同时满足下列两个条件，才能予以确认：

（1）该投资性房地产包含的经济利益很可能流入企业，是对投资性房地产的确认的关键条件。如果与某项投资性房地产有关的经济利益不能流入企业，则不能将其确

认为投资性房地产。

（2）该投资性房地产的成本能够可靠地计量。对投资性房地产的确认，除要判断与该投资性房地产有关的经济利益能否流入企业以外，还要判断该投资性房地产的成本是否能可靠地计量。如果该投资性房地产的成本不能可靠地计量，则不能将其确认为投资性房地产。

2. 投资性房地产的确认日期

（1）对已出租的土地使用权、已出租的建筑物，其作为投资性房地产的确认时点为租赁期开始日，即土地使用权、建筑物进入出租状态，开始赚取租金的日期。

（2）企业管理当局对企业持有以备经营出租的空置建筑物，做出正式书面决议，明确表明将其用于经营出租且持有意图短期内不再发生变化的，可视为投资性房地产，其作为投资性房地产的时点为企业管理当局就该事项做出正式书面决议的日期。这里的"空置建筑物"是指企业新购入、自行建造或开发完工但尚未使用的建筑物，以及不再用于日常生产经营活动且经整理后达到可经营出租状态的建筑物。

（3）持有并准备增值后转让的土地使用权，其作为投资性房地产的确认时点为企业将自用土地使用权停止自用，准备增值后转让的日期。

2.2.2　投资性房地产的会计核算方法

1. 投资性房地产账务处理方法

（1）投资性房地产初始计量方法

企业取得的投资性房地产，应当按照取得时的成本进行初始计量。

①外购投资性房地产的成本，包括购买价款和可直接归属于该资产的相关税费。

②自行建造投资性房地产的成本，由建造该项资产达到预定可使用状态前所发生的必要支出构成。

③以其他方式取得的投资性房地产的成本，适用相关的会计准则规定确认计量。

（2）投资性房地产后续计量模式

企业投资性房地产后续计量有两种方法：成本模式和公允价值模式。但同一企业只能采用一种模式对所有投资性房地产进行后续计量，不得同时采用两种计量模式。

企业通常应当采用成本模式对投资性房地产进行后续计量。采用成本模式计量的投资性房地产比照固定资产和无形资产的会计处理方法，进行累计折旧和累计摊销，而且可以计提资产减值准备。

企业也可采用公允价值模式对投资性房地产进行后续计量，但只有在有确凿证据表明投资性房地产的公允价值能够持续可靠取得的情况下，才可以对投资性房地产采用公允价值模式进行后续计量。

采用公允价值模式进行计量的投资性房地产，应当同时满足下列条件：

①投资性房地产所在地有活跃的房地产交易市场；

②企业能够从房地产交易市场上取得同类或类似房地产的市场价格及其他相关信息，从而对投资性房地产的公允价值做出合理的估计。

投资性房地产采用公允价值模式进行后续计量的，不计提折旧或摊销，应当以资产负债表日投资性房地产的公允价值为基础调整其账面价值，公允价值与原账面价值的差额计入当期损益。

企业对投资性房地产的计量模式一经确定，不得随意变更。其中，已采用成本模式计量的投资性房地产，若确需转为公允价值模式，应当作为会计政策变更，按照《企业会计准则第28号——会计政策、会计估计变更和差错更正》进行处理。已采用公允价值模式计量的投资性房地产，一般不得从公允价值模式转为成本模式。

2. 企业投资性房地产核算账户

（1）在成本模式计量下

①"投资性房地产"账户，核算企业投资性房地产的成本，该账户可按投资性房地产类别和项目进行明细核算。该账户可比照"固定资产""无形资产"账户的规定进行账务处理。

②"投资性房地产累计折旧（摊销）"和"投资性房地产减值准备"账户，可比照"累计折旧""累计摊销""固定资产减值准备"和"无形资产减值准备"账户的规定进行账务处理。

（2）在公允价值计量模式下

在公允价值计量模式下，企业也是通过"投资性房地产"账户核算投资性房地产的。但该账户除按投资性房地产类别和项目进行明细核算外，还应当分别设置"成本"和"公允价值变动"明细账户进行明细核算。

2.3 投资性房地产的初始计量

2.3.1 外购投资性房地产的账务处理

外购投资性房地产的成本，包括购买价款、相关税费（不包括可以抵扣的增值税进项税额）和可直接归属于该资产的其他支出。在采用成本模式计量下，外购的土地使用权和建筑物，按照取得时的实际成本进行初始计量，借记"投资性房地产"账户，按可以抵扣的增值税额，借记"应交税费——应交增值税（进项税额）"账户，按照支付的全部价款，贷记"银行存款"等账户。

在采用公允价值模式计量下，按照外购的土地使用权和建筑物发生的实际成本，借记"投资性房地产——成本"账户，按可以抵扣的增值税额，借记"应交税费——应交增值税（进项税额）"账户，按照支付的全部价款，贷记"银行存款"等账户。

【例2-1】2020年12月30日，大华公司购入一幢办公楼并办妥了各项手续，购买价款1 200 000元，增值税108 000元，款项已用银行存款支付；办妥各项手续后，大华公司将办公楼出租给A公司使用。

若大华公司采用成本模式核算，其账务处理为：

借：投资性房地产——办公楼　　　　　　　　　　　　　　　1 200 000
　　应交税费——应交增值税（进项税额）　　　　　　　　　　108 000

借：固定资产——A 仓库　　　　　　　　　　　　　　2 000 000

　　投资性房地产累计折旧　　　　　　　　　　　　122 368.42

　　投资性房地产减值准备　　　　　　　　　　　　200 000

　贷：投资性房地产——A 仓库　　　　　　　　　　　　2 000 000

　　　累计折旧　　　　　　　　　　　　　　　　　122 368.42

　　　固定资产减值准备　　　　　　　　　　　　　200 000

A 仓库分摊的土地使用权账面原价为 60 万元，摊销年限为 40 年，已摊销 15 个月，累计摊销额 =（600 000÷40÷12）×15 = 18 750（元）

借：无形资产——土地使用权　　　　　　　　　　　600 000

　　投资性房地产累计摊销　　　　　　　　　　　　18 750

　贷：投资性房地产——已出租土地使用权　　　　　　　600 000

　　　累计摊销　　　　　　　　　　　　　　　　　18 750

（2）自用房地产转为投资性房地产。企业将原本用于生产商品、提供劳务或者经营管理的房地产改用于出租，应于租赁期开始日，按照固定资产或无形资产的账面价值，将固定资产或无形资产相应地转换为投资性房地产。

企业将自用土地使用权或建筑物转换为以成本模式计量的投资性房地产，应当按该项建筑物或土地使用权在转换日的原价、累计折旧、减值准备等，分别转入"投资性房地产""投资性房地产累计折旧（摊销）""投资性房地产减值准备"账户。在具体账务处理上，应按其账面余额，借记"投资性房地产"账户，贷记"固定资产"或"无形资产"账户；按已计提的折旧或摊销，借记"累计摊销"或"累计折旧"账户，贷记"投资性房地产累计折旧（摊销）"账户；原已计提减值准备的，借记"固定资产减值准备"或"无形资产减值准备"账户，贷记"投资性房地产减值准备"账户。

【例 2-8】续【例 2-7】，假设上例中大华公司的 A 仓库是自用的，现将其转为出租。则其账务处理为：

借：投资性房地产——A 仓库　　　　　　　　　　　2 000 000

　　累计折旧　　　　　　　　　　　　　　　　　　122 368.42

　　固定资产减值准备　　　　　　　　　　　　　　200 000

　贷：固定资产——A 仓库　　　　　　　　　　　　　2 000 000

　　　投资性房地产累计折旧　　　　　　　　　　　122 368.42

　　　投资性房地产减值准备　　　　　　　　　　　200 000

借：投资性房地产——已出租土地使用权　　　　　　600 000

　　累计摊销　　　　　　　　　　　　　　　　　　18 750

　贷：无形资产——土地使用权　　　　　　　　　　　600 000

　　　投资性房地产累计摊销　　　　　　　　　　　18 750

（3）作为存货的房地产转为投资性房地产。房地产开发企业将其持有的开发产品以经营租赁的方式出租，存货相应地转换为投资性房地产。

企业将作为存货的房地产转换为采用成本模式进行计量的投资性房地产，应当按该项存货在转换日的账面价值，借记"投资性房地产"账户，原已计提跌价准备的，借记"存货跌价准备"账户，按其账面余额，贷记"开发产品"等账户。

【例2-9】ABC房地产开发公司于2020年12月31日与乙企业签订了租赁协议，将其开发的一栋写字楼出租给乙企业使用，租赁期开始日为2021年1月1日，当日该写字楼的账面价值为400万元，未计提存货跌价准备，转换后采用成本模式进行计量。

2021年1月1日，ABC房地产开发公司应将该写字楼由开发产品转为投资性房地产，其账务处理为：

借：投资性房地产——写字楼　　　　　　　　　　　　　　4 000 000
　　贷：开发产品　　　　　　　　　　　　　　　　　　　　　　4 000 000

2. 在公允价值模式下投资性房地产转换的账务处理

在公允价值模式下，无论是将自用房地产（存货）转换为投资性房地产，还是将投资性房地产转换为自用房地产（存货），企业都应将转换日的房地产公允价值作为其入账价值。对于转换日该房地产的公允价值与其账面价值的差额，在不同的转换业务中，其账务处理不尽相同。

（1）投资性房地产转为自用房地产。企业将采用公允价值模式计量的投资性房地产转换为自用房地产时，应当以其转换当日的公允价值作为自用房地产的账面价值，公允价值与原账面价值的差额计入当期损益。

在转换日，应按该项投资性房地产的公允价值，借记"固定资产"或"无形资产"账户；按该项投资性房地产的成本，贷记"投资性房地产——成本"账户；按该项投资性房地产的累计公允价值变动，贷记或借记"投资性房地产——公允价值变动"账户；按其差额，贷记或借记"公允价值变动损益"账户。

【例2-10】续【例2-6】，2022年7月1日，大华公司由于业务拓展，将出租给A公司的办公楼收回自用，该办公楼按公允价值计量，转换日的公允价值为150万元。则转换日的账务处理为：

借：固定资产——办公楼　　　　　　　　　　　　　　　　1 500 000
　　投资性房地产——公允价值变动　　　　　　　　　　　　　100 000
　　贷：投资性房地产——办公楼（成本）　　　　　　　　　　　1 200 000
　　　　公允价值变动损益　　　　　　　　　　　　　　　　　　400 000

（2）自用房地产转为投资性房地产。企业将自用房地产转换为采用公允价值模式进行计量的投资性房地产，应当按该项土地使用权或建筑物在转换日的公允价值，借记"投资性房地产——成本"账户，按已计提的累计摊销或累计折旧，借记"累计摊销"或"累计折旧"账户；原已计提减值准备的，借记"无形资产减值准备""固定资产减值准备"账户；按其账面余额，贷记"固定资产"或"无形资产"账户。同时，转换日的公允价值小于账面价值的，按其差额，借记"公允价值变动损益"账户；转换日的公允价值大于账面价值的，按其差额，贷记"其他综合收益"账户。

【例2-11】续【例2-2】，大华公司于2022年12月20日将自用的C仓库转为出租，该仓库成本4 000 000元，已计提折旧400 000元，计提减值准备200 000元。转化日该仓库的公允价值为370万元。则其账务处理为：

借：投资性房地产——C仓库（成本）　　　　　　　　　　　3 700 000

累计折旧	400 000
固定资产减值准备	200 000
贷：固定资产——C 仓库	4 000 000
其他综合收益	300 000

【例 2-12】续【例 2-11】，假设该仓库在转换日的公允价值为 3 300 000 元。则企业账务处理为：

借：投资性房地产——A 仓库（成本）	3 300 000
累计折旧	400 000
固定资产减值准备	200 000
公允价值变动损益	100 000
贷：固定资产——A 仓库	4 000 000

（3）作为存货的房地产转为投资性房地产。企业将作为存货的房地产转换为采用公允价值模式进行计量的投资性房地产，应当按该项房地产在转换日的公允价值入账，借记"投资性房地产——成本"账户，原已计提跌价准备的，借记"存货跌价准备"账户；按其账面余额，贷记"开发产品"等账户。同时，转换日的公允价值小于账面价值的，按其差额，借记"公允价值变动损益"账户；转换日的公允价值大于账面价值的，按其差额，贷记"其他综合收益"账户。

【例 2-13】续【例 2-9】，ABC 房地产开发公司于 2021 年 1 月 1 日将该写字楼由开发产品转为投资性房地产，按公允价值模式计量，出租日该写字楼的公允价值为 410 万元。则其账务处理如下：

借：投资性房地产——写字楼（成本）	4 100 000
贷：开发产品	4 000 000
其他综合收益	100 000

2.6　投资性房地产的处置

企业可以通过对外出售或转让的方式处置投资性房地产，对于那些由于使用而不断磨损直到最终报废，或者由于遭受自然灾害等非正常损失发生毁损的投资性房地产应当及时进行清理。当企业出售、转让、报废投资性房地产或者投资性房地产损毁时，应将处置收入扣除其账面价值和相关税费后的金额计入当期损益。

2.6.1　在成本模式下投资性房地产的处置

在成本模式下出售、转让投资性房地产时，应当按实际收到的金额，借记"银行存款"等账户，按确认的收入，贷记"其他业务收入"账户；按收取的增值税额，贷记"应交税费——应交增值税（销项税额）"账户；按该项投资性房地产的账面价值，借记"其他业务成本"账户；按其账面余额，贷记"投资性房地产"账户；按照已计提的折旧或摊销，借记"投资性房地产累计折旧（摊销）"账户；原已计提减值准备的，借记"投资性房地产减值准备"账户。

【例2-14】续【例2-7】，2022 年 3 月 30 日，大华公司将原出租给丙公司的 A 仓库出售，收到价款 2 500 000 元及增值税 225 000 元。该仓库账面原价为 2 000 000 元，计提了减值准备 200 000 元，共计提折旧额 122 368.42 元；该仓库分摊土地使用权账面原价为 600 000 元，已累计摊销 18 750 元。

2022 年 3 月 30 日，出售仓库的账务处理为：

借：银行存款   2 725 000

  贷：其他业务收入   2 500 000

    应交税费——应交增值税（销项税额）   225 000

借：其他业务成本   2 258 881.58

  投资性房地产累计折旧   122 368.42

  投资性房地产减值准备   200 000

  投资性房地产累计摊销   18 750

  贷：投资性房地产——办公楼   2 000 000

    投资性房地产——已出租土地使用权   600 000

2.6.2　在公允价值模式下投资性房地产的处置

在公允价值模式下出售、转让投资性房地产，应当按实际收到的金额，借记"银行存款"等账户；按确认的收入，贷记"其他业务收入"账户；按收取的增值税额，贷记"应交税费——应交增值税（销项税额）"账户；按该项投资性房地产的账面余额，借记"其他业务成本"账户；按其成本，贷记"投资性房地产——成本"账户；按其累计公允价值变动，贷记或借记"投资性房地产——公允价值变动"账户；同时结转投资性房地产累计公允价值变动。若存在原转换日计入其他综合收益的金额，也一并结转。

【例2-15】2020 年 8 月 1 日，大华公司将其自用的一幢办公楼出租给 C 公司使用，采用公允价值模式核算；该办公楼的账面原价为 150 万元，已计提折旧 50 万元，已提减值准备 10 万元。当日，市场上该类办公楼的公允价值为 100 万元。2020 年 12 月 31 日，市场上该类办公楼的公允价值为 110 万元；2021 年 5 月 31 日，大华公司将该办公楼出售，收到价款 120 万元及增值税 10.8 万元。

大华公司相关账务处理为：

①2020 年 8 月 1 日出租时

借：投资性房地产——办公楼（成本）   1 000 000

  累计折旧   500 000

  固定资产减值准备   100 000

  贷：固定资产   1 500 000

    其他综合收益   100 000

②2020 年 12 月 31 日调整账面价值

借：投资性房地产——办公楼（公允价值变动）   100 000

　　　贷：公允价值变动损益　　　　　　　　　　　　　　　100 000

③2021 年 5 月 31 日出售时

借：银行存款　　　　　　　　　　　　　　　　　1 308 000

　　贷：其他业务收入　　　　　　　　　　　　　　　1 200 000

　　　　应交税费——应交增值税（销项税额）　　　　　108 000

借：其他业务成本　　　　　　　　　　　　　　　　900 000

　　其他综合收益　　　　　　　　　　　　　　　　100 000

　　公允价值变动损益　　　　　　　　　　　　　　100 000

　　贷：投资性房地产——办公楼（成本）　　　　　　1 000 000

　　　　　　　　　　——办公楼（公允价值变动）　　　100 000

思考题

1. 什么是投资性房地产？它具有什么样的特征？

2. 投资性房地产包括哪些内容？

3. 如何确认投资性房地产？其初始价值如何计量？

4. 投资性房地产后续计量模式有哪些？如何进行其后续计量？

5. 投资性房地产在什么条件下可以转换为其他资产？转换日的确定标准是什么？

6. 如何在公允价值模式下进行投资性房地产处置的账务处理？

3 或有事项核算

3.1 或有事项的内涵及特征

3.1.1 或有事项的含义及常见或有事项

1. 或有事项的含义

或有事项，是指过去的交易或者事项形成的，其结果须由某些未来事项的发生或不发生才能决定的不确定事项。

2. 常见的或有事项

（1）企业常见的或有事项主要包括未决诉讼或仲裁、债务担保、产品质量保证（含产品安全保证）、承诺、亏损合同、重组义务、环境污染整治等。由于这些不确定事项对企业的财务状况和经营成果可能会产生较大的影响，因此，对或有事项的确认、计量和披露应当遵循谨慎性原则，按照《企业会计准则第 13 号——或有事项》的具体规定进行会计处理。

（2）企业由于建造合同、所得税、企业合并、租赁、原保险合同和再保险合同形成的或有事项，则分别适用《企业会计准则第 15 号——建造合同》《企业会计准则第 18 号——所得税》《企业会计准则第 20 号——企业合并》《企业会计准则第 21 号——租赁》《企业会计准则第 25 号——原保险合同》《企业会计准则第 26 号——再保险合同》的规定进行会计处理。

3.1.2 或有事项的特征

（1）或有事项由过去的交易或事项形成，是指或有事项的现存状况是过去的交易或事项引起的客观存在。

比如，未决诉讼虽然是正在进行中的诉讼，但该诉讼是企业因过去的经济行为导致其起诉其他单位或被其他单位起诉。这是现存的一种状况而不是未来将要发生的事项。

未来可能发生的自然灾害、交通事故、经营亏损等，不属于企业会计准则规范的或有事项。

（2）或有事项的结果具有不确定性，是指或有事项的结果是否发生具有不确定性，或者或有事项的结果预计将会发生，但发生的具体时间或金额具有不确定性。

比如，债务担保事项的担保方到期是否承担和履行连带责任，需要根据债务到期时被担保方能否按时还款加以确定。这一事项的结果在担保协议达成时具有不确定性。

再比如，企业因生产排污治理不力并对周围环境造成污染而被起诉，如无特殊情况，该企业很可能败诉。但是，在诉讼成立时，该企业因败诉将支出多少金额，或者何时将发生这些支出，是难以确定的。

（3）或有事项的结果由未来事项决定，是指或有事项的结果只能由未来不确定事项的发生或不发生才能决定。

例如，企业为其他单位提供债务担保，该担保事项最终是否会要求企业履行偿还债务的连带责任，一般只能看被担保方的未来经营情况和偿债能力。如果被担保方经营情况和财务状况良好且有较好的信用，那么企业将不需要履行该连带责任，只有在被担保方到期无力还款时企业才承担偿还债务的连带责任。

3.1.3 或有负债

或有负债是指过去的交易或事项形成的潜在义务，其存在须通过未来不确定事项的发生或不发生予以证实；或是指过去的交易或事项形成的现时义务，履行该义务不是很可能导致经济利益流出企业或该义务金额不能可靠地计量。

或有负债涉及两类义务：一类是潜在义务，另一类是现时义务。

1. 潜在义务

潜在义务，是指结果取决于不确定未来事项的可能义务。也就是说，潜在义务最终是否转变为现时义务，由某些未来不确定事项的发生或不发生才能决定。或有事项作为一项潜在义务，其结果如何只能由未来不确定事项的发生或不发生来证实。

例如，2022 年 12 月 12 日，A 公司因故与 B 银行发生经济纠纷，并且被 B 银行提起诉讼。直到 2022 年年末，该起诉讼尚未进行审理。由于案情复杂，相关的法律法规尚不健全，从 2022 年年末来看，诉讼的最终结果如何尚难确定。2022 年年末，A 公司承担的义务就属于潜在义务。

2. 现时义务

现时义务，是指企业在现行条件下已承担的义务。或有负债作为特殊的现时义务，其特殊之处在于：该现时义务的履行不是很可能导致经济利益流出企业，或者该现时义务的金额不能可靠地计量。

其中，"不是很可能导致经济利益流出企业"，是指该现时义务导致经济利益流出企业的可能性不超过 50%（含 50%）。例如，2022 年 10 月，A 公司与 C 公司签订担保合同，承诺为 C 公司的某项目贷款提供担保。由于担保合同的签订，A 公司承担了一项现时义务。但是，承担现时义务并不意味着经济利益将很可能因此而流出 A 公司。如果 2022 年度 C 公司的财务状况良好，则 A 公司履行连带责任的可能性不大。也就是说，从 2022 年年末来看，A 公司不是很可能被要求流出经济利益以履行该义务，该项现时义务应属于 A 公司的或有负债。

"金额不能可靠地计量"，是指该现时义务导致经济利益流出企业的"金额"难以合理预计，现时义务履行的结果具有较大的不确定性。例如，A 公司还涉及另一桩诉讼案，根据以往的审判案例推断，A 公司败诉的可能性很大。但截至 2022 年年末，法院尚未判决，A 公司无法根据经验判断未来将要承担多少赔偿金额，因此该现时义务的金额不能可靠地计量，该诉讼案件即形成一项 A 公司的或有负债。

或有负债无论是潜在义务还是现时义务均不符合负债的确认条件，因而不予确认。

3.1.4 或有资产

或有资产是指过去的交易或事项形成的潜在资产，其存在须通过未来不确定事项的发生或不发生予以证实。

或有资产作为一种潜在资产，其结果具有较大的不确定性，只有随着经济情况的变化，通过某些未来不确定事项的发生或不发生才能证实其是否会形成企业真正的资产。

例如，2022 年 12 月 20 日，A 公司状告 D 公司侵犯了其商标权。截至 2022 年 12 月 31 日，法院还没有对诉讼案进行公开审理，A 公司是否胜诉尚难判断。对于 A 公司而言，将来可能胜诉而获得的资产属于一项或有资产，它是由过去事项（D 公司"可能侵犯"A 公司的专利权并受到起诉）形成的。但这项或有资产能否真的转化成其真正的资产，要由诉讼案的调解或判决结果确定。如果终审判决结果是 A 公司胜诉，那么这项或有资产就转化为 A 公司的一项资产；如果终审判决结果是 A 公司败诉，那么或有资产便"消失"了，A 公司还需承担支付诉讼费的义务。

或有资产不符合资产的确认条件，因而不能在会计报表中予以确认。并且根据会计准则的规定，企业一般不应在附注中披露或有资产。但或有资产很可能会给企业带来经济利益的，应当披露其形成的原因、预计产生的财务影响等。

由于影响或有负债和或有资产的因素处于不断变化之中，企业应当持续地对这些因素予以关注。随着时间推移和事态进展，或有负债可能转化为企业的负债或预计负债，符合负债（预计负债）的确认条件，此时应当予以确认。类似地，或有资产对应的潜在权利也可能随着相关因素的改变而发生性质变化，如果某一时点企业基本确定能够收到这项潜在资产并且其金额能够可靠地计量，那么应当将其确认为企业的资产。

3.2 或有事项的确认与计量

3.2.1 或有事项的确认

或有事项的确认通常是指与或有事项相关的义务的确认。根据或有事项准则的规定，如果与或有事项相关的义务同时符合以下三个条件，企业应当确认为负债：

1. 该义务是企业承担的现时义务

该义务是企业承担的现时义务，是指与或有事项有关的义务是企业在当前条件下已承担的义务，企业没有其他的选择，只能履行该义务。例如，A 公司在执行合同中违约，导致对方产生经济损失，被告上法庭，将要承担赔偿义务。因为违约的事实已经发生，A 公司承担的赔偿义务就是一项现时义务。

这里所指的现时义务包括法定义务和推定义务。其中，法定义务是指因合同、法规或其他司法解释等产生的义务，通常是企业在经济管理和经济协调中，依照经济法律、法规的规定必须履行的责任。例如，企业与其他企业签订购货合同所产生的义务，就属于法定义务。推定义务是指因企业的特定行为而产生的义务。所谓"特定行为"，泛指企业以往的习惯做法、已公开的承诺或已公开宣布的经营政策。由于以往的习惯做法，或通过这些承诺和公开的声明，企业向外界表明了它将承担特定的责任，从而使受影响的各方形成了企业将履行这些责任的合理预期。

2. 该义务的履行很可能导致经济利益流出企业

该义务的履行很可能导致经济利益流出企业，是指履行义务时导致经济利益流出企业的可能性超过50%，但尚未达到基本确定的程度。

在对或有事项进行确认时，通常需要对其发生的概率加以分析和判断。一般情况下，发生的概率分为以下四个层次：基本确定、很可能、可能、极小可能。其中，"基本确定"是指发生的可能性大于95%但小于100%；"很可能"是指发生的可能性大于50%但小于或等于95%；"可能"是指发生的可能性大于5%但小于或等于50%；"极小可能"是指发生的可能性大于0但小于或等于5%。

企业因或有事项承担了现时义务，并不说明该现时义务很可能导致经济利益流出企业。例如，2022年9月12日，A公司与E公司签订协议，承诺为E公司的两年期银行借款提供全额担保。对于A公司而言，其由于担保事项而承担了一项现时义务，但这项义务的履行是否很可能导致经济利益流出企业，需依据E公司的经营情况和财务状况等因素来确定。假定2022年年末，E公司的财务状况良好，此时，如果没有其他特殊情况，一般可以认定E公司不会违约，从而A公司履行承担的现时义务不是很可能导致经济利益流出。假定2022年年末，E公司的财务状况恶化，且没有迹象表明可能发生好转。此时可以认定E公司很可能违约，从而A公司履行承担的现时义务将很可能导致经济利益流出企业。

3. 该义务的金额能够可靠地计量

该义务的金额能够可靠地计量，是指因或有事项产生的现时义务的金额能够合理地估计。由于或有事项具有不确定性，因此，因或有事项产生的现时义务的金额也具有不确定性，需要估计。要对或有事项确认一项负债，相关现时义务的金额应能够可靠估计。

例如，A公司（被告）涉及一桩诉讼案，根据以往的审判案例推断，A公司很可能要败诉，相关的赔偿金额也可以估算出一个范围。在这种情况下，可以认为A公司因未决诉讼承担的现时义务的金额能够可靠地估计，从而应对未决诉讼确认一项负债。但是，如果没有以往的案例可与A公司涉及的诉讼案做对比，而相关的法律条文又没有明确解释，那么即使A公司很可能败诉，在判决以前通常也不能推断现时义务的金额能够可靠地估计。因此，A公司不应对未决诉讼确认一项负债。

3.2.2 或有事项的计量

或有事项的计量通常是指与或有事项相关的义务形成的预计负债的计量，主要涉及两个方面的问题：一是最佳估计数的确定，二是预期可获得补偿的处理。

1. 最佳估计数的确定

预计负债应当按照履行相关现时义务所需支出的最佳估计数进行初始计量。最佳估计数的确定应当分两种情况考虑。

（1）所需支出存在一个连续范围，且该范围内各种结果发生的可能性相同。在这种情况下，最佳估计数应当按照该范围内的中间值，即上下限金额的平均数确定。

【例3-1】2022年10月19日，A公司因违约被提起诉讼。根据公司法律顾问的判断，A公司很可能败诉。但截至2022年年底，A公司尚未收到法院的判决，赔偿金额无法确定。不过，据专家估计，赔偿金额可能为50万~80万元，并且在该区间内每个金额发生的可能性大致相同。因此，A公司应在年末确认一项金额为65万元[（50+80）÷2]的预计负债，其会计处理如下：

借：营业外支出——赔偿支出　　　　　　　　　　　　　　　　650 000
　　贷：预计负债——未决诉讼　　　　　　　　　　　　　　　　　　650 000

（2）所需支出不存在一个连续范围，或者虽然存在一个连续范围，但该范围内各种结果发生的可能性不相同。在这种情况下，最佳估计数按照如下方法确定：

①或有事项涉及单个项目的，按照最可能发生的金额确定。这里的"单个项目"是指或有事项涉及的项目只有一个，如一项未决诉讼、一项未决仲裁或一项债务担保等。

【例3-2】2022年9月25日，A公司因侵犯B企业的专利权被B企业起诉，要求赔偿100万元，截至2022年12月31日，法院尚未判决。经专家研究认为，A公司侵权事实成立，败诉的可能性为80%，如果败诉，将会判赔50万元。在这种情况下，A公司应确认的负债金额（最佳估计数）应为最可能发生的金额50万元，在年末会计处理如下：

借：营业外支出——赔偿支出　　　　　　　　　　　　　　　　500 000
　　贷：预计负债——未决诉讼　　　　　　　　　　　　　　　　　　500 000

②或有事项涉及多个项目的，按照各种可能结果及相关概率计算确定。这里的"涉及多个项目"是指或有事项涉及的项目不止一个，如在产品质量保证中，提出保修要求的可能有许多客户。相应地，企业对这些客户负有保修义务，应根据发生质量问题的概率和相关的保修费用计算确定应予确认的负债金额。

【例3-3】A公司2022年销售甲产品1 000万元，该公司售后服务规定：产品在一年保修期内，出现非人为质量问题，企业将免费修理。根据以往经验，产品不发生质量问题的可能性为80%，无须支付维修费；发生较小质量问题的可能性为15%，较小质量问题的修理费为销售收入的2%；发生较大质量问题的可能性为4%，较大质量问题的修理费为销售收入的10%；发生严重质量问题的可能性为1%，严重质量问题的修理费为销售收入的20%。根据上述资料，2022年年末A公司应确认的负债金额（最佳估计数）为：

（1 000×2%）×15%+（1 000×10%）×4%+（1 000×20%）×1%=3+4+2=9（万元）

相应的会计处理如下：

借：销售费用——产品质量保证   90 000

    贷：预计负债——产品质量保证   90 000

2. 预期可获得的补偿

企业清偿预计负债所需支出全部或部分预期由第三方补偿的，补偿金额只有在基本确定能够收到时才能作为资产单独确认。确认的补偿金额不应当超过预计负债的账面价值。

常见的可能获得补偿的情况有：

（1）发生交通事故等情况时，企业通常可以从保险公司获得合理的补偿；

（2）在某些索赔诉讼中，企业可通过反诉的方式对索赔人或第三方另行提出赔偿要求；

（3）在债务担保业务中，企业在履行担保义务的同时，通常可以向被担保企业提出追偿要求。

企业预期从第三方获得的补偿，是一种潜在资产，其最终是否会转化为企业真正的资产具有较大的不确定性。因此，在确定补偿金额时应注意以下几点：第一，补偿金额只有在"基本确定"能收到时才予以确认，即发生的概率在95%以上时才能做账，将补偿金额计入账内。第二，确认入账的金额不能超过相关预计负债的金额。如果确认补偿金的金额超过了预计负债的金额，将使利润出现正数，等于确认了或有资产，这违背了谨慎性原则。第三，根据资产和负债不能随意抵销的原则，补偿金额应单独确认为资产，即应计入"其他应收款"账户，不能直接冲减"预计负债"。

3. 预计负债计量需要考虑的其他因素

（1）风险和不确定性。企业应当充分考虑与或有事项有关的风险和不确定性，并在低估和高估预计负债金额之间寻找平衡点。

（2）货币的时间价值。相关现时义务的金额通常应当等于未来应支付的金额。但是，因货币时间价值的影响，使未来应支付金额与其现值相差较大的，如30年后油井或核电站的弃置费用等，应当按照未来应支付金额的现值确定。

（3）未来事项。企业应当考虑可能影响履行现时义务所需金额的相关未来事项，如未来技术进步、相关法规出台等。当然，这种预计需要得到相当客观的证据的支持。

3.2.3 对预计负债账面价值的复核

企业应当在资产负债表日对预计负债的账面价值进行复核。如有确凿证据表明该账面价值不能真实反映当前最佳估计数的，应当按照当前最佳估计数对该账面价值进行调整。

以未决诉讼为例。企业当期实际发生的诉讼损失金额与已计提的相关预计负债之间的差额，应分情况区别处理：

第一，企业在前期资产负债表日，依据当时实际情况和所掌握的证据合理预计了预计负债的，应当将当期实际发生的诉讼损失金额与已计提的相关预计负债之间的差额，直接计入或冲减当期营业外支出。

第二，企业在前期资产负债表日，依据当时实际情况和所掌握的证据，原本应当能够合理估计诉讼损失，但企业所做的估计却与当时的事实严重不符的（如未合理预计损失或不恰当地多计或少计损失），应当按照重大会计差错更正的方法进行处理。

第三，企业在前期资产负债表日，依据当时实际情况和所掌握的证据，确实无法合理预计诉讼损失，因而未确认预计负债的，应当在该项损失实际发生的当期，直接计入当期营业外支出。

第四，资产负债表日后至财务报告批准报出日之间发生的需要调整或说明的未决诉讼，应当按照资产负债表日后事项的有关规定进行会计处理。

3.3 或有事项的会计处理

3.3.1 未决诉讼或未决仲裁的会计处理

未决诉讼和未决仲裁是指企业涉及尚未判决的诉讼案件、原告提出有赔偿要求的待决事项。在判决结果或仲裁决定公布之前，企业的权利义务是不确定的，可能构成一项潜在义务或现时义务，也可能形成一项或有资产。

【例3-4】2022年11月1日，A公司因合同违约而被乙股份有限公司起诉。截至2022年12月31日，法院尚未判决。乙公司预计，如无特殊情况，很可能在诉讼中获胜，乙公司估计将来很可能获得赔偿金额1 900 000元。在咨询了公司的法律顾问后，A公司认为最终的法律判决很可能对公司不利。A公司预计将要支付的赔偿金额、诉讼费等费用为1 600 000~2 000 000元，而且这个区间内每个金额的可能性都大致相同，其中诉讼费为30 000元。

在此例中，根据《企业会计准则》的规定，乙股份有限公司不应当确认这项或有资产，但因为该或有资产"很可能会给企业带来经济利益"，故应当在2022年12月31日的报表附注中披露，说明很可能获得A公司的赔偿1 900 000元。

A公司应在2022年12月31日的资产负债表中确认一项预计负债，金额为：

(1 600 000+2 000 000)÷2 = 1 800 000（元）

其中支付的诉讼费为30 000元，同时在报表附注中进行披露。

A公司的有关账务处理如下：

借：管理费用——诉讼费   30 000

    营业外支出——赔偿支出   1 770 000

    贷：预计负债——未决诉讼   1 800 000

【例3-5】2022年11月20日，A公司因与C公司签订了互相担保协议而成为相关诉讼的第二被告。截至2022年12月31日，诉讼尚未进行判决。但是，由于C公司经营困难，A公司很可能要承担还款连带责任。据统计，A公司承担还款金额1 500万元的可能性为70%，而承担还款金额1 000万元的可能性为30%。另外A公司需承担诉讼费20万元。

在此例中，A 公司因连带责任而承担了现时义务，该义务的履行很可能导致经济利益流出企业，且该义务的金额能够可靠地计量。根据或有事项准则的规定，A 公司应当在 2022 年 12 月 31 日确认一项负债 1 500 万元（最可能发生金额），并在会计报表附注中做相关披露。

A 公司的有关账务处理如下：

借：管理费用——诉讼费　　　　　　　　　　　　　　200 000

　　营业外支出——赔偿支出　　　　　　　　　　　15 000 000

　　贷：预计负债——未决诉讼　　　　　　　　　　　　　15 200 000

同时，会计报表披露如下：

C 公司借款逾期未还被某银行起诉。由于与 C 公司签有互相担保协议，本公司因此负有连带责任。2022 年 12 月 31 日，本公司为此确认了一项负债，金额为 1 520 万元。目前，相关的诉讼正在审理当中。

3.3.2　债务担保的会计处理

债务担保是指企业（担保方）为其他单位（被担保方）向银行或其他金融机构借款提供担保的业务事项。如果到期日被担保方偿还了借款，企业即解脱了担保责任；如果被担保方到期不能清偿借款，担保方就负有偿还债务的连带责任。因此，在企业担保之日，就形成了担保企业的一项或有负债。债务担保在企业中是较为普遍的现象。从保护投资者、债权人的利益出发，客观、充分地反映企业因担保义务而承担的潜在风险是十分必要的。

企业对外提供债务担保常常会涉及诉讼，这时可以分别根据以下不同情况进行处理：

（1）企业已被判决败诉的，应当按照法院判决的应承担的损失金额，确认为负债。

（2）已判决败诉，但企业正在上诉，或者经上一级法院裁定暂缓执行，或者由上一级法院发回重审等，企业应当在资产负债表日根据已有判决结果合理估计损失金额，确认为预计负债。

（3）法院尚未判决的，企业应当向其律师或法律顾问等咨询，估计败诉的可能性以及败诉后可能发生的损失金额，并取得有关书面意见。如果败诉的可能性大于胜诉的可能性，并且损失金额能够合理估计的，应当在资产负债表日将预计损失金额确认为预计负债；相反，如果律师估计企业败诉的可能性很小，就没有必要确认这项预计负债。

【例 3-6】2020 年 10 月，B 公司从银行贷款 2 000 万元，期限 2 年，年利率 7.2%，由 A 公司全额担保；2022 年 2 月，C 公司从银行贷款 800 万元，期限 1 年，由 A 公司担保 50%；2022 年 4 月，E 公司通过银行从 F 公司借款 1 000 万元，期限 2 年，由 A 公司全额担保。截至 2022 年 12 月 31 日的情况如下：

（1）B 公司贷款逾期未还，银行已起诉 B 公司和 A 公司。A 公司很可能要履行连带责任，不仅须替 B 公司偿还贷款本金和利息共计 2 288 万元，还要支付罚息等费用，罚息估计为 40 万~48 万元。

（2）C 公司由于受政策和内部管理不善等的影响，经营效益不如以往，可能不能偿还到期债务，A 公司可能要履行连带责任。

（3）E 公司经营情况良好，预期不存在还款困难，A 公司履行连带责任的可能性极小。

在此例中，对 C 公司和 D 公司的债务担保均形成 A 公司的或有负债，应在报表附注中予以披露。对 B 公司的担保符合预计负债的确认条件，应予确认。确认金额为：

2 288+（40+48）÷2＝2 332（万元）

对 C 公司和 D 公司的担保不符合预计负债的确认条件，不必确认。

A 公司的有关账务处理如下：

借：营业外支出——担保支出   23 320 000

  贷：预计负债——债务担保   23 320 000

同时，A 公司应在 2022 年 12 月 31 日的会计报表附注中作披露。披露内容如表 3-1 所示。

表 3-1 A 公司在会计报表附注中的披露内容

被担保单位	担保金额	财务影响
B 公司	担保金额 2 000 万元，2022 年 10 月到期	B 公司的银行借款已逾期。出借行 ×××银行已起诉 B 公司和本公司。由于对 B 公司债务进行全额保证，预期诉讼结果将给本公司的财务造成重大影响。本公司除要偿还本金和利息外，还要支付罚息等费用。基于以上情况，本公司在 2022 年 12 月 31 日确认一项负债 2 332 万元
C 公司	担保金额 800 万元，2023 年 2 月到期	C 公司因受政策影响以及内部管理不善等原因，本年度效益不如以往，可能不能偿还到期债务。因此，本公司可能因承担相应的连带责任而产生损失
E 公司	担保金额 1 000 万元，2024 年 4 月到期	E 公司经营情况良好，预期不存在还款困难。因此，对 E 公司的担保极小可能给本公司造成不利影响

3.3.3 产品质量保证的会计处理

产品质量保证是指企业在销售产品或提供劳务后，可能要支付与产品质量有关的费用的业务事项。如果企业在出售产品时做出了包退或保修承诺，在约定期内，若产品发生质量问题，企业将负有更换产品、免费或只收成本价修理等责任。按照权责发生制原则，上述相关支出符合一定的确认条件就应该在销售成立时予以确认。

【例 3-7】A 公司为精密仪器生产和销售企业。2022 年四个季度的仪器销售额分别为 160 万元、140 万元、180 万元、250 万元。根据以往的经验，发生的保修费用一般为销售额的 1%~2%。2022 年四个季度实际发生的维修费用分别为 3 万元、1 万元、2 万元、4 万元。同时，假定 2021 年年末"预计负债——产品质量保证"账户余额为 8 万元。

在此例中，A 公司因销售精密仪器而承担了现时义务；同时该义务的履行很可能导致经济利益流出 A 公司，且该义务的金额能够可靠地计量。所以，A 公司应根据或有事项准则的规定在每季度末确认一项负债。

会计核算与披露如下：

（1）第一季度

发生产品质量保证费用（维修费）时：

借：预计负债——产品质量保证   30 000

   贷：银行存款或原材料等   30 000

第一季度末应确认的产品质量保证负债金额为：

$160 \times (1\% + 2\%) \div 2 = 2.4$（万元）

编制会计分录如下：

借：销售费用——产品质量保证   24 000

   贷：预计负债——产品质量保证   24 000

第一季度末"预计负债——产品质量保证"账户的余额为 $8+2.4-3=7.4$（万元）。

（2）第二季度

发生产品质量保证费用（维修费）时：

借：预计负债——产品质量保证   10 000

   贷：银行存款或原材料等   10 000

第二季度末应确认的产品质量保证负债金额为：

$140 \times (1\% + 2\%) \div 2 = 2.1$（万元）

编制会计分录如下：

借：销售费用——产品质量保证   21 000

   贷：预计负债——产品质量保证   21 000

第二季度末"预计负债——产品质量保证"账户的余额为 $7.4+2.1-1=8.5$（万元）。

（3）第三季度

发生产品质量保证费用（维修费）时：

借：预计负债——产品质量保证   20 000

   贷：银行存款或原材料等   20 000

第三季度末应确认的产品质量保证负债金额为：

$180 \times (1\% + 2\%) \div 2 = 2.7$（万元）

编制会计分录如下：

借：销售费用——产品质量保证   27 000

   贷：预计负债——产品质量保证   27 000

第三季度末"预计负债——产品质量保证"账户的余额为 $8.5+2.7-2=9.2$（万元）。

（4）第四季度

发生产品质量保证费用（维修费）时：

借：预计负债——产品质量保证   40 000

   贷：银行存款或原材料等   40 000

第四季度末应确认的产品质量保证负债金额为：

$250 \times (1\% + 2\%) \div 2 = 3.75$（万元）

编制会计分录如下：

借：销售费用——产品质量保证　　　　　　　　　　　　　　　37 500

　　贷：预计负债——产品质量保证　　　　　　　　　　　　　　　　37 500

第四季度末"预计负债——产品质量保证"账户的余额为：

9.2+3.75-4=8.95（万元）

因此，A公司应在2022年12月31日将"预计负债——产品质量保证"账户余额89 500元列入资产负债表内"预计负债"项目，并在会计报表附注中做相关披露。

在对产品质量保证确认预计负债时，应注意的问题是：

（1）如果发现保证费用的实际发生额与预计数相差较大，应及时对预计比例进行调整；

（2）如果企业针对特定批次产品计算预计负债，则在保修期结束时，应将"预计负债——产品质量保证"账户余额冲销，不留余额；

（3）已对其确认预计负债的产品，如企业不再生产或者不再销售了，那么应在相应的产品质量保证期满后，将"预计负债——产品质量保证"余额冲销，不留余额。

3.3.4　亏损合同的会计处理

亏损合同，是指履行合同义务不可避免会发生的成本超过预期经济利益的合同。这里的"履行合同义务不可避免会发生的成本"反映了履行该合同的最低净成本，即履行该合同的成本与未履行该合同而发生的补偿或处罚两者之中的较低者。亏损合同相关义务满足预计负债确认条件时，应当确认为预计负债。

待执行合同，是指合同各方尚未履行任何合同义务，或部分地履行了同等义务的合同。企业与其他企业签订的尚未履行任何合同义务或部分地履行了同等义务的商品买卖合同、劳务合同、租赁合同等，均属于待执行合同。待执行合同不属于或有事项准则规范的内容。但是，待执行合同变成亏损合同的，应当作为或有事项准则规范的或有事项。该亏损合同产生的义务满足预计负债确认条件的，应当确认为预计负债。

企业对亏损合同的处理，需要遵循以下两点原则：

（1）如果与亏损合同相关的义务不需支付任何补偿即可撤销，企业通常就不存在现时义务，不应确认预计负债；如果与亏损合同相关的义务不可撤销，企业就存在现时义务，同时满足该义务很可能导致经济利益流出企业和金额能够可靠地计量的，通常应当确认预计负债。

（2）待执行合同变成亏损合同时，合同存在标的资产的，应当对标的资产进行减值测试，并且按规定确认减值损失，此时，企业通常不需要确认预计负债；合同不存在标的资产的，亏损合同相关义务满足规定条件时，应当确认预计负债。

【例3-8】乙企业2022年9月2日与A公司签订了一项产品销售合同，约定在2022年12月5日以每件产品180元的价格向A公司提供10 000件甲产品，若不能按期交货，将对乙企业处以450 000元的违约金。由于这批产品为定制产品，签订合同时产品尚未开始生产。当企业开始筹备原材料以生产这批产品时，原材料价格突然上升，预计生产每件产品需要花费200元。

在本例中，由于乙企业产品成本为每件 200 元，而销售价格为每件 180 元，每销售 1 件亏损 20 元，共计损失 200 000 元。如果撤销合同，则需要缴纳 450 000 元的违约金。因此，这项待执行合同变成了一项亏损合同。

（1）由于该合同签订时不存在标的资产，乙企业应当按照履行合同所需成本与违约金中的较低者（200 000 元）确认一项预计负债。

```
借：营业外支出                                    200 000
    贷：预计负债                                            200 000
```

（2）待相关产品生产完成后，将已确认的预计负债冲减产品成本。

```
借：库存商品（10 000×200）                     2 000 000
    贷：生产成本                                          2 000 000
借：预计负债                                     200 000
    贷：库存商品                                            200 000
```

（3）企业出售产品时确认收入并结转成本。

```
借：银行存款或应收账款等                        2 034 000
    贷：主营业务收入（10 000×180）                        1 800 000
        应交税费——应交增值税（销项税额）                  234 000
借：主营业务成本                                1 800 000
    贷：库存商品                                          1 800 000
```

【例 3-9】因市场变化，丙企业库存积压较大，产品成本为每件 205 元。为了消化库存、盘活资金，丙企业于 2022 年 3 月 14 日与 A 公司签订了一项产品销售合同，约定在 2022 年 5 月 26 日以每件产品 160 元的价格向公司提供 10 000 件产品，合同不得撤销。

在本例中，由于丙企业产品成本为每件 205 元，而销售价格为每件 160 元，每销售 1 件亏损 45 元，共计损失 450 000 元。并且，合同不得撤销。因此，这项销售合同是一项亏损合同。

由于该合同签订时存在标的资产，丙企业应当对 A 产品进行减值测试，计提减值准备，从而不需要对合同再确认预计负债。

3.3.5 重组义务的会计处理

重组，是指企业制定和控制的，将显著改变企业组织形式、经营范围或经营方式的计划实施行为。属于重组的事项主要包括：①出售或终止企业的部分业务；②对企业的组织结构进行较大调整；③关闭企业的部分营业场所，或将营业活动由一个国家或地区迁移到其他国家或地区。

企业应当将重组与企业合并、债务重组区别开。因为重组通常是企业内部资源的调整和组合，以谋求现有资产效能的最大化；企业合并是指在不同企业之间进行的资本重组和规模扩张；而债务重组是债权人对债务人做出的让步，债务人可减轻债务负担，债权人也尽可能地减少损失。

1. 重组义务的确认

企业因重组而承担了重组义务，并且同时满足或有事项确认条件的，应当确认为预计负债。

首先，下列情况同时存在时，表明企业承担了重组义务：一是有详细、正式的重组计划，包括重组涉及的业务、主要地点、需要补偿的职工人数及其岗位性质、预计重组支出、计划实施时间等；二是该重组计划已对外公告。

例如，丁企业决定关闭其生产平面直角彩色电视机的生产车间，改为生产液晶电视机。同时决定辞退原职工 100 人，每人补偿 10 000 元，一年内完成。该计划已与职工和工会达成一致意见，经董事会批准并已对外公告。显然，这项重组有详细的重组计划，涉及的业务、地点、需要补偿的职工人数和性质、支出及实施时间都可知，且已对外公告。由此可以判断，丁企业承担了重组义务。

其次，需要判断重组义务是否同时满足或有事项的三个确认条件，即：判断其承担的重组义务是否是现时义务；履行重组义务是否很可能导致经济利益流出企业；重组义务的金额是否能够可靠地计量。只有同时满足这三个确认条件，才能将重组义务确认为预计负债。

2. 重组义务的计量

企业应当按照与重组有关的直接支出确定预计负债金额。其中，直接支出是企业重组必须承担的，并且与主体继续进行的活动无关的支出，不包括留用职工岗前培训、市场推广、新系统和营销网络投入等支出。由于这些支出与未来经营活动有关，因此在资产负债表日不判定为重组义务。

由于企业在计量预计负债时不应当考虑预期处置相关资产的利得，因此，在计量与重组义务相关的预计负债时，不能考虑处置相关资产（厂房、店面，有时是一个事业部整体）可能产生的利得或损失，即使资产的出售构成重组的一部分也是如此。

企业可以参照表 3-2 判断某项支出是否属于与重组有关的直接支出。

表 3-2　与重组有关的直接支出项目

支出项目	包括	不包括	不包括的原因
自愿遣散	√		
强制遣散（如果自愿遣散目标未实现）	√		
将不再使用的厂房的租赁撤销费	√		
将职工和设备从拟关闭的工厂转移到继续使用的工厂		√	支出与继续进行的活动相关
剩余职工的再培训		√	支出与继续进行的活动相关
新经理的招募成本		√	支出与继续进行的活动相关
推广公司新形象的营销成本		√	支出与继续进行的活动相关
对新分销网络的投资		√	支出与继续进行的活动相关
重组的未来可辨认经营损失（最新预计值）		√	支出与继续进行的活动相关

表3-2(续)

支出项目	包括	不包括	不包括的原因
特定不动产、厂场和设备的减值损失		√	资产减值准备应当按照《企业会计准则第8号——资产减值》进行计提，并作为资产的抵减项

3.4 或有事项的披露

企业应当在附注中披露与或有事项有关的下列信息：

1. 预计负债

（1）预计负债的种类、形成原因以及经济利益流出不确定性的说明；

（2）预计负债的期初、期末余额和本期变动情况；

（3）与预计负债有关的预期补偿金额和本期已确认的预期补偿金额。

2. 或有负债（不包括极小可能导致经济利益流出企业的或有负债）

（1）或有负债的种类及其形成原因，包括已贴现的商业承兑汇票、未决诉讼、未决仲裁、对外提供债务担保等形成的或有负债。

（2）经济利益流出不确定性的说明。

（3）或有负债预计产生的财务影响，以及获得补偿的可能性；无法预计的，应当说明原因。

3. 企业可以不披露的情况

（1）企业通常不应当披露或有资产，但或有资产很可能会给企业带来经济利益的，应当披露其形成的原因、预计产生的财务影响等。

（2）在涉及未决诉讼、未决仲裁的情况下，披露全部或部分信息预期对企业造成重大不利影响的，企业无须披露这些信息。但应当披露该未决诉讼、未决仲裁的性质，以及没有披露这些信息的事实和原因。

思考题

1. 什么是企业的或有事项？它具有哪些特征？

2. 或有负债确认的条件是什么？如何理解？

3. 最佳估计数的确定方法是什么？

4. 什么是亏损合同？如何对其进行会计处理？

4 借款费用核算

4.1 借款费用的内涵

4.1.1 借款费用的内容及资本化的含义

1. 借款费用的内容

借款费用，是指企业因借款而发生的利息及相关成本，包括借款利息、折价或者溢价的摊销、辅助费用以及因外币借款而发生的汇兑差额等。

（1）因借款而发生的利息，包括企业向银行或者其他金融机构等借入资金发生的利息、发行公司债券发生的利息以及为购建或者生产符合资本化条件的资产而发生的带息债务所承担的利息等。

（2）折价或者溢价的摊销，主要是指发行债券等所发生的折价或者溢价。发行债券中的折价或者溢价，其实质是对债券票面利息的调整（将债券票面利率调整为实际利率），属于借款费用的范畴。

（3）辅助费用，是指企业在借款过程中发生的诸如手续费、佣金、印刷费等费用。由于这部分费用是安排借款而发生的，因此也属于借入资金的代价，是借款费用的构成部分。

（4）因外币借款而发生的汇兑差额，是指汇率变动导致市场汇率与账面汇率出现差异，从而对外币借款本金及其利息的记账本位币金额所产生的影响金额。

2. 借款费用资本化与费用化的含义

（1）借款费用资本化，是指企业发生的上述借款费用，可直接归属于符合资本化条件的资产的购建或者生产的，计入相关资产成本的事项。

（2）借款费用费用化，是指不符合资本化条件的其他借款费用应当在发生时根据其发生额确认为费用，计入当期损益的事项。

4.1.2 借款费用应予资本化的借款范围

借款费用应予资本化的借款范围包括专门借款和一般借款。

1. 专门借款

专门借款，是指为购建或者生产符合资本化条件的资产而专门借入的款项。专门借款应当有明确的专门用途，即为购建或者生产某项符合资本化条件的资产而专门借入的款项，通常都具有标明该用途的借款合同。

2. 一般借款

一般借款，是指除专门借款之外的借款，一般借款在借入时，通常没有特指用于符合资本化条件的资产的购建或者生产。对于一般借款，只有在购建或者生产符合资本化条件的资产占用了一般借款时，才能够将与该部分一般借款相关的借款费用资本化；否则，所发生的借款利息应当计入当期损益。

4.1.3　符合资本化条件的资产

符合资本化条件的资产，是指需要经过相当长时间的购建或者生产活动才能达到可使用或者可销售状态的资产，包括固定资产、需要经过相当长时间的购建或者生产活动才能达到可使用或可销售状态的存货、投资性房地产等资产。

建造合同成本、确认为无形资产的开发支出等在符合条件的情况下，也可以认定为符合资本化条件的资产。

符合借款费用资本化条件的存货，主要包括房地产开发企业开发的用于对外出售的房地产开发产品、企业制造的用于对外出售的大型机械设备等。这类存货通常需要经过相当长时间的建造或者生产过程，才能达到预定可销售状态。其中"相当长时间"，是指为资产的购建或者生产所必需的时间，通常为一年以上（含一年）。

为购建或生产以上资产而借入款项所发生的借款费用，在符合资本化条件的情况下应当予以资本化，直接计入这些资产成本中；相反，即使是为购建或生产以上资产而借入款项所发生的借款费用，但不符合资本化条件的，也只能确认为费用，计入当期损益。

4.2　借款费用的确认

4.2.1　借款费用的确认原则

借款费用的确认，是指将每期发生的借款费用分别确认为资本化部分（计入相关资产的成本的借款费用）和费用化部分（计入当期损益的借款费用）的会计事项。

借款费用确认的基本原则是：企业发生的借款费用，可直接归属于符合资本化条件的资产的购建或者生产的，应当予以资本化，计入相关资产成本；其他借款费用，应当在发生时根据其发生额确认为费用，计入当期损益。

4.2.2　借款费用资本化期间的确定

只有发生在企业资本化期间的有关借款费用，才能够资本化。所以正确确定借款费用资本化期间是借款费用确认和计量的重要前提。

借款费用资本化期间，是指从借款费用开始资本化时点到停止资本化时点的期间，但不包括其中暂停资本化的时间。

1. 借款费用开始资本化时点的确定

借款费用允许开始资本化必须同时满足三个条件，即：资产支出已经发生；借款费用已经发生；为使资产达到预定可使用或者可销售状态所必要的购建或者生产活动已经开始。

（1）资产支出已经发生，是指企业为购建或者生产符合资本化条件的资产而以支付现金、转移非现金资产或者承担带息债务形式发生的支出。其中：

①支付现金，是指用货币资金支付了符合资本化条件的资产的购建或者生产支出。

例如，大华公司利用专门借款建设一栋厂房，已经用现金和银行存款为修建该厂房购买了所需的材料，支付了有关职工薪酬，向工程承包商支付了工程进度款等。

这些货币资金支出均属于资产支出，可以界定为资产支出已经发生。

②转移非现金资产，是指企业将自己的非现金资产直接用于符合资本化条件的资产的购建或者生产。

上述大华公司已将自己生产的钢材等产品或材料直接用于该厂房的建造；大华公司还用自己的产品向其他公司换回水泥、木材、玻璃等建材。

这些产品的成本支出均属于资产支出，可以界定为资产支出已经发生。

③承担带息债务，是指企业为了购建或者生产符合资本化条件的资产所需用物资等而承担的带息应付款项（如带息应付票据）。企业赊购这些物资所产生的债务可能带息，也可能不带息。如果企业赊购这些物资承担的不是带息债务，那么不应当将购买价款计入资产成本，因为该债务在偿付前不需要承担利息，也就没有占用借款资金。企业只有等到实际偿付债务发生了资源流出时，才能将其作为资产支出；如果企业赊购这些物资承担的是带息债务，那么企业要为这笔债务付出代价，支付利息，与企业向银行借入款项用以支付资产支出在性质上是一致的。所以，企业为购建或者生产符合条件的资产而承担的带息债务应当作为资产支出。当带息债务发生时，视同资产支出已经发生。

例如，大华公司于 2023 年 2 月 1 日购入修建厂房的工程物资一批，开出一张 50 万元的带息银行承兑汇票，期限为 6 个月，票面利率 6%。对于该事项，尽管企业没有直接支付现金，但承担了带息债务，所以这 50 万元购买工程物资的款项应当作为资产支出。自该银行承兑汇票开出之日起即表明资产支出已经发生。

（2）借款费用已经发生，是指企业已经发生了因购建或者生产符合资本化条件的资产而专门借入款项的借款费用或者所占用的一般借款费用。

例如，2023 年 1 月 1 日，大华公司向银行借入购建厂房的专门借款，当日开始计息，该日即应当确认为借款费用已经发生。

（3）为使资产达到预定可使用或者可销售状态所必要的购建或者生产活动已经开始，是指符合资本化条件的资产的实体建造或者生产工作已经开始。

例如主体设备的安装、厂房的实际开工建造等。它不包括仅仅持有资产但没有发生为改变资产形态而进行的实质上的建造活动或者生产活动。

企业只有在同时满足以上三个条件的情况下，有关借款费用才可以资本化。

2. 借款费用暂停资本化时点的确定

符合资本化条件的资产在购建或者生产过程中发生的非正常中断，且中断时间连续超过 3 个月的，应当暂停借款费用的资本化；在中断期间发生的借款费用应当确认为费用，计入当期损益，直至资产的购建或者生产活动重新开始。

正常中断期间的借款费用应当继续资本化。

非正常中断通常是企业管理决策上的原因或者其他不可预见方面的原因等所导致的中断。例如，企业因与施工方发生了质量纠纷，或者工程或生产用料没有及时供应，或者资金周转发生了困难，或者施工或生产发生了安全事故，或者发生了与资产购建或生产有关的劳动纠纷等，导致资产购建或者生产活动发生中断，均属于非正常中断。

非正常中断与正常中断的区别在于：正常中断仅限于因购建或者生产符合资本化条件的资产达到预定可使用或者可销售状态所必要的程序，或者事先可预见的不可抗力因素导致的中断。

例如，某些工程建造到一定阶段必须暂停下来进行质量或者安全检查，检查通过后方可继续下一步的建造工作。这类中断是在施工前可以预见的，而且是工程建造必须经过的程序，即属于正常中断。

某些地区的工程在建造过程中，一些可预见的不可抗力因素（本地普遍存在的雨季或冰冻季节等原因）导致施工出现停顿，也属于正常中断。例如，某企业在北方某地建造某工程期间，正遇冰冻季节，工程施工不得不中断，待冰冻季节过后才能继续施工。由于该地区在施工期间出现较长时间的冰冻是正常情况，因此出现的施工中断属于因可预见的不可抗力因素产生的中断，是正常中断。借款费用的资本化可继续进行，不必暂停。

3. 借款费用停止资本化时点的确定

（1）基本规定

①购建或者生产的符合资本化条件的资产达到预定可使用或者可销售状态时，借款费用应当停止资本化。

②在符合资本化条件的资产达到预定可使用或可销售状态之后所发生的借款费用，应当在发生时根据其发生额确认为费用，计入当期损益。

（2）购建或者生产的符合资本化条件的资产达到预定可使用或者可销售状态的判断标准

购建或者生产的符合资本化条件的资产达到预定可使用或者可销售状态，是指资产已经达到购买方或者建造方预定的可使用或者可销售状态。它可从以下几个方面进行判断：

①符合资本化条件的资产的实体建造（包括安装）或者生产工作已经全部完成或者实质上已经完成。

② 所购建或者生产的符合资本化条件的资产与设计要求、合同规定或者生产要求基本相符，即使有极个别与设计、合同或者生产要求不相符的地方，也不影响其正常使用或销售。

③ 继续发生在所购建或生产的符合资本化条件的资产上支出的金额很少或者几乎

不再发生。

④ 购建或者生产的符合资本化条件的资产需要试生产或者试运行的，在试生产结果表明资产能够正常生产出合格产品，或者试运行结果表明资产能够正常运转或者营业时，应当认为该资产已经达到预定可使用或者可销售状态。

（3）区分不同情况界定借款费用停止资本化的时点

如果所购建或者生产的符合资本化条件的资产分别建造、分别完工的，企业应当区分不同情况界定借款费用停止资本化的时点。

① 购建或者生产的符合资本化条件的各部分分别完工，且每部分在其他部分继续建造过程中可供使用或者可对外销售，且为使该部分资产达到预定可使用或可销售状态所必要的购建或者生产活动实质上已经完成的，应当停止与该部分资产相关的借款费用的资本化。因为该部分资产已经达到了预定可使用或者可销售状态。

② 购建或者生产的资产的各部分分别完成，但必须等到整体完工后才可使用或者可对外销售的，应当在该资产整体完工时停止借款费用的资本化。

4.3 借款费用的计量

4.3.1 借款利息费用资本化金额的确定

1. 每一会计期间利息费用资本化金额的确定原则

（1）专门借款利息费用资本化金额的确定

为购建或者生产符合资本化条件的资产而借入专门借款的，应当以专门借款当期实际发生的利息费用，减去将尚未动用的借款资金存入银行取得的利息收入或者进行暂时性投资取得的投资收益后的金额，确定为专门借款利息费用的资本化金额，并应当在资本化期间内，将其计入符合资本化条件的资产成本。

（2）一般借款利息费用资本化金额的确定

在借款费用资本化期间，为购建或者生产符合资本化条件的资产占用了一般借款的，企业应当根据累计资产支出超过专门借款部分的资产支出加权平均数乘以所占用一般借款的资本化率，计算确定一般借款利息中应予以资本化的金额。资本化率应当根据一般借款加权平均利率确定。

一般借款应予以资本化的利息金额计算公式如下：

$$一般借款利息费用资本化金额$$

$$= \sum \begin{pmatrix} 累计资产支出超过专门借款部分 \\ 的资产支出加权平均数 \end{pmatrix} \times 所占用一般借款的资本化率$$

$$所占用一般借款的资本化率 = 所占用一般借款加权平均利率$$

$$= \frac{所占用一般借款当期实际发生的利息之和}{所占用一般借款本金加权平均数}$$

所占用一般借款本金加权平均数

$$= \sum \frac{\text{所占用每笔}}{\text{一般借款本金}} \times \frac{\text{每笔一般借款在当期所占用的天数}}{\text{当期天数}}$$

（3）企业在每一个会计期间的利息资本化金额不得超过当期实际发生的利息金额

（4）在资本化期间，属于借款费用资本化范围的外币借款本金及利息的汇兑差额，应当予以资本化，计入符合资本化条件的资产的成本

（5）借款存在折价或溢价的，应当按照实际利率法确定每一会计期间应摊销的折价或者溢价金额，调整每期利息金额

2. 借款利息费用资本化金额的账务处理

（1）专门借款利息费用资本化金额的账务处理

【例4-1】大华公司于2022年7月1日动工兴建一幢厂房，工期为一年半。工程采用出包方式，分别于2022年7月1日、2022年10月1日、2023年1月1日和2023年7月1日支付工程进度款200万元、300万元、150万元、110万元。该厂房于2023年12月31日完工，达到预定可使用状态。

大华公司为建造该厂房分别向中国工商银行和中国建设银行借了两笔专门借款，其中：

2022年7月1日向中国工商银行专门借款300万元，借款期限为5年，年利率为6%，利息按年支付；

2022年10月1日向中国建设银行专门借款500万元，借款期限为8年，年利率为8%，利息按年支付。

该公司闲置专门借款资金均用于购买短期国债，其月收益率为0.5%。

大华公司建造该办公楼的支出金额如表4-1所示。

表4-1　办公楼支出金额　　　　　　　　　　单位：万元

日期	每期资产支出金额	累计资产支出金额	闲置借款资金用于购买国债金额
2022年7月1日	200	200	100
2022年10月1日	300	500	300
2023年1月1日	150	650	150
2023年7月1日	110	760	40
合计	760	—	590

大华公司建造办公楼的支出总额为760万元，没有超过专门借款总额800万元，因此不涉及一般借款费用资本化的问题。

该项目借款费用资本化金额确定如下：

第一步，确定资本化期间。

2022年7月1日至2023年12月31日为该项目的建设期间，即借款费用资本化期间。

第二步，计算专门借款实际发生利息费用金额。

①2022 年专门借款发生的利息金额

中国工商银行专门借款 300 万元，计息期半年，利息金额＝300×6%÷2＝9（万元）

中国建设银行专门借款 500 万元，计息期 1 个季度，利息金额＝500×8%÷4＝10（万元）

2022 年利息费用合计＝9+10＝19（万元）

②2023 年专门借款发生的利息金额

中国工商银行专门借款 300 万元，计息期 1 年，利息金额＝300×6%＝18（万元）

中国建设银行专门借款 5 000 万元，计息期 1 年，利息金额＝500×8%＝40（万元）

2023 年利息费用合计＝18+40＝58（万元）

第三步，计算在资本化期间利用闲置专门借款资金进行投资的收益。

①2022 年国债投资收益

2022 年第 3 季度的国债投资收益＝100×0.5%×3＝1.5（万元）

2022 年第 4 季度的国债投资收益＝300×0.5%×3＝4.5（万元）

2022 年国债投资收益合计＝1.5+4.5＝6（万元）

②2023 年国债投资收益

2023 年上半年国债投资收益＝150×0.5%×6＝4.5（万元）

2023 年下半年国债投资收益＝40×0.5%×6＝1.2（万元）

2023 年国债投资收益合计＝4.5+1.2＝5.7（万元）

第四步，计算资本化金额。

2022 年资本化金额＝19-6＝13（万元）

2023 年资本化金额＝58-5.7＝52.3（万元）

第五步，编制会计分录。

2022 年 12 月 31 日的会计分录：

借：在建工程	130 000	
应收利息	60 000	
贷：应付利息		190 000

2023 年 12 月 31 日的会计分录：

借：在建工程	523 000	
应收利息	57 000	
贷：应付利息		580 000

（2）一般借款利息费用资本化金额的账务处理

【例4-2】大华公司于 2022 年 7 月 1 日动工兴建一座办公楼，工期为一年半。工程采用出包方式，分别于 2022 年 7 月 1 日、2022 年 10 月 1 日、2023 年 1 月 1 日和 2023 年 7 月 1 日支付工程进度款 200 万元、300 万元、150 万元、110 万元。该办公楼于 2023 年 12 月 31 日完工，达到预定可使用状态。

大华公司为建造该办公楼分别向中国工商银行和中国建设银行借了两笔专门借款，其中：

2022 年 7 月 1 日向中国工商银行专门借款 300 万元，借款期限为 5 年，年利率为 6%，利息按年支付；

2022 年 10 月 1 日向中国建设银行专门借款 300 万元，借款期限为 8 年，年利率为 8%，利息按年支付。

该公司闲置专门借款资金均用于购买短期国债，其月收益率为 0.5%。

大华公司建造该办公楼的支出金额如表 4-2 所示。

表 4-2　办公楼支出金额　　　　　　　单位：万元

日期	每期资产支出金额	累计资产支出金额	闲置借款资金用于购买国债金额	占用一般借款金额
2022 年 7 月 1 日	200	200	100	—
2022 年 10 月 1 日	300	500	100	—
2023 年 1 月 1 日	150	650	—	50
2023 年 7 月 1 日	110	760	—	110
合计	760	—	200	160

大华公司建造办公楼的支出总额为 760 万元，超过了专门借款总额 600 万元，因此占用了一般借款 160 万元。假定所占用一般借款有两笔，其中：

2021 年 1 月 1 日向招商银行借入 3 年期借款 300 万元，年利率为 6%，按年支付利息；

2022 年 1 月 1 日向成都银行借入 5 年期借款 500 万元，年利率为 8%，按年支付利息。

该项目借款费用资本化金额确定如下：

第一步，确定资本化期间。

2022 年 7 月 1 日至 2023 年 12 月 31 日为该项目的建设期间，即借款费用资本化期间。

第二步，计算专门借款实际发生利息费用金额。

①2022 年专门借款发生的利息金额

中国工商银行专门借款 300 万元，计息期半年，利息金额 = 300×6%÷2 = 9（万元）

中国建设银行专门借款 300 万元，计息期 1 个季度，利息金额 = 300×8%÷4 = 6（万元）

2022 年利息费用合计 = 9+6 = 15（万元）

②2023 年专门借款发生的利息金额

中国工商银行专门借款 300 万元，计息期 1 年，利息金额 = 300×6% = 18（万元）

中国建设银行专门借款 300 万元，计息期 1 年，利息金额 = 300×8% = 24（万元）

2023 年利息费用合计 = 18+24 = 42（万元）

第三步，计算在资本化期间利用闲置专门借款资金进行投资的收益。

①2022 年国债投资收益

2022 年第 3 季度的国债投资收益 = 100×0.5%×3 = 1.5（万元）

2022 年第 4 季度的国债投资收益 = 100×0.5%×3 = 1.5（万元）

2022 年国债投资收益合计 = 1.5+1.5 = 3（万元）

②2023 年国债投资收益

2023 年没有闲置专门资金进行国债投资，其收益 = 0。

第四步，计算专门借款费用资本化金额。

2022 年资本化金额 = 15-3 = 12（万元）

2023 年资本化金额 = 42-0 = 42（万元）

第五步，计算一般借款利息费用资本化金额。

①累计资产支出超过专门借款部分的资产支出加权平均数

$$= 50×\frac{360}{360}+110×\frac{180}{360} = 50+55 = 105（万元）$$

②一般借款资本化率

$$= \frac{300×6\%+500×8\%}{300+500} = 7.25\%$$

③一般借款利息费用资本化金额

$$= 105×7.25\%$$

$$= 7.6125（万元）$$

第六步，计算每年的实际利息支出和资本化金额。

2022 年实际利息支出

$$= 300×6\%÷2+300×8\%÷4+300×6\%+500×8\% = 73（万元）$$

2023 年实际利息支出

$$= 300×6\%+300×8\%+300×6\%+500×8\% = 100（万元）$$

2022 年资本化金额 = 12（万元）

2023 年资本化金额 = 42+7.6125 = 49.6125（万元）

第七步，编制会计分录。

2022 年 12 月 31 日：

借：在建工程   120 000

  财务费用   580 000

  应收利息   30 000

 贷：应付利息   730 000

2023 年 12 月 31 日：

借：在建工程   496 125

  财务费用   503 875

 贷：应付利息   1 000 000

4.3.2 借款辅助费用资本化金额的确定

专门借款发生的辅助费用，在所购建或者生产的符合资本化条件的资产达到预定可使用或者可销售状态之前，应当在发生时根据其发生额予以资本化，计入符合资本化条件的资产的成本；在所购建或者生产的符合资本化条件的资产达到预定可使用或者可销售状态之后，应当在发生时根据其发生额确认为费用，计入当期损益。上述资本化或计入当期损益的辅助费用的发生额，是指根据《企业会计准则第 22 号——金融工具确认和计量》，按照实际利率法所确定的金融负债交易费用对每期利息费用的调整额。借款实际利率与合同利率差异较小的，也可以采用合同利率计算确定利息费用。

一般借款发生的辅助费用，也应当按照上述原则确定其发生额并进行处理。

思考题

1. 借款费用包括哪些内容？

2. 何为专门借款和一般借款？它们在借款费用资本化的处理上有什么区别？

3. 符合资本化条件的资产主要有哪些？

4. 借款费用资本化确认的原则是什么？

5. 借款费用资本化期间的范围是什么？如何确定借款费用资本化期间？

5. 资本化金额的确定原则是什么？怎样来确定专门借款的资本化金额？一般借款资本化金额又如何确定？

6. 如何确定借款辅助费用资本化金额？

5 所得税会计核算

5.1 所得税会计概述

5.1.1 所得税会计的基本概念

1. 所得税会计的含义

所得税会计就是研究和处理按照会计准则计算的税前会计利润（利润总额）与按照税法计算的应纳税所得额之间差异的会计理论和方法。

《企业会计准则》是规范企业在进行会计核算时的确认、计量、记录和报告等行为的准则。企业在日常生产经营活动中应该按照《企业会计准则》的要求，全面、连续、系统地反映企业某一特定日期的财务状况和某一会计期间的经营成果及现金流量，目的是为会计信息使用者提供决策有用的财务信息。

税法是以课税为直接目的，根据经济合理、公平税负、促进竞争的原则，依据有关的税收法规，确定一定时期内纳税人应缴纳的税额；从所得税来讲，所得税主要是依据我国发布的《中华人民共和国企业所得税法》和《中华人民共和国企业所得税法实施条例》来确定企业在一定时期的应纳税所得额，并据此对企业的经营所得及其他所得进行征税。

由于《企业会计准则》和所得税法规范的目的不同，因此企业按照会计准则规定计算出的利润，与按照所得税法计算出的应纳税所得额就有可能不一致，从而产生差异。所以，所得税会计就是研究和处理会计与所得税法之间差异的会计理论和方法。

2. 所得税会计的处理方法

当前所得税会计处理的方法主要有应付税款法和资产负债表债务法。在我国，执行《小企业会计准则》的企业，应当采用应付税款法，执行《企业会计准则》的企业，则采用资产负债表债务法。本章主要介绍资产负债表债务法的处理。

资产负债表债务法是从资产负债表出发，通过比较资产负债表中所列示的资产和负债，按照《企业会计准则》确定的账面价值与按照所得税法确定的计税基础之间的差异，分别确认应纳税暂时性差异与可抵扣暂时性差异，并在符合条件的情况下，将两种差异分别确认为相关的递延所得税负债或递延所得税资产，并在此基础上确认每一会计期间的所得税费用的方法。

5.1.2 资产负债表债务法的理论基础

资产负债表债务法的理论基础是资本维持观，即只有在原资本已得到维持或成本已经弥补之后，才能确认损益。资产负债表债务法在所得税的会计核算方面贯彻了资产、负债的界定。从资产负债角度考虑，资产的账面价值代表的是某项资产在持续持有及最终处置的一定期间为企业带来未来经济利益的总额，而其计税基础代表的是该期间按照税法规定就该项资产可以税前扣除的总额。资产的账面价值小于其计税基础的，表明该项资产于未来期间产生的经济利益流入低于按照税法规定允许税前扣除的金额，产生可抵减未来期间应纳税所得额的因素，减少未来期间以所得税税款的方式流出企业的经济利益，应确认为递延所得税资产。相反，一项资产的账面价值大于其计税基础的，两者之间的差额会增加企业于未来期间应纳税所得额及应交所得税，对企业形成经济利益流出的义务，应确认为递延所得税负债。

5.1.3 所得税会计的一般程序

在采用资产负债表债务法核算所得税的情况下，企业一般应于每一资产负债表日对所得税进行核算。企业合并等特殊交易或事项发生时，在确认因交易或事项取得的资产、负债时，即应确认相关的所得税影响。企业进行所得税核算一般应遵循以下程序：

（1）按照相关会计准则规定确定资产负债表中除递延所得税资产和递延所得税负债以外的其他资产和负债项目的账面价值。资产、负债的账面价值，是指企业按照相关会计准则的规定进行核算后，在资产负债表中列示的金额。对于计提了减值准备的各项资产，是指其账面余额减去已计提的减值准备后的金额。例如，企业持有的存货账面余额为 800 万元，企业计提了 50 万元的存货跌价准备，其账面价值为 750 万元。

（2）按照会计准则中对于资产和负债计税基础的确定方法，以适用的税收法规为基础，确定资产负债表中有关资产、负债项目的计税基础。

（3）比较资产、负债的账面价值与其计税基础，对于两者之间存在差异的，分析其性质，除准则中规定的特殊情况外，分别确认应纳税暂时性差异与可抵扣暂时性差异，确定资产负债表日递延所得税负债和递延所得税资产的应有金额，并与期初递延所得税资产和递延所得税负债的余额相比，确定当期应予以进一步确认的递延所得税资产和递延所得税负债或应予以转销的金额，作为递延所得税。

（4）企业当期发生的交易或事项，按照适用的税法规定计算确定当期应纳税所得额，将应纳税所得额与适用的所得税税率计算的结果确认为当期应交所得税，作为当期所得税。

（5）确定利润表中的所得税费用。利润表中的所得税费用包括当期所得税（当期应交所得税）和递延所得税两个组成部分。企业在计算确定了当期所得税和递延所得税后，两者之和（之差）是利润表中的所得税费用。

5.2 资产与负债的计税基础

所得税会计的关键在于确定资产和负债的计税基础。计税基础的确定，是得出暂时性差异的前提，也是资产负债表债务法运行过程中的重点。

5.2.1 资产的计税基础

资产的计税基础，是指企业在收回资产账面价值的过程中，计算应纳税所得额时按照税法规定可以自应税经济利益中抵扣的金额，即某一项资产在未来期间计税时，按照税法规定可以税前扣除的金额。

通常情况下，资产在初始确认时，其计税基础一般为取得成本，即入账价值。在后续计量过程中因会计准则规定与税法规定的不同，可能导致账面价值与计税基础之间存在差异。

1. 固定资产的计税基础

以各种方式取得的固定资产，初始确认时的账面价值一般等于计税基础。在后续计量时，由于会计与税法就折旧方法、折旧年限以及固定资产减值准备的提取等处理的不同，可能造成固定资产的账面价值与计税基础的差异。

（1）折旧方法、折旧年限的差异。会计准则规定，企业可根据自身实际适合条件选择合理的固定资产折旧方法，如年限平均法、双倍余额递减法、年数总和法等。而在税法中规定，除某些按照规定可以加速折旧的情况外，基本使用年限平均法来计提折旧进行税前扣除。另外，税法对每一类固定资产的最低折旧年限做出了规定，而会计准则规定固定资产的折旧年限是由企业根据实际使用情况合理确定的。如果两者所确定的折旧年限不同，也有可能导致账面价值与计税基础之间存在差异。

【例5-1】甲公司在2020年年末购置某项固定资产，原价为800万元，使用年限为8年，会计上使用双倍余额递减法计提折旧，净残值为0；税法上规定该类固定资产在计税时按照年限平均法计提折旧，净残值为0。2022年年末，公司估计该固定资产的可回收金额为500万元。请确定2022年年末该固定资产的账面价值和计税基础。

2022年12月31日，该固定资产的账面价值=800-800×25%-600×25%=450（万元），小于其可回收金额500万元。因此不用计提固定资产减值准备，所以账面价值为450万元。

固定资产的计税基础=800-100×2=600（万元）

该项固定资产的账面价值450万元与其计税基础600万元之间的150万元差额，即产生的暂时性差异，在未来期间将减少企业的应纳税所得额。

（2）因计提固定资产减值准备所产生的差异。在持有固定资产期间，对固定资产计提了减值准备以后，因税法规定企业计提的资产减值准备在发生实质性损失前不允许税前扣除，也会导致固定资产的账面价值与计税基础之间存在差异。

【例5-2】续【例5-1】，假设2022年年末该固定资产估计的可回收金额为400万元。

2022年12月31日，该项固定资产的账面余额为450万元，该账面余额大于其可回收金额400万元，两者之间的差额50万元应计提为固定资产减值准备。

2022年12月31日，该固定资产的账面价值=450-50=400（万元）；其计税基础为600万元，两者之间差额为200万元，即为暂时性差异。

导致账面价值与计税基础存在差异的因素不仅出现在固定资产中，也适用于其他计提了资产减值准备的各项资产。有关资产计提了减值准备后，其账面价值会随之下降，而税法规定企业计提的资产减值准备在发生实质性损失前不允许税前扣除，即计税基础不会因资产减值准备的提取而变化，导致在计提资产减值准备之后，资产的账面价值与计税基础之间存在差异。

如甲公司2022年年末存货的账面余额为100万元，因某些原因导致存货可变现净值下降，提取存货跌价准备10万元，则存货在2022年12月31日的账面价值为90万元；而其计税基础仍为100万元，两者产生的10万元差额即为产生的暂时性差异。

2. 无形资产

除内部研究开发形成的无形资产以外，其他方式取得的无形资产，初始确认时按照会计准则规定确定的入账价值与按照税法规定确定的计税基础之间一般不存在差异。无形资产的差异主要源于内部研发形成的无形资产以及使用寿命不确定的无形资产。

（1）内部研发形成的无形资产

根据会计准则，无形资产的成本为开发阶段符合资本化条件以后至达到预定用途前发生的支出，而研发过程中发生的其他支出应予以费用化计入损益；税法规定，自行研发的无形资产，以开发过程中该资产符合资本化条件后至达到预定用途前发生的支出为计税基础。另外，对于研究开发费用的加计扣除，税法规定企业为开发新技术、新产品、新工艺发生的研发费用，最后未形成无形资产计入当期损益的，按照研发费用的50%加计扣除；形成无形资产的，按照无形资产成本的150%进行摊销。

【例5-3】甲公司当期为开发新产品发生的研发费用总计1 200万元，其中符合资本化的支出为800万元，另外400万元计入当期损益。

按照会计准则规定，该无形资产的账面价值为800万元；

按税法规定，企业为开发新技术、新产品、新工艺发生的研发费用，最后未形成无形资产计入当期损益的，按照研发费用的50%加计扣除；形成无形资产的，按照无形资产成本的150%摊销。因此，税法规定的可在当期税前扣除的金额为400+400×50%=600（万元），所形成无形资产在未来期间可予以税前扣除的金额=800×150%=1 200（万元），计税基础即为1 200万元。

账面价值800万元与计税基础1 200万元所产生的400万元差额，即为暂时性差异。

（2）使用寿命不确定的无形资产

无形资产在后续计量中，会计与税法的差异主要产生于是否需要摊销以及无形资产减值准备的提取。会计准则规定，应根据无形资产的使用寿命情况，分为使用寿命有限的无形资产和使用寿命不确定的无形资产。对使用寿命不确定的无形资产，不要求摊销，但持有期间每年进行减值测试；而税法规定，企业取得的无形资产成本应在一定期限内进行摊销，对于使用寿命不确定的无形资产，计税时按照税法规定确定的摊销额允许税前扣除。因此，这会导致该类无形资产账面价值与计税基础之间存在差异。

还有一种情况，在按照会计准则对无形资产计提减值准备时，税法规定计提的无形资产减值准备在转变为实质性损失前不允许税前扣除，因此也会导致无形资产账面价值与计税基础之间存在差异。

【例5-4】乙企业于2022年1月1日取得某项无形资产，入账价值为2 000万元。取得该项无形资产后，经实际考察无法合理地预计其使用年限，将其作为使用寿命不确定的无形资产。2022年12月31日，该无形资产未发生减值。企业在计税时，对该无形资产按照10年的期限采用直线法进行摊销。

分析：

因未发生减值，该无形资产在2022年12月31日的账面价值即入账价值为2 000万元；在2022年12月31日的计税基础 = 2 000 - 2 000 ÷ 10 = 1 800（万元）；

该项无形资产的账面价值2 000万元与其计税基础1 800万元之间的差额200万元即为暂时性差异，将计入未来期间企业的应纳税所得额。

3. 以公允价值计量且其变动计入当期损益的金融资产

根据会计准则规定，以公允价值计量且其变动计入当期损益的金融资产，期末以公允价值计量，账面价值即为公允价值，公允价值的变动则计入当期损益；而税法规定，企业以公允价值计量的金融资产、投资性房地产等，持有期间公允价值的变动不计入应纳税所得额，在实际处置或结算时，处置所得的价款扣除其历史成本后的差额应计入处置或结算期间的应纳税所得额，因此，该类资产在持有期间市价的波动在计税时不予考虑。这就导致在持有过程中对以公允价值计量的金融资产账面价值与计税基础之间存在差异。

【例5-5】2022年9月10日，甲公司在公开市场取得一项权益性投资，支付价款为500万元，作为交易性金融资产核算。2022年12月31日，该资产的市价为550万元。

该项交易性金融资产在期末的公允价值为550万元，即该资产在2022年12月31日的账面价值为550万元；

因税法规定在持有期间公允价值的变动不计入应纳税所得额，因此计税基础为500万元。

该资产的账面价值550万元和计税基础500万元产生的50万元差额即为暂时性差异，在未来期间转回时会增加未来期间的应纳税所得额。

另外，企业持有的以公允价值计量且其变动计入其他综合收益的金融资产计税基础的确定，与以公允价值计量且变动计入当期损益的金融资产类似，可比照处理。

5.2.2 负债的计税基础

负债的计税基础，是指负债的账面价值减去未来期间计算应纳税所得额时按照税法规定可予以抵扣的金额。用公式表示：

负债的计税基础=账面价值-未来期间按照税法规定可予以抵扣的金额

负债的确认与偿还一般不会影响企业的损益，也不会影响其应纳税所得额。通常情况下，短期借款、应付票据、应付账款等负债的确认和偿还，由于不对当期损益和应纳税所得额产生影响，因此其计税基础即为账面价值。但在某些情况下，负债的确认可能会影响损益，进而影响不同期间的应纳税所得额，使得其计税基础与账面价值之间产生差额。

1. 预计负债

根据或有事项准则确定，当企业预计提供售后服务而发生的支出满足有关确认条件时，销售当期即应确认为费用，同时确认预计负债。而税法规定，与预计负债相关的费用，视相关交易事项的具体情况，一般在实际发生时才准予以税前扣除，所以该预计负债的计税基础为零。

【例5-6】甲公司2022年因销售产品承诺提供2年的保修服务，在当年的利润表中确认了200万元的销售费用，同时确认为预计负债。当年度未发生任何保修支出。

该项预计负债在2022年12月31日的账面价值为200万元。

该项预计负债的计税基础=账面价值-未来期间按照税法规定可予以抵扣的金额=200-200=0（元）

因此该预计负债的账面价值200万元与计税基础0元之间的200万元差额，即为暂时性差异。

另外，其他交易或事项中确认的预计负债，应按照税法规定的计税原则确定其计税基础。某些情况下确认的预计负债，税法规定其支出无论是否实际发生均不允许税前扣除，即账面价值等于计税基础。

2. 合同负债

企业收到客户预付的款项时，会计上将其确认为负债。税法对于收入的确认原则一般与会计规定相同，即会计上未确认收入时，计税时一般也不计入应纳税所得额，计税基础与账面价值相等。

但在某些情况下，因不符合会计准则的收入确认条件，未确认为收入的合同负债，按税法规定应计入应纳税所得额时，有关合同负债的计税基础为零。

【例5-7】甲公司于2022年12月24日收到一笔合同预付款，金额为1 000万元，作为合同负债核算。12月31日由于货品仍未交出，因此该合同负债不确认为收入，但按税法规定其款项应计入当期应纳税所得额，缴纳所得税。

该合同负债的账面价值即为1 000万元。

该合同负债的计税基础＝账面价值－未来期间按照税法规定可予以抵扣的金额＝1 000－1 000＝0（元）

该项合同负债的账面价值1 000万元与计税基础0元之间的1 000万元差额，即为暂时性差异。

3. 应付职工薪酬

会计准则规定，企业为获得职工提供的服务给予各种形式的报酬以及其他相关支出均应作为企业的成本费用，在未支付之前确认为负债。税法中对于合理的职工薪酬基本允许税前扣除，但税法中如果规定了税前扣除标准，按会计准则确认的应付职工薪酬超过规定标准部分的，应进行纳税调整。超过部分在发生当期不允许税前扣除，在以后期间也不允许税前扣除，即该部分差额对未来期间计税不产生影响，因此产生的应付职工薪酬负债的账面价值等于计税基础。

【例5-8】甲公司2022年12月计入成本费用的职工工资总额为4 000万元，截至12月31日，公司尚未支付该费用。按税法规定，在当期的4 000万元工资支出中，可予以税前扣除的合理部分为3 000万元。

2022年12月31日，该项应付职工薪酬负债的账面价值为4 000万元。

该项应付职工薪酬负债的计税基础＝账面价值－未来期间按税法规定可予以抵扣金额＝4 000－0＝4 000（万元）

因此，该项负债的账面价值与计税基础相等，不形成暂时性差异。

4. 其他负债

其他负债如企业应交的罚款和滞纳金等，在尚未支付时按照会计规定确认为费用，同时作为负债反映。因为税法中规定，罚款和滞纳金不能税前扣除，即该部分费用无论当期还是以后期间均不允许税前扣除，其计税基础为账面价值减去未来期间计税时可予以抵扣的金额，即计税基础等于账面价值。

其他交易或事项产生的负债，其计税基础的确定应遵从税法的相关规定。

5.3 暂时性差异

暂时性差异是指资产或负债的账面价值与其计税基础之间的差额。因为资产或负债的账面价值与其计税基础的不同，产生了在未来收回资产或清偿负债的期间，应纳税所得额增加或减少并导致未来期间应交所得税增加或减少的情况，形成企业的资产和负债。在有关暂时性差异发生当期，符合确认条件的情况下，企业应当确认相关的递延所得税负债或者递延所得税资产。

根据暂时性差异对未来期间应税金额影响的不同，暂时性差异一般可分为应纳税暂时性差异和可抵扣暂时性差异。

5.3.1 应纳税暂时性差异

应纳税暂时性差异，是指在确定未来收回资产或清偿负债期间的应纳税所得额时，将导致产生应税金额的暂时性差异。当资产的账面价值大于其计税基础或负债的账面价值小于其计税基础时,这两种情况会产生应纳税暂时性差异。

1. 资产的账面价值大于其计税基础

资产的账面价值是指企业在持续使用或最终出售该项资产时取得的经济利益的总额,而其计税基础是指资产在未来期间可予以税前扣除的总金额。资产的账面价值大于其计税基础,意味着该项资产未来期间产生的经济利益不能全部税前抵扣,两者之间的差额需要缴税。例如一项固定资产的账面价值为 200 万元,计税基础为 150 万元,则两者之间的差额会造成未来期间应纳税所得额和应交所得税的增加,在其产生当期应确认相关的递延所得税负债。

2. 负债的账面价值小于其计税基础

负债的账面价值是指企业预计在未来期间清偿该项负债时的经济利益流出,而其计税基础是指账面价值在扣除税法规定未来期间允许税前扣除的金额之后的差额。负债的账面价值小于其计税基础,则意味着该项负债在未来期间可以税前抵扣的金额为负数,即应在未来期间应纳税所得额的基础上调增,增加未来期间的应纳税所得额和应交所得税金额,产生应纳税暂时性差异,应确认相关的递延所得税负债。

5.3.2 可抵扣暂时性差异

可抵扣暂时性差异,是指在确定未来收回资产或清偿负债期间的应纳税所得额时,将导致产生可抵扣金额的暂时性差异。当资产的账面价值小于其计税基础或负债的账面价值大于其计税基础时,这两种情况会产生可抵扣暂时性差异。

1. 资产的账面价值小于其计税基础

资产的账面价值小于其计税基础,意味着资产在未来期间产生的经济利益少,按照税法规定允许税前扣除的金额多,两者之间的差额可以减少企业在未来期间的应纳税所得额以及减少应交所得税,并在符合相关条件时确认相关的递延所得税资产。例如一项无形资产的账面价值为 200 万元,计税基础为 275 万元,则企业在未来期间就该项资产可以在其自身取得经济利益的基础上多扣除 75 万元,未来期间应纳税所得额和应交所得税会减少,形成可抵扣暂时性差异。

2. 负债的账面价值大于其计税基础。

负债产生的暂时性差异实质上是税法规定就该项负债可以在未来期间税前扣除的金额,即

负债产生的暂时性差异

=账面价值-计税基础

=账面价值-(账面价值-未来期间按税法规定予以税前扣除的金额)

= 未来期间按税法规定可予以税前扣除的金额

负债的账面价值大于其计税基础,意味着未来期间按照税法规定与负债相关的支出可以自未来应税利益中扣除,减少未来期间的应纳税所得额和应交所得税。符合有关条件时,企业应确认相关的递延所得税资产。

暂时性差异形成情况如表 5-1 所示。

表 5-1　暂时性差异形成情况

应纳税暂时性差异	资产账面价值	>	资产计税基础
	负债账面价值	<	负债计税基础
可抵扣暂时性差异	资产账面价值	<	资产计税基础
	负债账面价值	>	负债计税基础

5.3.3　特殊项目产生的暂时性差异

需要注意的是，除因资产、负债的账面价值与其计税基础不同产生的暂时性差异外，按照税法规定可以结转以后年度的未弥补亏损和税款递减，也视同可抵扣暂时性差异处理；另外，某些不符合资产、负债的确认条件，未作为财务会计报告中资产、负债列示的项目，如果可以按照税法规定可以确定其计税基础，该计税基础与其账面价值之间的差额也属于暂时性差异（此时账面价值为零）。如企业发生的符合条件的广告费和业务宣传费支出，不超过当年销售收入 15% 的部分允许扣除；超过部分准予在以后纳税年度结转扣除。该类费用在发生时按会计准则计入当期损益，不形成资产，但按照税法规定可确定其计税基础，因此两者之间的差异也形成暂时性差异。

【例 5-9】甲公司 2022 年发生了 1 000 万元的广告费支出，该广告费支出作为销售费用计入当期损益。税法规定该类支出不超过当年销售收入的 15% 的部分允许当期税前扣除，超过部分允许以后年度扣除。甲公司当年实现的销售收入为 5 000 万元。

甲公司按税法规定当年可允许税前扣除金额 = 5 000×15% = 750（万元）

当期未扣除的广告费支出 = 1 000－750 = 250（万元），允许以后年度结转，因此，2022 年该项目的计税基础为 250 万元。

该项资产的账面价值 0 与计税基础 250 万元之间的 250 万元差额为暂时性差异。由于该差异在未来期间可减少企业的应纳税所得额，该差异为可抵扣暂时性差异。在符合条件时企业应确认相关的递延所得税资产。

5.4　递延所得税的确认和计量

递延所得税包括递延所得税资产和递延所得税负债，前者是根据可抵扣暂时性差异确认和计量的，后者则是根据应纳税暂时性差异确认和计量的。

5.4.1　递延所得税负债的确认和计量

1. 递延所得税负债的确认

除所得税会计准则明确规定不应确认递延所得税负债的情况以外，企业应当确认所有应纳税暂时性差异产生的递延所得税负债。

除与直接计入所有者权益的交易或事项以及企业合并中取得资产、负债相关的以外，在确认递延所得税负债的同时，应增加利润表中的所得税费用。

递延所得税负债=应纳税暂时性差异×所得税税率

【例5-10】甲公司于2016年12月底购入一台机器设备，成本为525 000元，预计使用年限为6年，预计净残值为0。会计上按直线法计提折旧，因该设备符合税法规定的税收优惠条件，计税时可采用年数总和法计提折旧。假定税法规定的使用年限及净残值均与会计相同。甲公司在各会计期间均未对固定资产计提减值准备，除该项固定资产产生的会计与税法之间的差异外，不存在其他会计与税收的差异。

该公司每年因固定资产账面价值与计税基础不同应予以确认的递延所得税情况如表5-2所示。

表5-2 递延所得税负债的确认过程

	2017年	2018年	2019年	2020年	2021年	2022年
实际成本/元	525 000	525 000	525 000	525 000	525 000	525 000
累计会计折旧/元	87 500	175 000	262 500	350 000	437 500	525 000
账面价值/元	437 500	350 000	262 500	175 000	87 500	0
累计计税折旧/元	150 000	275 000	375 000	450 000	500 000	525 000
计税基础/元	375 000	250 000	150 000	75 000	25 000	0
暂时性差异/元	62 500	100 000	112 500	100 000	62 500	0
适用税率/%	33	25	25	25	25	25
递延所得税负债余额/元	20 625	25 000	28 125	25 000	15 625	0

（1）2017年资产负债表日

账面价值=实际成本-会计折旧=525 000-87 500=437 500（元）

计税基础=实际成本-税前扣除折旧额=525 000-150 000=375 000（元）

由于账面价值大于计税基础，因此产生的差异为应纳税暂时性差异。应纳税暂时性差异=437 500-375 000=62 500（元），相关递延所得税负债=62 500×33%=20 625（元）。其账务处理如下：

借：所得税费用　　　　　　　　　　　　　　　　　　　　　　20 625

　　贷：递延所得税负债　　　　　　　　　　　　　　　　　　　　20 625

（2）2018年资产负债表日

账面价值=525 000-175 000=350 000（元）

计税基础=525 000-275 000=250 000（元）

因为账面价值比计税基础多出100 000元，两者差异为应纳税暂时性差异，应确认与其相关的递延所得税负债为25 000元（100 000×25%），但递延所得税负债的期初余额为20 625元，所以：

当期应进一步确认递延所得税负债=25 000-20 625=4 375（元）。其账务处理如下：

> 借：所得税费用　　　　　　　　　　　　　　　　　　　　　　　　4 375
> 　　贷：递延所得税负债　　　　　　　　　　　　　　　　　　　　　　4 375

（3）2019 年资产负债表日

账面价值 = 525 000 - 262 500 = 262 500（元）

计税基础 = 525 000 - 375 000 = 150 000（元）

因为账面价值大于计税基础 112 500 元（262 500 - 150 000），两者差异为应纳税暂时性差异，应确认与其相关的递延所得税负债为 28 125 元（112 500 × 25%）。但递延所得税负债的期初余额为 25 000 元，则当期只需进一步确认递延所得税负债为 3 125 元（28 125 - 25 000）。其账务处理如下：

> 借：所得税费用　　　　　　　　　　　　　　　　　　　　　　　　3 125
> 　　贷：递延所得税负债　　　　　　　　　　　　　　　　　　　　　　3 125

（4）2020 年资产负债表日

账面价值 = 525 000 - 350 000 = 175 000（元）

计税基础 = 525 000 - 450 000 = 75 000（元）

因为账面价值比计税基础多出 100 000 元（175 000 - 75 000），两者差异为应纳税暂时性差异，并应确认与其相关的递延所得税负债为 25 000 元（100 000 × 25%）。但递延所得税负债的期初余额为 28 125 元，说明当期应转回原已确认的递延所得税负债为 3 125 元（28 125 - 25 000）。其账务处理如下：

> 借：递延所得税负债　　　　　　　　　　　　　　　　　　　　　　3 125
> 　　贷：所得税费用　　　　　　　　　　　　　　　　　　　　　　　　3 125

（5）2021 年资产负债表日

账面价值 = 525 000 - 437 500 = 87 500（元）

计税基础 = 525 000 - 500 000 = 25 000（元）

因为账面价值比计税基础多出 62 500 元（87 500 - 25 000），两者差异为应纳税暂时性差异，并应确认与其相关的递延所得税负债为 15 625 元（62 500 × 25%）。但递延所得税负债的期初余额为 25 000 元，说明当期应转回递延所得税负债为 9 375 元（25 000 - 15 625）。其账务处理如下：

> 借：递延所得税负债　　　　　　　　　　　　　　　　　　　　　　9 375
> 　　贷：所得税费用　　　　　　　　　　　　　　　　　　　　　　　　9 375

（6）2022 年资产负债表日

该固定资产的账面价值及计税基础均为零，两者之间不存在暂时性差异，原已确认的与该项资产相关的递延所得税负债应予以全额转回。其账务处理如下：

> 借：递延所得税负债　　　　　　　　　　　　　　　　　　　　　　15 625
> 　　贷：所得税费用　　　　　　　　　　　　　　　　　　　　　　　　15 625

2. 不确认递延所得税负债的情况

在某些情况下，虽然资产或负债的账面价值与其计税基础不同，产生了应纳税暂时性差异，但出于多方考虑，税法规定不确认相应的递延所得税负债。

（1）商誉的初始确认。在非同一控制下的企业合并中，因企业合并成本大于合并中取得的被购买方可辨认净资产公允价值的份额，按照会计准则的规定应确认为商誉，但按照税法的规定不允许确认商誉，即商誉的计税基础为零，两者之间的差额形成应纳税暂时性差异。因确认该递延所得税负债会增加商誉的价值，会计准则规定对于该部分应纳税暂时性差异不确认其所产生的递延所得税负债。

（2）在除企业合并以外的交易中，如果交易发生时既不影响会计利润也不影响应纳税所得额，那么交易中产生的资产或负债的入账价值与其计税基础之间的差额形成应纳税暂时性差异的，相应的递延所得税负债不予确认。

（3）企业对与子公司、联营企业、合营企业等的投资相关的应纳税暂时性差异，在投资企业能够控制暂时性差异转回的时间，并且预计有关的暂时性差异在可预见的未来很可能不会转回时，不确认相应的递延所得税负债。

（4）对于采用权益法核算的长期股权投资，如果企业拟长期持有，则因初始投资成本的调整产生的暂时性差异预计未来期间不会转回，不产生所得税影响；持有过程中因投资损益产生的暂时性差异，在未来期间逐期分回现金股利或利润时免税，也不产生所得税影响；因享有被投资单位其他权益变动而产生的暂时性差异，预计未来期间也不会转回。因此，在准备长期持有的情况下，投资企业一般不确认相关所得税影响。但是，对于采用权益法核算的长期股权投资，如果在投资企业改变持有意图拟对外销售的情况下，产生的有关暂时性差异均应确认相关的所得税影响。

5.4.2　递延所得税资产的确认和计量

1. 递延所得税资产的确认

递延所得税资产产生于可抵扣暂时性差异，常见的可抵扣暂时性差异可以由计提减值准备、预计负债、弥补亏损等形成。形成可抵扣暂时性差异后，期末可抵扣暂时性差异余额与税率的乘积，就是递延所得税资产余额；将年初、年末的递延所得税资产相减，就得到本期所得税费用。

$$递延所得税资产＝可抵扣暂时性差异×所得税税率$$

需要注意的是，企业对于可抵扣暂时性差异可能产生的未来经济利益，应该以很可能取得的应纳税所得额为限，确认相关的递延所得税资产，并减少所得税费用。在可抵扣暂时性差异转回的未来期间，企业无法产生足够的应纳税所得额，使得与可抵扣暂时性差异相关的经济利益无法实现的，不应确认递延所得税资产。在估计未来期间可能取得的应纳税所得额时，除正常生产经营所得外，还应考虑未来期间转回的应纳税暂时性差异产生的应税金额等因素。

【例5-11】乙公司于2019年12月购入一台设备，原值为300万元。预计使用年限3年，预计净残值为0，按直线法计提折旧。假设按税法规定该类资产采用的折旧方法与会计相同，预计净残值也为0。2020年12月31日，根据实际情况计提该固定资产减值准备40万元。计提减值准备后，原预计使用年限和预计净残值不变。2022年年末处理了该设备。假设企业各期均能产生足够的应纳税所得额以利用可抵扣暂时性差异。

各年年末固定资产账面价值和计税基础等如表5-3所示。

表5-3 递延所得税资产的确认过程 单位：万元

	2019年	2020年	2021年	2022年
固定资产原值	300	300	300	0
累计会计折旧	0	100	180	0
减值准备	0	40	40	0
账面价值	300	160	80	0
累计计税折旧	0	100	200	0
计税基础	300	200	100	0
暂时性差异	0	40	20	0
递延所得税资产余额	0	10	5	0

（1）2020年年末，该资产账面价值=300-100-40=160（万元）

计税基础=300-100=200（万元）

因计税基础比账面价值多出40万元，两者差异会减少未来期间的应纳税所得额和应交所得税，因此为可抵扣暂时性差异，并确认相关的递延所得税资产为10万元（40×25%）。其账务处理如下：

借：递延所得税资产 100 000

贷：所得税费用 100 000

（2）2021年年末，该资产账面价值=300-100-160÷2-40=80（万元）

计税基础=300-200=100（万元）

因计税基础比账面价值多出20万元，两者差异会减少未来期间的应纳税所得额和应交所得税，因此为可抵扣暂时性差异，并确认相关的递延所得税资产为5万元（20×25%）。但递延所得税资产的期初余额为10万元，说明当期应抵扣递延所得税资产为5万元（10-5）。其账务处理如下：

借：所得税费用 50 000

贷：递延所得税资产 50 000

（3）2022年年末，该项固定资产的账面价值及计税基础均为零，不存在暂时性差异，原已确认的相关的递延所得税资产应予以全部抵扣。其账务处理如下：

借：所得税费用 50 000

贷：递延所得税资产 50 000

需要特别注意的是，下列交易或事项中产生的可抵扣暂时性差异，应根据交易或事项的不同情况确认相应的递延所得税资产。

（1）企业对于能够结转以后年度的未弥补亏损，应视同可抵扣暂时性差异，以很可能获得用来抵扣该部分亏损的未来应纳税所得额为限，确认相关的递延所得税资产。

（2）对与子公司、联营企业、合营企业的投资相关的可抵扣暂时性差异，同时满足下列条件的，应确认相关的递延所得税资产：一是暂时性差异在可预见的未来很可能转回；二是未来很可能获得用来抵扣可抵扣暂时性差异的应纳税暂时性差异。

对于与合营企业、联营企业等投资相关的可抵扣暂时性差异，通常产生于这些联营或合营企业发生亏损时，投资企业按持股比例确认应予以承担的部分而减少投资的账面价值，但税法规定以投资成本为计税基础，从而形成可抵扣暂时性差异，该差异在满足上述两个条件时确认相关的递延所得税资产。

（3）在非同一控制下的企业合并中，按照会计规定确定的各项可辨认资产和负债的公允价值，与其计税基础之间形成可抵扣暂时性差异的，应确认相关的递延所得税资产，并调整合并中应予以确认的商誉。

（4）与直接计入所有者权益的交易或事项相关的可抵扣暂时性差异，相关的递延所得税资产也计入所有者权益。如因其他债权投资公允价值下降而应确认的递延所得税资产，也应计入其他综合收益。

2. 不确认递延所得税资产的情况

在除企业合并以外的交易中，如果交易发生既不影响会计收益也不影响应税收益，则交易中产生的资产或负债的初始确认金额与计税基础之间的差额形成可抵扣暂时性差异的，不确认相关的递延所得税资产。如融资租赁中承租人取得的资产，按照会计准则规定，应当将租赁开始日租赁资产公允价值与最低租赁付款现值中的较低值相加，再加上相关的初始直接费用作为租入资产的初始确认金额；而税法规定，融资租入固定资产应当按租赁协议的价款加上运输费等的金额作为计税基础，两者之间存在暂时性差异的，并不确认相关的递延所得税资产。

3. 其他特殊事项

（1）需要注意的是，递延所得税资产也是存在减值损失的可能的。因此，企业在确认了递延所得税资产以后，资产负债表日应当对递延所得税资产的账面价值进行复核。如果未来期间很可能无法取得足够的应纳税所得额用以利用可抵扣暂时性差异带来的利益，应当减记递延所得税资产的账面价值。减记的递延所得税资产，除原已确认时计入所有者权益的，其减记金额也要计入所有者权益外，其他情况均应增加所得税费用。其账务处理如下：

借：所得税费用

　　贷：递延所得税资产

在未来期间很可能获得足够的应纳税所得额时，减记的金额允许转回。

（2）因税收法规的变化，导致企业在某一会计期间适用的所得税税率发生变化的，企业应对已确认的递延所得税资产和递延所得税负债按照新的税率进行重新计量，除直接在所有者权益中确认的交易或事项产生的递延所得税资产和递延所得税负债以外，应将其调整金额确认为变化当期的所得税费用。

5.5 所得税费用的确认和计量

企业在每个资产负债表日，应当确定资产和负债的账面价值和计税基础。两者之间存在差异的，在一定条件下，应当根据差异的属性来确认相关的递延所得税资产或递延所得税负债，除特殊情况外，进而将其影响数计入变化当期的所得税费用。整个过程是资产负债表债务法进行核算的过程。所得税会计的主要目的之一是确定当期应交所得税以及利润表中的所得税费用，而在利润表中，所得税费用包括当期所得税和递延所得税两个部分。

5.5.1 当期所得税

当期所得税是指企业按照税法规定计算确定的针对当期发生的交易和事项，应缴纳给税务部门的所得税金额，即当期应交所得税。

$$当期应交所得税额 = 应纳税所得额 \times 所得税税率$$

$$应纳税所得额 = \frac{会计}{利润} + \frac{按照会计准则规定计入利润表}{但计税时不允许税前扣除的费用}$$

$$\pm \frac{计入利润表的费用与按照税法规定}{可予以税前抵扣的金额之间的差额}$$

$$\pm \frac{计入利润表的收入与按照税法规定应}{计入应纳税所得额的收入之间的差额}$$

$$- \frac{税法规定的}{不征税收入} \pm \frac{其他需要}{调整的因素}$$

5.5.2 递延所得税

递延所得税是指按照税法规定当期应予以确认的递延所得税资产和递延所得税负债金额，不包括计入所有者权益的交易或事项的所得税影响。

$$递延所得税 = 递延所得税负债的期末余额 - 递延所得税负债的期初余额$$
$$- （递延所得税资产的期末余额 - 递延所得税资产的期初余额）$$

需要说明的是，除计入所有者权益的交易或事项的所得税影响不计入所得税费用外，企业合并中取得的资产或负债，如果其账面价值与计税基础不同，应确认相关递延所得税的，该递延所得税的确认影响合并中产生的商誉或是计入当期损益的金额，但不影响所得税费用。

企业不应当对递延所得税资产和递延所得税负债进行折现。

5.5.3 所得税费用

利润表中应予以确认的所得税费用，即为当期应纳所得税与递延所得税之和，即：

$$所得税费用 = 当期所得税 + 递延所得税$$

1. 账户设置

在资产负债表债务法下，企业需要设置"所得税费用""应交税费——应交所得税""递延所得税资产""递延所得税负债"等账户。

"所得税费用"账户反映本期计入利润表的所得税费用。该账户借方反映本期确认的所得税费用，贷方反映期末转入本年利润的所得税费用，结转后该账户期末无余额。本科目可按"当期所得税费用""递延所得税费用"进行明细核算。

"应交税费——应交所得税"账户反映按照税法规定计算的本期应交所得税。该账户贷方反映本期应缴纳的所得税，借方反映本期缴纳的所得税。期末余额在贷方，余额则为应交未交的所得税；期末余额在借方，则为多交的所得税。

"递延所得税资产"账户属于资产类账户，借方登记递延所得税资产的增加额，贷方登记递延所得税资产的减少额，期末借方余额表示将来可以少交的所得税金额。

"递延所得税负债"账户属于负债类账户，贷方登记递延所得税负债的增加额，借方登记递延所得税负债的减少额，期末贷方余额表示将来应多交的所得税金额。

2. 应用举例

【例5-12】甲公司2022年有关所得税资料如下：

（1）甲公司所得税采用资产负债表债务法核算，所得税税率为25%。2022年年初递延所得税资产为37.5万元，其中存货项目余额为22.5万元，未弥补亏损项目余额为15万元。

（2）本年实现利润总额为400万元，其中取得国债利息收入30万元，向关联企业捐赠现金200万元（税法规定不允许税前扣除），因发生违法经营被罚款10万元，工资及相关附加超过计税标准60万元；上述收入或支出已全部用现金结算完毕。

（3）年末计提固定资产减值准备60万元（期初减值准备为0），转回存货跌价准备70万元，使存货可抵扣暂时性差异由年初余额90万元减少到年末20万元。

（4）年末计提产品保修费用40万元，计入销售费用，预计负债余额为40万元。税法规定，产品保修费用只能在实际发生时可予以税前抵扣。

（5）截至2021年年末尚有60万元亏损没有弥补，其递延所得税资产余额为15万元。

假设除上述事项外，没有发生其他纳税调整事项。

本例属于可抵扣暂时性差异的有：固定资产减值准备、存货跌价准备、预计负债、尚未弥补亏损。

2022年应纳税所得额

=利润总额（400万元）-国债利息收入（30万元）+关联企业捐赠（200万元）

+违法经营罚款（10万元）+工资超标（60万元）+计提固定资产减值（60万元）

-转回存货跌价准备（70万元）+计提保修费（40万元）-弥补亏损（60万元）

= 610（万元）

2022年应交所得税=应纳税所得额×所得税税率

=610×25%

=152.5（万元）

2022 年年末递延所得税资产和递延所得税负债余额：

递延所得税资产＝可抵扣暂时性差异×所得税税率

$$＝（60+20+40）×25\%$$

$$＝30（万元）$$

该年度没有产生递延所得税负债，因此，

2022 年递延所得税＝递延所得税负债期末余额－递延所得税负债期初余额－（递延所得税资产期末余额－递延所得税资产期初余额）＝0-（30-37.5）=7.5（万元）

2022 年的所得税费用＝应交所得税＋递延所得税

$$＝152.5+7.5=160（万元）$$

其账务处理如下：

借：所得税费用   1 600 000

  贷：应交税费——应交所得税   1 525 000

      递延所得税资产   75 000

【例 5-13】乙公司所得税采用资产负债表债务法核算。2022 年 12 月 31 日，资产负债表中部分项目如表 5-4 所示，并假定年初递延所得税余额为零。

表 5-4   乙公司资产负债表中部分情况   单位：万元

项目	账面价值	计税基础	应纳税暂时性差异	可抵扣暂时性差异
交易性金融资产	300	240	60	——
存货	100	150	——	50
固定资产	500	450	50	——
预计负债	100	0	——	100
合计	——	——	110	150

假定乙公司适用所得税税率为 25%，2022 年按照税法规定确定的应纳税所得额为 1 500 万元。预计该企业会持续盈利，能够获得足够的应纳税所得额。企业账务处理如下：

应确认递延所得税负债＝110×25%＝27.5（万元）

应确认递延所得税资产＝150×25%＝37.5（万元）

由于当期年初余额为 0，则递延所得税＝（27.5-0）-（37.5-0）=-10（万元）。

应交所得税＝1 500×25%＝375（万元）

所得税费用＝375-10=365（万元）

其会计分录如下：

借：所得税费用   3 650 000

    递延所得税资产   375 000

  贷：应交税费——应交所得税   3 750 000

      递延所得税负债   275 000

5.5.4　所得税的列报与信息披露

所得税费用应当在利润表中单独列示，并应在附注中披露与所得税相关的信息，如所得税费用的主要组成部分、所得税费用与会计利润关系的说明、未确认递延所得税资产的可抵扣暂时性差异和可抵扣亏损等。递延所得税资产与递延所得税负债应当分别作为非流动资产和非流动负债在资产负债表中列示。

思考题

1. 什么是所得税会计？我国《企业会计准则》规范企业采用的所得税会计处理方法是什么？它的理论基础是什么？

2. 什么是资产负债表债务法，其核算程序如何？

3. 什么是资产的计税基础？什么是负债的计税基础？

4. 什么是暂时性差异？如何区分应纳税暂时性差异和可抵扣暂时性差异？

5. 如何确认递延所得税资产和递延所得税负债？

6. 什么是所得税费用？如何核算所得税费用？

6 会计政策、会计估计变更和差错更正核算

6.1 会计政策及其变更的会计处理

6.1.1 会计政策的内涵

1. 会计政策的含义

会计政策是指企业在会计确认、计量、记录和报告中所采用的原则、基础和会计处理方法。

（1）会计原则包括一般原则和特定原则。会计政策所指的会计原则是指某一类会计业务的核算所应当遵循的特定原则，而不是笼统地指所有的会计原则。比如在基本准则中可靠性、及时性和实质重于形式等属于会计信息的质量要求，是为了满足会计信息质量要求而制定的原则，是统一的、不可选择的，不属于会计政策中的特定会计原则；而借款费用是费用化还是资本化则属于特定的会计原则。我国会计准则规定，企业发生的借款费用，可直接归属于符合资本化条件的资产的购建或者生产的，应当予以资本化，计入相关资产成本；其他借款费用，应当在发生时根据其发生额确认为费用，计入当期损益。

（2）会计基础是指会计确认基础和计量基础。从会计实务的角度来看，可供选择的会计确认基础有权责发生制和收付实现制。我国会计准则规定企业应当采用权责发生制作为会计确认、计量、记录和报告的基础。会计计量基础主要包括历史成本、重置成本、可变现净值、现值和公允价值等。

（3）会计处理方法是指企业在进行会计核算时按照会计准则等会计法规规范，采用或者选择适合本企业的具体会计处理方法。例如《企业会计准则第4号——固定资产》允许企业在年限平均法、工作量法、双倍余额递减法和年数总和法之间进行固定资产折旧方法的选择，这些方法就是具体的会计处理方法。

2. 会计政策的特点

（1）选择性。企业应当在国家统一的会计法规规定的会计政策范围内选择适用的会计政策。由于企业经济业务的复杂性和多样化，某些经济业务在符合会计原则和基础的要求下，有多种可供选择的会计处理方法。例如，发出存货的计价，可以在先进先出法、加权平均法、个别计价法等中进行选择。

企业选择会计政策需经股东大会或董事会、经理（厂长）会议或类似机构批准，

并按照法律、行政法规等的规定报送有关各方备案。

（2）强制性。我国的会计准则和会计规章制度属于行政法规，会计政策包含的具体会计原则、计量基础和具体会计处理方法由会计准则或会计规章制度所规定，具有一定的强制性。企业在发生某项经济业务时，必须从允许的会计原则、基础和会计处理方法中选择适合本企业特点的会计政策。

（3）层次性。会计政策包括会计原则、基础和会计处理方法三个层次。其中，会计原则是指导企业会计核算的具体原则；会计基础是为将会计原则体现在会计核算中而采用的基础；会计处理方法是按照会计原则和基础的要求，由企业在会计核算中采用或者选择的、适合于本企业的具体会计处理方法。会计原则、基础和会计处理方法三者之间是一个具有逻辑性、密不可分的整体。通过这个整体，会计政策才能得以应用和落实。

（4）一致性。企业会计政策应当保持前后各期的一致性。会计信息使用者需要比较一个以上会计期间的会计信息，以判断企业财务状况、经营成果和现金流量的趋势。

（5）重要性。企业应当披露重要的会计政策，不具有重要性的会计政策可以不予披露。判断会计政策是否重要的依据是考虑与会计政策相关项目的性质和金额。

3. 企业重要的会计政策举例

（1）财务报表的编制基础、计量基础和会计政策的确定依据。

（2）发出存货的计价方法可选择先进先出法、加权平均法和个别计价法。

（3）长期股权投资的后续计量方法可选择成本法或权益法。

（4）投资性房地产的后续计量模式可在成本模式和公允价值模式中选择。

（5）固定资产的初始计量在历史成本和现值计量属性中选择。

（6）企业内部研究开发项目开发阶段的支出可在资本化和费用化中选择。

（7）非货币性资产交换的计量政策的选择。非货币性资产交换的计量可在以换出资产的公允价值为基础确定换入资产的成本，和以换出资产的账面价值为基础确定换入资产的成本中选择。

（8）收入的确认，是指收入确认的原则。

（9）坏账损失的核算方法可在应收账款百分比法、账龄分析法中选择。

（10）借款费用的处理，是指借款费用的会计处理方法，可在采用资本化和采用费用化中选择。

（11）合并政策，是指编制合并财务报表所采纳的原则。例如母公司与子公司的会计年度不一致的处理原则、合并范围的确定原则等。

（12）外币折算的选择。例如，外币报表折算可在采用现行汇率法和采用时态法或其他方法中选择；发生的外币业务汇兑损益的计量可在采用费用化和采用资本化中选择。

6.1.2 会计政策变更的条件

1. 会计政策变更的含义

会计政策变更是指企业对相同的交易或者事项由原来采用的会计政策改用另一种

会计政策的行为。

在一般情况下，企业采用的会计政策，在每一会计期间和前后各期应当保持一致，不得随意变更；否则，势必削弱会计信息的可比性，降低会计信息的质量。

2. 企业变更会计政策的条件

满足下述两种情况之一时，企业可以变更会计政策：

（1）法律、行政法规或者国家统一的会计制度等要求变更。这种情况是指按照国家统一的会计法规的要求，企业应当采用新的会计政策，以取代原会计政策。例如，按照《企业会计准则第8号——资产减值》的规定，企业执行《企业会计准则》后，对固定资产、无形资产等计提的减值准备就不允许转回。

（2）会计政策变更能够提供更可靠、更相关的会计信息。由于经济环境、客观情况的改变，企业原采用的会计政策所提供的会计信息，已不能恰当地反映企业的财务状况、经营成果和现金流量等情况。在这种情况下，企业应改变原有会计政策，按照变更后新的会计政策进行会计处理，以便对外提供更可靠、更相关的会计信息。这种变更属于企业自身因素造成的，对企业而言是可控的会计政策变更。

3. 不属于企业会计政策变更的情况

会计政策变更的认定，直接影响会计处理方法的选择。因此，在会计实务中，企业应严格区分看似属于会计政策变更但实际不属于会计政策变更的情形。

（1）本期发生的交易或者事项与以前相比具有本质差别而采用新的会计政策。会计政策总是针对特定类型的交易或事项，如果发生的交易或事项与其他交易或事项有本质区别，那么企业实际上是为新的交易或事项选择适当的会计政策，并没有涉及会计政策的变更。例如，企业以往租入的设备均为临时需要而租入的，因此按经营租赁会计处理方法核算，但自本年度起租入的设备均采用融资租赁方式，则该企业自本年度起对新租赁的设备采用融资租赁会计处理方法核算。由于该企业原租入的设备均为经营性租赁，本年度起租赁的设备均改为融资租赁，经营租赁和融资租赁有着本质差别，因而改变会计政策不属于会计政策变更。

（2）对初次发生的或不重要的交易或者事项采用新的会计政策。初次发生某类交易或事项，采用适当的会计政策，并没有改变原有的会计政策。例如，企业以前没有对外投资业务，当年对外投资则属于初次发生的交易，企业采用权益法进行核算，并不是会计政策变更。对不重要的交易或事项采用新的会计政策，不按会计政策变更做出会计处理，并不影响会计信息的可比性和会计信息质量，因此不作为会计政策变更。例如，企业原有生产经营过程中使用少量的低值易耗品，并且价值较低，故企业于领用低值易耗品时一次计入费用；但该企业于近期转产，生产新产品，所需低值易耗品比较多，且价值较大，企业对领用的低值易耗品处理方法由一次计入费用改为分摊计入费用。该企业改变低值易耗品处理方法后对损益的影响并不大，并且低值易耗品通常在企业生产经营费用中所占的比例并不大，属于不重要的事项，因此该行为不属于会计政策变更。

6.1.3 会计政策变更的会计处理

1. 会计政策变更的会计处理方法选择

（1）在国家统一会计法规要求企业变更会计政策情况下的会计处理方法：

①国家发布了相关会计处理办法的，按照国家发布的相关规定进行会计处理。

②国家没有发布相关会计处理办法的，采用追溯调整法进行会计处理。

（2）在会计政策变更能够提供更可靠、更相关的会计信息的情况下，企业应当采用追溯调整法进行会计处理，将会计政策变更累积影响数调整列报前期最早期初留存收益，其他相关项目的期初余额和列报前期披露的其他比较数据也应当一并调整。

（3）确定会计政策变更对列报前期影响数不切实可行的，应当从可追溯调整的最早期间期初开始应用变更后的会计政策。

（4）在当期期初确定会计政策变更对以前各期累积影响数不切实可行的，应当采用未来适用法处理。例如，企业因账簿、凭证超过法定保存期限而销毁，或因不可抗力而毁坏、遗失，如火灾、水灾等，或因人为因素，如盗窃、故意毁坏等，可能使当期期初确定会计政策变更对以前各期累积影响数无法计算，即不切实可行。在这种情况下，会计政策变更应当采用未来适用法进行处理。

2. 追溯调整法

追溯调整法是指对某项交易或事项变更会计政策，视同该项交易或事项初次发生时即采用变更后的会计政策，并以此对财务报表相关项目进行调整的方法。

会计政策变更采用追溯调整法的，应当将会计政策变更的累积影响数调整期初留存收益。留存收益包括当年和以前年度的未分配利润和按照相关法律规定提取并累积的盈余公积。调整期初留存收益是指对期初未分配利润和盈余公积两个项目的调整。

追溯调整法的运用通常由以下四步构成：

第一步，计算会计政策变更的累积影响数。

会计政策变更累积影响数是指按照变更后的会计政策对以前各期追溯计算的列报前期最早期初留存收益应有金额与现有金额之间的差额。会计政策变更累积影响数是假设与会计政策变更相关的交易或事项在初次发生时即采用了新的会计政策，而得出的列报前期最早期初留存收益应有的金额与现有的金额之间的差额。这里的留存收益，包括当年和以前年度未分配利润和按规定提取的盈余公积，不包括分配的利润或股利。

变更会计政策当期期初留存收益金额，即上期资产负债表所反映的留存收益期末数，可以从上期资产负债表项目中获得；追溯调整后的留存收益金额，指扣除所得税后的净额，即按新会计政策及时确定留存收益时，应当考虑损益变化导致的补缴所得税或减征所得税的情况。

会计政策变更的累积影响数通过以下各步计算获得：

（1）根据新会计政策重新计算受影响的前期交易或事项。

（2）计算两种会计政策下的差异。

（3）计算差异的所得税影响金额。

（4）确定前期中每一期的税后差异。

（5）计算会计政策变更的累积影响数。

第二步，编制相关项目的调整分录。

第三步，调整列报前期最早期初财务报表相关项目及其金额。

企业在采用追溯调整法时，对于比较财务报表期间的会计政策变更，应调整各期间净损益各项目和财务报表其他相关项目，视同该政策在比较财务报表期间一直被采用。对于比较财务报表可比期间以前的会计政策变更的累积影响数，应调整比较财务报表最早期间的期初留存收益，财务报表其他相关项目的数字也应一并调整。因此，追溯调整法是将会计政策变更的累积影响数调整列报前期最早期初留存收益，而不计入当期损益。

第四步，报表附注说明。

【例 6-1】大华公司于 2020 年 12 月 25 日用银行存款 2 000 万元购买了一栋写字楼用于出租。大华公司与 N 公司签订了租赁合同，从 2021 年 1 月 1 日起，租赁期 3 年，每年租金 100 万元，年初一次性收取。大华公司将该写字楼确认为投资性房地产，采用成本模式计量，该写字楼使用年限为 40 年，预计净残值为 0，采用年限平均法计提折旧。

2023 年 1 月 1 日，大华公司对该房地产由成本模式改为公允价值模式计量。鉴于该房地产资料齐全，公司将采用追溯调整法进行处理。已知该房地产 2021 年年末、2022 年年末的公允价值分别为 2 100 万元和 2 180 万元。

假设税法规定该房地产按成本模式计量发生的损益缴纳所得税，所得税税率为 25%，所得税采用资产负债表债务法核算，不考虑其他相关税费。A 公司按 10% 提取法定盈余公积。

大华公司对该房地产 2020 年至 2022 年采用成本模式进行计量的相关账务处理如下：

2020 年年末购入写字楼：

借：投资性房地产	20 000 000
贷：银行存款	20 000 000

2021 年年初收到租金：

借：银行存款	1 000 000
贷：合同负债	1 000 000

2021 年年末确认收入与成本：

借：合同负债	1 000 000
贷：其他业务收入	1 000 000

2021 年计提折旧额 =（20 000 000 - 0）÷ 40 = 500 000（万元）

借：其他业务成本	500 000
贷：投资性房地产累计折旧	500 000

2022 年该投资性房地产相关业务的账务处理与 2021 年相同。

2023 年会计政策变更后采用追溯调整法进行会计处理。

第一步，计算会计政策变更的累积影响数。

（1）根据新会计政策重新计算受影响的前期交易或事项。

① 2021 年账务处理

2021 年年初收到租金：

借：银行存款 1 000 000

　　贷：合同负债 1 000 000

2021 年年末确认收入和公允价值变动损益：

借：合同负债 1 000 000

　　贷：其他业务收入 1 000 000

借：投资性房地产——公允价值变动损益 1 000 000

　　贷：公允价值变动损益 1 000 000

② 2022 年账务处理

2022 年年初收到租金：

借：银行存款 1 000 000

　　贷：合同负债 1 000 000

2022 年年末确认收入和公允价值变动损益：

借：合同负债 1 000 000

　　贷：其他业务收入 1 000 000

借：投资性房地产——公允价值变动损益 800 000

　　贷：公允价值变动损益 800 000

（2）计算两种会计政策下的差异、差异的所得税影响金额、前期中每一期的税后差异以及会计政策变更的累积影响数，如表 6-1 所示。

表 6-1　会计政策变更的累积影响数计算　　　　　　　　　　　单位：元

年份	按成本模式计算的损益	按公允价值模式计算的损益	税前差异	对所得税费用的影响	税后差异
2021	500 000	2 000 000	1 500 000	375 000	1 125 000
2022	500 000	1 800 000	1 300 000	325 000	975 000
合计	1 000 000	3 800 000	2 800 000	700 000	2 100 000

第二步，编制相关项目的调整分录。

（1）2022 年年初有关项目的调整分录：

借：投资性房地产——公允价值变动 1 000 000

　　投资性房地产累计折旧 500 000

　　贷：利润分配——未分配利润 1 125 000

　　　　递延所得税负债 375 000

借：利润分配——未分配利润（1 125 000×10%） 112 500

　　贷：盈余公积——法定盈余公积 112 500

所得税费用影响计算过程：

2021 年年末投资性房地产账面价值（公允价值）为 21 000 000 元，计税价格为

19 500 000 元（20 000 000-500 000），其暂时性差异为 1 500 000 元，应当确认递延所得税负债 375 000 元，以及增加所得税费用 375 000 元。

（2）2023 年年初有关项目的调整分录：

借：投资性房地产——公允价值变动   800 000

  投资性房地产累计折旧   500 000

  贷：利润分配——未分配利润   975 000

    递延所得税负债   325 000

借：利润分配——未分配利润（975 000×10%）   97 500

  贷：盈余公积——法定盈余公积   97 500

所得税费用影响计算过程：

2022 年年末投资性房地产账面价值（公允价值）为 21 800 000 元，计税价格为 19 00 000 元（20 000 000-500 000-500 000），其暂时性差异为 2 800 000 元，应当确认递延所得税负债 700 000 元，因年初有递延所得税负债 375 000 元，故年末应当增加递延所得税负债 325 000 元，即增加所得税费用 325 000 元。

第三步，对 2023 年年报中涉及会计政策变更的数据进行调整，并填入下列利润表（见表 6-2）、资产负债表（见表 6-3）和所有者权益变动表（见表 6-4）。

（1）利润表项目的调整

调整 2023 年度利润表的上年（2022 年）数：调减营业成本（累计折旧）金额 500 000 元，调增公允价值变动收益 1 800 000 元，从而调增利润总额 1 300 000 元；调增所得税费用 325 000 元；调增净利润 975 000 元。利润表项目的调整内容如表 6-2 所示。

表 6-2 利润表（部分项目）

会企 02 表

编制单位：大华公司   2023 年度   单位：元

项目	上年数		
	调整前	调整数	调整后
一、营业收入	（略）		（略）
减：营业成本		−500 000	
…			
加：公允价值变动收益		800 000	
…			
二、营业利润		1 300 000	
…			
三、利润总额		1 300 000	
减：所得税费用		325 000	
四、净利润		975 000	

（2）资产负债表项目的调整

调整 2023 年的资产负债表年初数：调增投资性房地产 2 800 000 元及资产总计增加 2 800 000 元；调增递延所得税负债 700 000 元；调增盈余公积 210 000 元；调增未分配利润 1 890 000 元，调增负债和所有者权益总计 2 800 000 元。资产负债表项目的调整内容如表 6-3 所示。

表 6-3　资产负债表（部分项目）

会企 02 表

编制单位：大华公司　　　　　　　　2023 年 12 月 31 日　　　　　　　　单位：元

资产	年初数			负债和所有者权益	年初数		
	调整前	调整数	调整后		调整前	调整数	调整后
…				…			
投资性房地产		2 800 000		递延所得税负债		700 000	
…				盈余公积		210 000	
…				未分配利润		1 890 000	
资产总计		2 800 000		负债和所有者权益总计		2 800 000	

（3）所有者权益变动表项目的调整

调整 2023 年度所有者权益变动表的上年金额：调整本年年初余额，调增会计政策变更项目下盈余公积上年金额 112 500 元，调增未分配利润上年金额 1 012 500 元；调整本年增减变动金额，其中调增净利润 975 000 元，调增利润分配中提取盈余公积 97 500 元，调减未分配利润 97 500 元；调整本年年末余额，其中调增盈余公积 210 000 元，调增未分配利润 1 890 000 元。

调整 2023 年度所有者权益变动表的本年金额：调整本年年初余额，调增会计政策变更项目下盈余公积 210 000 元，调增未分配利润 1 890 000 元。调整本年年末余额，其中调增盈余公积 210 000 元，调增未分配利润 1 890 000 元。所有者权益变动表项目的调整内容如表 6-4 所示。

表 6-4　所有者权益变动表（局部）

会企 04 表

编制单位：大华公司　　　　　　　　2023 年度　　　　　　　　单位：元

项目	本年金额						上年金额					
	盈余公积			未分配利润			盈余公积			未分配利润		
	调整前	调增（减）	调整后	调整前	调增（减）	调整后	调整前	调增（减）	调整后	调整前	调增（减）	调整后
一、上年年末余额	…	—	…	…	—	…	…	…	…	…	…	…
加：会计政策变更	…	97 500	…	…	827 500	…	…	112 500	…	…	1 012 500	…
前期差错更正												
二、本年年初余额	…	210 000	…	…	1 890 000	…	…	112 500	…	…	1 012 500	…
三、本年增减变动金额（减少以"-"号填列）	…	—	…	…	—	…	…	97 500	…	…	877 500	…
（一）净利润	…	—	…	…	—	…	…	—	…	…	975 000	…
…												

表6-4(续)

项目	本年金额						上年金额					
	盈余公积			未分配利润			盈余公积			未分配利润		
	调整前	调增(减)	调整后	调整前	调增(减)	调整后	调整前	调增(减)	调整后	调整前	调增(减)	调整后
(四)利润分配	...	—	...	...	—	...	...	97 500	...	...	−97 500	...
1.提取盈余公积	...	—	...	...	—	...	...	97 500	...	...	−97 500	...
...	...	—	...	...	—	...	...	—	...	...	—	...
四、本年年末余额	...	210 000	...	...	1 890 000	...	...	210 000	...	...	1 890 000	...

3. 未来适用法

未来适用法，是指将变更后的会计政策应用于变更日及以后发生的交易或事项，或者在会计估计变更当期和未来期间确认会计估计变更影响数的方法。

在未来适用法下，不需要计算会计政策变更产生的累积影响数，也无须重编以前年度的财务报表。企业会计账簿记录及财务报表上反映的金额，变更之日仍保留原有的金额，不因会计政策变更而改变以前年度的既定结果，并在现有金额的基础上再按新的会计政策进行核算。

例如大华公司原对发出原材料采用先进先出法，由于市场价格变化较大，公司从2023年1月1日起改用加权平均法。公司由于市场环境变化而改变会计政策，假定对其采用未来适用法进行处理，即对原材料采用加权平均法从2023年及以后才适用，不需要按加权平均法计算2023年1月1日以前原材料发出的成本与余额，及对留存收益的影响金额；只需在2022年年末余额的基础上，在2023年直接采用加权平均法核算当年的原材料即可。

6.1.4 会计政策变更的披露

企业应当在附注中披露与会计政策变更有关的下列信息：

（1）会计政策变更的性质、内容和原因。

（2）当期和各个列报前期财务报表中受影响的项目名称和调整金额。

（3）无法进行追溯调整的，说明该事实和原因以及开始应用变更后的会计政策的时点、具体应用情况。

但是，在以后期间的财务报表中，不需要重复披露在以前期间的附注中已披露的会计政策变更的信息。

6.2 会计估计及其变更的会计处理

6.2.1 会计估计的内涵

1. 会计估计的含义

会计估计是指企业对结果不确定的交易或事项以最近可利用的信息为基础所做的判断。由于企业经营活动过程中内在的不确定因素的影响，财务报表中的一些项目不能精确地计量，只能加以估计判断。比如企业常常会对以下项目进行估计：

（1）坏账；

（2）存货遭受毁损，全部或部分陈旧过时；

（3）固定资产的使用年限与净残值；

（4）无形资产的受益期；

（5）担保债务；

（6）收入确认中的估计；

（7）或有事项中的估计等。

2. 会计估计的特点

（1）会计估计的存在是由于经济活动中内在的不确定性因素的影响。例如，估计固定资产的折旧年限和净残值，就需要根据固定资产消耗方式、性能、科技发展等情况进行估计。

（2）进行会计估计时，企业往往以最近可利用的信息或资料为基础。企业在会计核算中，由于经营活动中内在的不确定性，不得不经常进行估计。一些估计的主要目的是确定资产或负债的账面价值，例如，坏账准备、担保责任引起的负债；另一些估计的主要目的是确定将在某一期间记录的收益或费用的金额，例如，某一会计期间折旧、摊销的金额。企业在进行会计估计时，通常应根据当时的情况和经验，以一定的信息或资料为基础。但是，随着时间的推移、环境的变化，进行会计估计的基础可能会发生变化，因此，进行会计估计所依据的信息或者资料不得不经常发生变化。由于最新的信息是最接近目标的信息，企业以其为基础所做的估计最接近实际。所以企业进行会计估计时，应以最近可利用的信息或资料为基础。

（3）进行会计估计并不会削弱会计确认和计量的可靠性。企业为了定期、及时地提供有用的会计信息，将延续不断的经营活动人为划分为一定的会计期间，并在权责发生制的基础上对企业的财务状况和经营成果进行定期确认和计量。例如，在会计分期的情况下，许多企业的交易跨越若干会计年度，以至于需要在一定程度上做出决定：某一年度发生的开支，哪些可以合理地预期能够产生其他年度以收益形式表示的利益，从而全部或部分向后递延；哪些可以合理地预期在当期能够得到补偿，从而确认为费用。也就是说，需要决定在结算日，哪些开支可以在资产负债表中处理，哪些开支可以在损益表中作为当年费用处理。因此，根据会计分期和货币计量的前提，在确认和计量过程中，不得不对许多尚在延续中、其结果尚未确定的交易或事项予以估计入账。

6.2.2 会计估计变更及会计处理

1. 会计估计变更的含义及原因

会计估计变更，是指由于资产和负债的当前状况及预期经济利益和义务发生了变化，从而对资产或负债的账面价值或者资产的定期消耗金额进行调整。

通常情况下，企业可能由于以下原因而发生会计估计变更：

（1）企业赖以进行估计的基础发生了变化。企业进行会计估计，总是依赖于一定的基础。如果其所依赖的基础发生了变化，那么会计估计也应相应地发生变化。例如，某企业的一项无形资产（专利权）摊销年限原定为 10 年，2 年后由于科技进步，该专利技术产生收益的基础（比如该专利技术生产的产品出现滞销等）发生了变化，应当重新估计该资产的受益年限，并相应调减摊销年限。

（2）企业取得了新的信息，积累了更多的经验。企业进行会计估计就是利用现有资料对未来所做的判断，随着时间的推移，企业有可能取得新的信息，积累更多的经验。在这种情况下，企业可能不得不对会计估计进行修订，即发生会计估计变更。例如，某企业根据新掌握的信息，对某项原来按照 15 年计提折旧的固定资产，改按 10 年计提折旧。

2. 会计估计变更的会计处理方法

企业对会计估计变更应当采用未来适用法进行会计处理。

会计估计变更仅影响变更当期的，其影响数应当在变更当期予以确认；既影响变更当期又影响未来期间的，其影响数应当在变更当期和未来期间予以确认。

（1）会计估计变更仅影响变更当期的，其影响数应当在变更当期予以确认

【例 6-2】大华公司 2021 年年末应收账款余额是 60 000 000 元，坏账计提比例 5%；由于欧洲债务危机的影响，2022 年年末应收账款余额为 120 000 000 元，估计不能收回应收账款的比例已达 8%，则企业改按应收账款余额的 8% 提取坏账准备。

坏账计提比例的变更属于会计估计变更，且只影响变更当期的损益，应当采用未来适用法。

2022 年按 8% 计提坏账准备：

借：信用减值损失　　　　　　　　　　　　　　　　　　　6 600 000

　　贷：坏账准备（120 000 000×8%-60 000 000×5%）　　　　6 600 000

上述会计估计变更使 2022 年度税前净利润减少

=6 600 000-（120 000 000×5%-60 000 000×5%）

=3 600 000（元）

附注说明：由于受到经济危机的影响，本公司所销产品的货款面临不能收回的风险，因此将 2022 年期末坏账准备的计提比率由原来的 5% 提高到 8%，该会计估计的变更致使 2022 年度的税前净利润减少 3 600 000 元。

（2）既影响变更当期又影响未来期间的，其影响数应当在变更当期和未来期间予以确认

【例 6-3】大华公司于 2019 年 12 月 20 日用 1 000 000 元购入一台管理用设备，原估计使用年限为 8 年，预计净残值为 50 000 元，按年限平均法计提折旧。由于固定资产所含经济利益预期实现方式的改变和技术因素的原因，大华公司于 2022 年 1 月 1 日将设备的折旧年限由原来的 8 年改为 6 年，预计净残值为 12 500 元，折旧方法不变。企业适用的所得税税率为 25%。

大华公司改变折旧年限属于会计估计变更，应采用未来适用法进行处理。

按原折旧年限每年该设备计提折旧额=（1 000 000-50 000）÷8=118 750（元）

2021 年年末该设备账面价值=1 000 000-118 750×2=762 500（元）

2022 年 1 月 1 日以后按新估计使用寿命提取折旧。

2022 年计提折旧额 = （762 500 - 12 500）÷4 = 187 500（元）

2022 年每月计提折旧额 = 187 500÷12 = 15 625（元）

2022 年该设备每月计提折旧的会计分录如下：

借：管理费用 15 625

　　贷：累计折旧 15 625

上述会计估计变更使 2022 年净利润减少 = （187 500 - 118 750）×（1 - 25%）

= 51 562.5（元）

附注说明：本公司于 2019 年 12 月购入一台原始价值为 1 000 000 元的管理用设备，原估计使用年限为 8 年，预计净残值为 50 000 元，按年限平均法计提折旧。由于固定资产所含经济利益预期实现方式的改变和技术因素的原因，公司已不能继续按原定的折旧年限计提折旧。公司于 2022 年 1 月 1 日将设备的折旧年限由原来的 8 年改为 6 年，预计净残值为 12 500 元，折旧方法不变。此项会计估计变更使 2022 年度净利润减少 51 562.5元。

此项会计估计变更既影响 2022 年度又影响与其相关的以后会计期间的折旧费用，其影响应当在 2022 年度和未来会计期间进行确认，以后期间的会计处理同上。

3. 正确区分会计政策变更和会计估计变更

企业应当正确划分会计政策变更和会计估计变更，并按相应的方法进行相关会计处理。

当企业通过判断会计政策变更和会计估计变更划分基础，仍然难以对某项变更进行区分的，应当将其作为会计估计变更处理。

6.2.3　会计估计变更的披露

企业应当在附注中披露与会计估计变更有关的下列信息：

（1）会计估计变更的内容和原因。它包括变更的内容、变更日期以及会计估计变更的原因。

（2）会计估计变更对当期和未来期间的影响数。它包括会计估计变更对当期和未来期间损益的影响金额，以及对其他各项目的影响金额。

（3）会计估计变更的影响数不能确定的，披露这一事实和原因。

6.3　前期差错及其更正的会计处理

6.3.1　前期差错的含义及判断

1. 前期差错的含义及类型

（1）前期差错，是指没有运用或错误运用下列两种信息，导致前期财务报表出现省略或错报：

①编报前期财务报表时预期能够取得并加以考虑的可靠信息；

②前期财务报告批准报出时能够取得的可靠信息。

（2）前期差错通常包括计算错误、应用会计政策错误、疏忽或曲解事实、舞弊产生的影响以及存货、固定资产盘盈等。

2. 前期差错重要性的判断

重要的前期差错，是指足以影响财务报表使用者对企业财务状况、经营成果和现金流量做出正确判断的前期差错。

不重要的前期差错，是指不足以影响财务报表使用者对企业财务状况、经营成果和现金流量做出正确判断的前期差错。

前期差错的重要性取决于在相关环境下对遗漏或错误表述的规模和性质的判断。前期差错所影响的财务报表项目的金额或性质，是判断该前期差错是否具有重要性的决定性因素。一般来说，前期差错所影响的财务报表项目的金额越大、性质越严重，其重要性越强。

3. 正确区分会计估计变更和前期差错更正

企业应当严格区分会计估计变更和前期差错更正，对于前期根据当时的信息、假设等作了合理估计，在当期按照新的信息、假设等需要对前期估计金额做出变更的，应当作为会计估计变更处理，不应作为前期差错更正处理。

6.3.2 前期差错更正的会计处理

1. 本期发现的不重要的前期差错的会计处理

对于不重要的前期差错，企业可以采用未来适用法，不需要调整财务报表相关项目的期初数，但应调整发现当期与前期相同的相关项目。属于影响损益的，应直接计入本期与上期相同的净损益项目；属于不影响损益的，应调整本期与前期相同的相关项目。

【例6-4】大华公司于2022年12月31日发现，2019年12月购入的一台价值5 000元的电脑，直接作为办公用品计入了当期管理费用。大华公司采用直线法进行固定资产折旧，该电脑估计使用年限为4年，期末无残值。

大华公司在2022年12月31日更正此差错的会计分录为：

借：固定资产 5 000

　贷：管理费用 2 500

　　累计折旧 2 500

该漏记的固定资产和漏提的折旧额对固定资产总额和总折旧费用而言，金额不大，为不重要的前期差错，所以在发现该差错时直接计入本期有关项目。另外如果该项差错直到2024年1月后才发现，则不需要做任何分录，因为该项差错已经被抵销了。

2. 重要的前期差错的会计处理

企业应当采用追溯重述法更正重要的前期差错，但确定前期差错累积影响数不切实可行的除外。

（1）确定前期差错影响数不切实可行的，企业可以从可追溯重述的最早期间开始调整留存收益的期初余额，财务报表其他相关项目的期初余额也应当一并调整，也可以采用未来适用法。

（2）追溯重述法，是指在发现前期差错时，视同该项前期差错从未发生过，从而对财务报表相关项目进行重新列示和披露的方法。追溯重述法的会计处理与追溯调整法相同。

对于重要的前期差错，企业应当在其发现当期的财务报表中，调整前期比较数据。

具体地说，企业应当在重要的前期差错发现当期的财务报表中，通过下述处理对其进行追溯更正：

①追溯重述差错发生期间列报的前期比较金额。

②如果前期差错发生在列报的最早前期之前，则追溯重述列报的最早前期的资产、负债和所有者权益相关项目的期初余额。

③发生的重要前期差错如果影响损益，企业应将其对损益的影响数调整发现当期的期初留存收益，财务报表其他相关项目的期初数也应一并调整；如果不影响损益，企业应调整财务报表相关项目的期初数。

④企业在编制比较财务报表时，对于比较财务报表期间的重要的前期差错，应调整该期间的净损益和其他相关项目，视同该差错在产生的当期已经更正；对于比较财务报表期间以前的重要的前期差错，应调整比较财务报表最早期间的期初留存收益，财务报表其他相关项目的数字也应一并调整。

【例6-5】大华公司于2022年12月31日发现2021年对无形资产漏进行了摊销，应当摊销金额为2 000 000元，所得税申报中也未包括这项费用。大华公司所得税税率为25%，按净利润的10%提取法定盈余公积。假定税法允许2021年少摊销金额可调整应交所得税。

由于该项差错金额较大，对公司的资产、损益、税收及现金流量影响都较大，因此判断该差错属于重要的前期差错。

（1）分析前期重要差错的影响数

2021年少计摊销费用2 000 000元；多计所得税费用500 000元（2 000 000×25%）；多计净利润1 500 000元；多计应交所得税500 000元；多计提法定盈余公积150 000元（1 50 000×10%）；未分配利润多计1 350 000元。

（2）编制更正上述差错的会计分录

①调整少摊销的费用

借：以前年度损益调整   2 000 000
  贷：累计摊销   2 000 000

②调整应交所得税

借：应交税费——应交所得税   500 000
  贷：以前年度损益调整   500 000

③将"以前年度损益调整"账户余额转入利润分配

借：利润分配——未分配利润   1 500 000
  贷：以前年度损益调整   1 500 000

④调整利润分配

借：盈余公积 150 000

  贷：利润分配——未分配利润 150 000

（3）财务报表调整和重述

大华公司应当在重要的前期差错发现当期的财务报表中，调整前期比较数据。

①资产负债表项目的调整，如表6-5所示。

调增累计摊销2 000 000元，即调减无形资产2 000 000元；调减应交税费500 000元；调减盈余公积150 000元；调减未分配利润1 350 000元。

表6-5 资产负债表（局部）

会企01表

编制单位：大华公司   2022年12月31日   单位：元

资产	年初余额		
	调整前	调增（减）	调整后
…		—	
无形资产	…	−2 000 000	…
…		—	
资产总计	…	−2 000 000	…
负债和所有者权益	年初余额		
	调整前	调增（减）	调整后
流动负债：			
…	…	…	…
应交税费	…	−500 000	…
…	…	—	
负债合计	…	−500 000	…
所有者权益：			
…		—	
盈余公积	…	−150 000	…
未分配利润	…	−1 350 000	…
所有者权益合计	…	−1 500 000	…
负债和所有者权益总计	…	−2 000 000	…

②利润表项目的调整，如表6-6所示。

调增管理费用上年金额2 000 000元；调减所得税费用上年数500 000元。

表 6-6　利润表（局部）

会企 02 表

编制单位：大华公司　　　　　　2022 年度　　　　　　单位：元

项目	上年金额		
	调整前	调增（减）	调整后
一、营业收入	...	—	...
...	...	—	...
减：管理费用	...	2 000 000	...
...	...	—	...
二、营业利润（亏损以"-"号填列）	...	-2 000 000	...
...	...	—	...
三、利润总额（亏损总额以"-"号填列）	...	-2 000 000	...
减：所得税费用	...	-500 000	...
四、净利润（净亏损以"-"号填列）	...	-1 500 000	...

③所有者权益变动表项目的调整，如表 6-7 所示。

调整 2022 年度所有者权益变动表的上年金额：调减净利润 1 500 000 元；调整提取盈余公积，其中盈余公积调减 150 000 元，未分配利润调增 150 000 元；调整利润分配，其中盈余公积调减 150 000 元，未分配利润调增 150 000 元；调整本年增减变动金额，其中盈余公积调减 150 000 元，未分配利润调减 1 350 000 元；调整本年年末余额，其中盈余公积调减 150 000 元，未分配利润调减 1 350 000 元。

表 6-7　所有者权益变动表（局部）

会企 04 表

编制单位：大华公司　　　　　　2022 年度　　　　　　单位：元

项目	本年金额						上年金额					
	盈余公积			未分配利润			盈余公积			未分配利润		
	调整前	调增（减）	调整后	调整前	调增（减）	调整后	调整前	调增（减）	调整后	调整前	调增（减）	调整后
一、上年年末余额	...	—	...	...	—	...	...	—	...	...	—	...
加：会计政策变更	...	—	...	...	—	...	...	—	...	...	—	...
前期差错更正	...	—	...	...	—	...	...	—	...	...	—	...
二、本年年初余额	...	-150 000	...	...	-1 350 000	...	...	...	...	...	...	...
三、本年增减变动金额（减少以"-"号填列）	...	-150 000	...	...	-1 350 000	...	...	-150 000	...	...	-1 350 000	...
（一）净利润	...	—	...	...	—	...	...	—	...	...	-1 500 000	...
...												
（四）利润分配	...	—	...	...	—	...	...	-150 000	...	...	150 000	...
1. 提取盈余公积	...	—	...	...	—	...	...	-150 000	...	...	150 000	...
...												
四、本年年末余额	...	-150 000	...	...	-1 350 000	...	...	-150 000	...	...	-1 350 000	...

调整 2022 年度所有者权益变动表的本年金额：调整本年年初余额，其中盈余公积前期差错更正调减 150 000 元，未分配利润因前期差错更正调减 1 350 000 元；调整本年年末余额，其中盈余公积调减 150 000 元，未分配利润调减 1 350 000 元。

④附注说明：本公司在本年度发现 2021 年漏计了无形资产累计摊销费用 2 000 000 元，在编制 2021 年和 2022 年度比较财务报表时，已对该项差错按重要前期差错更正方法进行了处理。由于此项差错的影响，2021 年虚增净利润和留存收益 1 500 000 元，少计累计摊销 2 000 000 元，多计提法定盈余公积金 150 000 元，多计未分配利润 1 350 000 元；调整本年年末余额，其中盈余公积调减 150 000 元，未分配利润调减 1 350 000元。

6.3.3　前期差错更正的披露

企业应当在附注中披露与前期差错更正有关的下列信息：

（1）前期差错的性质。

（2）各个列报前期财务报表中受影响的项目名称和更正金额。

（3）无法进行追溯重述的，说明该事实和原因以及对前期差错开始进行更正的时点、具体更正情况。

在以后期间的财务报表中，不需要重复披露在以前期间的附注中已披露的前期差错更正的信息。

思考题

1. 何为会计政策？会计政策有什么特点？

2. 何为会计政策变更？什么情况下企业可以变更会计政策？

3. 企业在什么情况下采用追溯调整法？追溯调整法应如何进行？

4. 什么是会计估计？会计估计的特点是什么？

5. 会计估计变更的原因有哪些？如何对会计估计变更进行会计处理？

6. 前期差错产生的原因主要有哪些？对前期差错应采用什么方法进行会计处理？

7 资产负债表日后事项核算

7.1 资产负债表日后事项的内涵

7.1.1 资产负债表日后事项的概念

1. 资产负债表日后事项的定义

资产负债表日后事项，是指资产负债表日至财务报告批准报出日之间发生的有利或不利事项。

（1）资产负债表日是指会计年度末和会计中期末。我国会计年度自公历 1 月 1 日起至 12 月 31 日止，即采用公历年度。因此，年度资产负债表日，是指每年 12 月 31 日；中期的资产负债表日，是指会计中期末，包括月末、季末和半年末。

（2）财务报告批准报出日，是指董事会或类似机构批准财务报告报出的日期。

（3）资产负债表日后事项包括有利和不利事项。"有利和不利事项"是指资产负债表日后事项肯定对企业财务状况和经营成果具有一定的影响（包括有利影响和不利影响）。如果有些事项的发生对企业并无任何影响，那么这些事项既不是有利事项，也不是不利事项，当然就不属于本章所说的资产负债表日后事项。对于资产负债表日后有利或不利事项应按照相同的会计原则进行处理。

（4）资产负债表日后事项不是特定期间内发生的全部事项，而是与资产负债表日存在状况有关的事项，或虽与资产负债表日存在状况无关但对企业财务状况有重大影响的事项。

2. 资产负债表日后事项涵盖的期间

资产负债表日后事项涵盖的期间，是指资产负债表日次日起至财务报告批准报出日止的一段时间。这一期间应当包括：

（1）报告年度次年的 1 月 1 日或报告期间下一期第一天起至董事会或类似机构批准财务报告可以对外公布的日期，即董事会或类似机构批准财务报告可以对外公布的日期为截止日期。

例如，大华公司 2022 年度的财务报告显示，2022 年 12 月 31 日是资产负债表日，2023 年 4 月 5 日是审计报告日，2023 年 4 月 15 日是董事会批准报出日，2023 年 4 月 20 日是实际报出日，则资产负债表日后事项涵盖的期间为 2023 年 1 月 1 日至 4 月 15 日。

（2）董事会批准财务报告可以对外公布的日期与实际对外公布的日期之间发生的

与资产负债表日后事项有关的事项，由此影响财务报告对外公布的日期的，应当以董事会或类似机构再次批准财务报告对外公布的日期为截止日期。

例如，上述大华公司于 2022 年 12 月有诉讼事项，将于 2023 年 4 月 18 日判决。2023 年 4 月出审计报告，2023 年 4 月 15 日批准报出。该诉讼事项为重要事项，4 月 19 日董事会再次批准报告对外报出。此时，资产负债表日后期间为 2023 年 1 月 1 日至 4 月 19 日。

7.1.2 资产负债表日后事项分类

资产负债表日后事项通常分为资产负债表日后调整事项和资产负债表日后非调整事项。

1. 资产负债表日后调整事项

（1）资产负债表日后调整事项，是指对资产负债表日已经存在的情况提供了新的或进一步证据的事项。如资产负债表日后获得新的或进一步证据，以表明依据资产负债表日存在状况编制的财务报告已不再可靠，则企业应依据新的证据对资产负债表日所反映的资产、负债、所有者权益、收入与费用进行调整。

（2）资产负债表日后调整事项的特点主要包括以下方面：

①在资产负债表日或以前已经存在，在资产负债表日后得到进一步证实的事项。

②对按资产负债表日存在状况编制财务报表产生重大影响的事项。

（3）企业发生的资产负债表日后调整事项，通常包括下列事项：

① 资产负债表日后诉讼案件结案，法院判决证实了企业在资产负债表日已经存在现时义务，需要调整原先确认的与该诉讼案件相关的预计负债，或确认一项新负债。

② 资产负债表日后取得确凿证据，表明某项资产在资产负债表日发生了减值或者需要调整该项资产原先确认的减值金额。

③ 资产负债表日后进一步确定了资产负债表日前购入资产的成本或售出资产的收入。

④ 资产负债表日后发现了财务报表舞弊或差错。

2. 资产负债表日后非调整事项

（1）资产负债表日后非调整事项，是指表明资产负债表日后发生的情况的事项。

（2）资产负债表日后非调整事项的特点主要包括以下方面：

①非调整事项的发生不影响资产负债表日财务报表数字，只说明资产负债表日后发生了某些情况。

②非调整事项可能对财务报告使用者利用财务信息产生影响。对于财务报表的使用者而言，非调整事项说明的情况，有的重要，有的不重要。其中重要的非调整事项虽然不影响资产负债表日的财务报表数字，但可能影响资产负债表日后的财务状况和经营成果，不加以说明将会影响财务报表使用者做出正确估计和决策，因此需要适当披露。

（3）企业发生的资产负债表日后非调整事项，通常包括下列事项：

① 资产负债表日后发生重大诉讼、仲裁、承诺。

② 资产负债表日后资产价格、税收政策、外汇汇率发生重大变化。

③ 资产负债表日后因自然灾害导致资产发生重大损失。

④ 资产负债表日后发行股票和债券以及其他巨额举债。

⑤ 资产负债表日后资本公积转增资本。

⑥ 资产负债表日后发生巨额亏损。

⑦ 资产负债表日后发生重大会计政策变更。

⑧ 资产负债表日后发生企业合并或处置子公司。

资产负债表日后，企业利润分配方案中拟分配的以及经审议批准宣告发放的股利或利润，不确认为资产负债表日负债，但应当在附注中单独披露。

3. 调整事项与非调整事项的判断标准

判断资产负债表日至财务报告批准报出日之间发生的事项属于调整事项还是非调整事项的标准有两个：

（1）存在标准。如果该事项对资产负债表日已经存在的交易或事项的情况提供了新的或进一步的证据，是原有交易或事项的延续或发展，而不是资产负债表日才发生的新的交易或事项，则该事项属于调整事项；如果该事项与资产负债表日及之前存在的相关交易或事项存在本质上的差异，是新的交易或事项，而不是资产负债表日存在事项的延续或发展，则该事项属于非调整事项。

（2）价值标准。如果该事项是资产负债表日存在的交易或事项的最新发展情况，有助于对资产负债表日存在状况有关的金额做出重新估计，并需要做出重新估计才能为财务报告的使用者提供更全面、相关的财务信息，那么该事项属于调整事项；反之属于非调整事项。

企业应根据资产负债表日后事项的判断标准对其进行判断，以确定其属于调整事项或非调整事项。

【例 7-1】大华公司应收 A 企业货款 300 000 元，按照合同约定应在 2022 年 12 月 20 日前偿还。2022 年 12 月 31 日结账时，大华公司尚未收到这笔货款，并已知 A 企业的财务状况不佳，近期内难以偿还债务，大华公司对该笔应收账款提取了 30% 的坏账准备。2023 年 3 月 15 日，大华公司报出财务报告之前正式收到 A 企业的通知，A 企业宣告破产，无法偿付大部分欠款。

分析：大华公司于 2022 年 12 月 31 日结账时已经知道 A 企业财务状况不佳，即在 2022 年 12 月 31 日资产负债表日，A 企业的财务状况不佳的状况已经存在，但未得到 A 企业破产的确切证据；在 2023 年 3 月 15 日正式收到 A 企业破产的消息，且 A 企业无法偿付大部分货款。A 企业破产通知对 2022 年 12 月 31 日存在的 A 企业财务状况不佳情况提供了新的证据，表明大华公司 2022 年 12 月 31 日提供的资产负债表反映的应收 A 企业货款中的大部分已成为坏账，依资产负债表日存在状况编制的财务报表所提供的信息已不能全面、真实地反映公司的实际情况。因此，大华公司应据此对财务报表相关项目的数字进行调整。

【例 7-2】大华公司 2022 年度财务报告于 2023 年 3 月 25 日由董事会批准对外公布，该公司于 2023 年 3 月 1 日与 B 企业及其股东签订了收购 B 企业 51% 的股权并能控制 B 企业，2023 年 3 月 15 日该收购协议经董事会批准。这一收购 B 企业股权的事项发生于 2023 年度，且在大华公司 2022 年度财务报告尚未批准对外公布期间内，即该收购 B 企业股权的事项属于资产负债表日后事项所涵盖的期间内。由于该收购事项在 2022 年 12 月 31 日资产负债表日尚未发生，即在资产负债表日不存在收购 B 企业的事项，因此，与资产负债表日存在的状况无关。但是，收购 B 企业股权并将其作为大华公司的子公司，属于重大事项，将会影响以后期间的财务状况和经营成果，因此，该事项属于非调整事项，应当在附注中单独披露。

7.2 资产负债表日后调整事项的会计处理

7.2.1 资产负债表日后调整事项的会计处理原则

资产负债表日后发生的调整事项，应当如同资产负债表所属期间发生的事项一样，做出相关的账务调整，并调整相应的财务报表。对于年度财务报告而言，由于资产负债表日后事项发生在报告年度的次年，报告年度的有关账目已经结转，特别是损益类账户在结账后已无余额。因此，年度资产负债表日后发生的调整事项，应当具体分以下情况进行账务处理：

1. 涉及损益的调整事项会计处理原则

涉及损益的调整事项，应当通过"以前年度损益调整"账户核算。调整增加以前年度收益或调整减少以前年度亏损的事项，贷记"以前年度损益调整"账户；调整减少以前年度收益或调整增加以前年度亏损的事项，借记"以前年度损益调整"账户。

涉及损益的调整事项，如果发生在资产负债表日所属年度（报告年度）所得税汇算清缴前的，应调整报告年度应纳税所得额、应纳所得税税额；发生在报告年度所得税汇算清缴后的，应调整本年度（报告年度的次年）应纳所得税税额。

调整完成后，将"以前年度损益调整"账户的贷方或借方余额，转入"利润分配——未分配利润"账户。

2. 涉及利润分配的调整事项会计处理原则

涉及利润分配的调整事项直接通过"利润分配——未分配利润"账户核算。调整增加以前年度未分配利润或调整减少以前年度利润分配的事项，贷记"利润分配——未分配利润"账户；调整减少以前年度未分配利润或调整增加以前年度利润分配的事项，借记"利润分配——未分配利润"账户。

3. 不涉及损益以及利润分配的调整事项会计处理原则

对资产负债表日后事项中不涉及损益与利润分配的调整事项，应根据其所涉及的有关账户，直接予以调整。

4. 调整财务报表的相关项目

企业对前述调整事项进行相应的账务处理后，还应同时调整财务报表的相关项目。调整财务报表的相关项目主要包括：

（1）资产负债表日编制的财务报表相关项目的期末数和本年的发生数；

（2）当期编制的财务报表相关项目的年初数和上年数；

（3）涉及财务报表附注内容的，企业还应当调整报表附注中相关项目的数字。

5. 对货币资金项目的处理原则

如果资产负债表日后事项中有涉及货币资金收支项目的，则在按上述原则进行处理时，不调整报告年度资产负债表的货币资金项目和现金流量表各项目的数字。

7.2.2　资产负债表日后调整事项的具体会计处理方法

下列所有例子均以大华公司为例，该公司财务报告批准报出日为次年的 4 月 15 日，所得税税率为 25%，公司按净利润的 10% 提取法定盈余公积，提取法定盈余公积后，不再做其他分配；调整事项按税法规定均可调整应缴纳的所得税；涉及递延所得税资产的，均假定未来期间很可能取得用来抵扣暂时性差异的应纳税所得额；不考虑报表附注中有关现金流量表项目的数字。

1. 资产负债表日后发生销售退回事项的会计处理

资产负债表所属期间或以前期间所售商品在资产负债表日后退回的，应作为资产负债表日后调整事项处理。资产负债表日至财务报告批准报出日之间的销售退回事项，可能发生于年度所得税汇算清缴之前，也可能发生在年度所得税汇算清缴之后，其会计处理分别为：

（1）涉及报告年度所属期间的销售退回发生于报告年度所得税汇算清缴之前，企业应调整报告年度利润表中的收入、成本等，并相应调整报告年度的应纳税所得额以及报告年度应缴的所得税等。

【例 7-3】大华公司于 2022 年 11 月 15 日销售给 Q 公司一批产品，开出增值税专用发票，售价为 3 000 万元，增值税额为 390 万元，销售成本为 2 500 万元。当年 12 月 15 日接到 Q 公司通知，该批产品存在严重质量问题，要求退货，12 月 31 日尚未收到货款。大华公司于 12 月 31 日按应收账款的年末余额的 10% 提取坏账准备，所以在资产负债表上列示该应收账款金额为 3 132 万元。2023 年 1 月 25 日双方协商未成，大华公司收到 Q 公司退回的该批产品以及税务机关开具的进货退回相关证明，当日大华公司开具了红字增值税专用发票。

在本例中，销售退回业务发生在资产负债表日后事项涵盖期内，属于资产负债表日后调整事项。由于销售退回发生在报告年度所得税汇算清缴之前，因此，在所得税汇算清缴时，大华公司应扣除该部分销售退回所实现的应纳税所得额。

大华公司的账务处理如下：

① 2023 年 1 月 25 日，调整销售收入

借：以前年度损益调整　　　　　　　　　　　　　　　　　30 000 000

　　应交税费——应交增值税（销项税额）　　　　　　　　 3 900 000

　　贷：应收账款　　　　　　　　　　　　　　　　　　　　　　33 900 000

② 调整坏账准备的余额

借：坏账准备（33 900 000×10%）　　　　　　　　　　　　 3 390 000

　　贷：以前年度损益调整　　　　　　　　　　　　　　　　　　 3 390 000

③调整销售成本

借：库存商品   25 000 000

 贷：以前年度损益调整   25 000 000

④调整所得税费用=（30 000 000−25 000 000）×25%

       =1 250 000（元）

借：应交税费——应交所得税   1 250 000

 贷：以前年度损益调整   1 250 000

⑤调整已确认的递延所得税资产

递延所得税资产=3 390 000×25%

      =847 500（元）

借：以前年度损益调整   847 500

 贷：递延所得税资产   847 500

⑥结转"以前年度损益调整"账户余额

未分配利润=（30 000 000+847 500）−（25 000 000+3 390 000+1 250 000）

    =1 207 500（元）

借：利润分配——未分配利润   1 207 500

 贷：以前年度损益调整   1 207 500

⑦调整盈余公积

借：盈余公积（1 207 500×10%）   120 750

 贷：利润分配——未分配利润   120 750

⑧调整报告年度财务报表相关项目（略）

（2）涉及报告年度所属期间的销售退回发生于报告年度所得税汇算清缴之后，企业应调整报告年度利润表的收入、成本等，但按照税法规定，在此期间的销售退回所涉及的应交所得税，应作为本年的纳税调整事项。

【例7-4】续【例7-3】，假定销售退回发生在报告年度所得税汇算清缴之后，甲公司的账务处理如下：

①~③步的会计处理与【例7-1】相同。

④调整缴纳所得税

调整所得税费用=（30 000 000−25 000 000）×25%

       =1 250 000（元）

借：应交税费——应交所得税   1 250 000

 贷：所得税费用   1 250 000

⑤调整已确认的递延所得税资产

递延所得税资产=3 390 000×25%=847 500（元）

借：以前年度损益调整   847 500

 贷：递延所得税资产   847 500

⑥结转"以前年度损益调整"账户余额

未分配利润=（30 000 000+847 500）−（25 000 000+3 390 000）

    =2 457 500（元）

借：利润分配——未分配利润　　　　　　　　　　　　　2 457 500
　　贷：以前年度损益调整　　　　　　　　　　　　　　　　　　2 457 500
⑦ 调整盈余公积
借：盈余公积（2 457 500×10%）　　　　　　　　　　　245 750
　　贷：利润分配——未分配利润　　　　　　　　　　　　　　　245 750
⑧调整报告年度财务报表相关项目（略）

2. 对未决诉讼（仲裁）引起的预计负债事项调整的会计处理

因未决诉讼（仲裁）的判决（裁决）结果表明因资产负债表日存在的某项现时义务予以确认，或已对某项义务——预计负债确认的负债需要调整。资产负债表日至财务报告批准报出日之间的未决诉讼（仲裁）的判决（仲裁）事项，判决结果可能与原预计负债确认的金额一致，也可能不一致，企业应根据具体情况进行相应的处理。

例如，A 公司于 2022 年 10 月 24 日发生诉讼事项，2022 年 12 月 31 日法院未判决。2023 年 1 月 20 日法院做出判决。若 2023 年 1 月 20 日法院的判决结果与 2022 年 12 月 31 日预计的数额一致，则不调整损益；若预计的数额和判决的数额不一致，则需要调整。

【例 7-5】大华公司于 2022 年 11 月 10 日销售一批物资给 K 公司。该物资存在质量问题导致 K 公司发生重大的经济损失，K 公司提起诉讼要求大华公司赔偿经济损失 200 万元。该诉讼案件在 2022 年 12 月 31 日尚未判决，大华公司经过仔细分析与评价，认为本公司败诉的可能性非常大，因此确认了 100 万元的预计负债，并将该赔偿款反映在 2022 年度的财务报表上。2023 年 1 月 20 日，经法院一审判决，大华公司需要偿付 K 公司经济损失 150 万元，大华公司服从判决，并于 1 月 31 日支付了全部赔偿款。

假定两个公司 2022 年所得税汇算清缴都在 2023 年 3 月 30 日完成，且该项预计负债产生的损失不允许在税前扣除。

在本例中，2023 年 1 月 20 日判决证实了大华公司和 K 公司在资产负债表日（2022 年 12 月 31 日）分别存在现实赔偿义务和获赔权利，因此，两公司都应将"法院判决"这一事项作为调整事项处理。大华公司和 K 公司 2022 年所得税汇算清缴都在 2023 年 3 月 30 日完成，均应根据法院判决结果调整报告年度应纳税所得额和应纳税额。

（1）大华公司的账务处理如下：

①确认赔偿款

首先，将 2022 年的"预计负债"确认为现实的负债。

借：预计负债　　　　　　　　　　　　　　　　　　　　1 000 000
　　贷：其他应付款　　　　　　　　　　　　　　　　　　　　1 000 000

其次，补充确认损益及负债。

借：以前年度损益调整　　　　　　　　　　　　　　　　　500 000
　　贷：其他应付款　　　　　　　　　　　　　　　　　　　　　500 000

②支付赔偿款

借：其他应付款　　　　　　　　　　　　　　　　　　　1 500 000
　　贷：银行存款　　　　　　　　　　　　　　　　　　　　　1 500 000

说明：资产负债表日后事项如涉及现金收支项目，均不调整报告年度资产负债表的货币资金项目和现金流量表各项目数字。在本例中，大华公司虽然已支付了赔偿款，但不需要调整上述支付赔偿款分录，该笔分录作为 2023 年的会计事项处理。

③调整应交所得税

借：应交税费——应交所得税 125 000

  贷：以前年度损益调整（500 000×25%） 125 000

借：应交税费——应交所得税 250 000

  贷：以前年度损益调整（1 000 000×25%） 250 000

借：以前年度损益调整 250 000

  贷：递延所得税资产 250 000

④将"以前年度损益调整"账户余额转入未分配利润

借：利润分配——未分配利润 375 000

  贷：以前年度损益调整 375 000

⑤调整盈余公积

借：盈余公积（375 000×10%） 37 500

  贷：利润分配——未分配利润 37 500

（2）调整大华公司报告年度财务报表相关项目数字（财务报表略）

①资产负债表项目的调整。根据上述调整分录，调减递延所得税资产 25 万元；调增其他应付款 150 万元；调减应交所得税 37.5 万元；调减预计负债 100 万元；调减盈余公积 3.75 万元；调减未分配利润 33.75 万元。

②利润表项目调整。根据上述调整分录，调增营业外支出 50 万元；调减所得税费用 12.5 万元；调减净利润 37.5 万元。

③所有者权益变动表相关项目的调整。根据上述调整分录，调减净利润 37.5 万元，调减提取法定盈余公积 3.75 万元。

（3）调整 2023 年 1 月份的财务报表相关项目的年初数

大华公司在编制 2023 年 1 月份的财务报表时，按照上述调整前的数字作为资产负债表的年初数，由于发生了资产负债表的日后调整事项，因此，大华公司除要调整 2022 年度财务报表相关项目数字外，还应当调整 2023 年 1 月份资产负债表相关项目的年初数，其年初数按照 2022 年 12 月 31 日调整后的数字填列。

（4）K 公司的账务处理

①确认应收账款

借：其他应收款 1 500 000

  贷：以前年度损益调整 1 500 000

②调整应交所得税

借：以前年度损益调整 375 000

  贷：应交税费——应交所得税 375 000

③收到大华公司赔款

借：银行存款 1 500 000

贷：其他应收款 1 500 000

④将"以前年度损益调整"账户余额转入未分配利润

借：以前年度损益调整 1 125 000

贷：利润分配——未分配利润 1 125 000

⑤调整盈余公积

借：利润分配——未分配利润 112 500

贷：盈余公积 112 500

⑥调整 K 公司报告年度财务报表相关项目的数字以及 2023 年 1 月资产负债表年初数（略）。

3. 资产负债表日后发生资产减值事项的会计处理

资产负债表日后取得确凿证据，表明某项资产在资产负债表日发生了减值或者需要调整该项资产原已确认的减值金额。

【例 7-6】大华公司于 2022 年 10 月 28 日销售一批产品给 C 公司，价款为 600 万元，增值税额 78 万元，C 公司于 11 月 8 日收到所购货物并验收入库。按合同规定 C 公司应于收到所购货物后 15 天内付款，但由于 C 公司财务状况不佳，到 2022 年 12 月 31 日仍未付款。大华公司于 12 月 31 日编制 2022 年财务报表时，为该项应收账款提取了坏账准备 39 万元，该项应收账款已按 639 万元列入资产负债表"应收账款"项目内。大华公司于 2022 年 4 月 25 日收到 C 公司通知，C 公司已经破产清算，无力偿还所欠部分货款，预计大华公司可收回应收账款的 50%。

根据资产负债表日后事项的判断标准，大华公司收到 C 公司通知时，判断该事项属于资产负债表日后调整事项。大华公司原对该应收账款提取了 39 万元的坏账准备，但按新的证据应提取坏账准备 339 万元（678×50%），差额 300 万元应当调整 2022 年度财务报表相关项目的数字。此外，虽然调整事项发生在大华公司 2022 年度所得税汇算清缴前，但由于税法不允许税前扣除坏账准备，因此，该事项对坏账准备的调整不影响应纳税所得额的计算。大华公司的账务处理如下：

（1）补提坏账准备

补提坏账准备=678×50%-39=300（万元）

借：以前年度损益调整 3 000 000

贷：坏账准备 3 000 000

（2）调整递延所得税资产

借：递延所得税资产（3 000 000×25%） 750 000

贷：以前年度损益调整 750 000

（3）将"以前年度损益调整"账户余额转入未分配利润

借：利润分配——未分配利润 2 250 000

贷：以前年度损益调整（3 000 000-750 000） 2 250 000

（4）调整利润分配有关项目

借：盈余公积——法定盈余公积（2 250 000×10%）　　　225 000

　　贷：利润分配——未分配利润　　　　　　　　　　　　　　　225 000

（5）调整报告年度财务报表相关项目的数字（财务报表略）

① 资产负债表相关项目的调整。根据上述调整结果，大华公司应对资产负债表的相关项目做出如下调整：调减应收账款账面价值 300 万元；调增递延所得税资产 75 万元；调减盈余公积 22.5 万元；调减未分配利润 202.5 万元（225−22.5）。

② 利润表项目调整。根据上述调整结果，大华公司应对利润表的相关项目做出如下调整：调增信用减值损失 300 万元，调减所得税费用 75 万元，调减净利润 22.5 万元。

③ 所有者权益变动相关项目的调整。根据上述调整结果，大华公司应对所有者权益变动表的相关项目做出如下调整：调减法定盈余公积 22.5 万元，调减未分配利润 202.5 万元。

4. 对资产负债表日后发现财务报表舞弊或以前期间存在会计差错的会计处理

无论是发现的财务舞弊还是会计差错，均应按照规定予以调整（修正）。发现的以前年度会计差错事项，往往同会计政策、会计估计变更和前期差错更正准则相联系，在处理时，需要判断前期差错的发现时间和财务报告批准报出日的先后顺序。例如，大华公司于 2023 年 1 月 28 日编制完成的 2022 年度财务报告已经中国注册会计师审计，董事会于 2023 年 3 月 15 日批准报出财务报告。如果公司在 2023 年 3 月 15 日以前发现 2022 年度内的会计差错，那么应根据《企业会计准则——资产负债表日后事项》处理，具体处理步骤和方法与前面三种情况类似；如果在 2023 年 3 月 15 日以后发现的 2022 年度内的会计差错，那么应根据《企业会计准则——会计政策、会计估计变更和差错更正》处理，处理方法请参考第 6 章有关内容。

7.3　资产负债表日后非调整事项的会计处理

7.3.1　资产负债表日后非调整事项的会计方法

在资产负债表日后发生的非调整事项，企业不需要进行具体账务处理，也不需要调整财务报表。但是，企业应当在财务报表附注中披露每项重要的资产负债表日后非调整事项的性质、内容及其财务状况、经营成果的影响；如果无法做出估计的，应当说明其原因。

7.3.2　资产负债表日后非调整事项列举

1. 发行股票和债券

发行股票和债券是指企业在资产负债表日后至财务报告批准报出日之间经批准发

行股票、债券等。企业发行股票、债券是比较重大的事件，虽然这一事项与资产负债表日的存在状况无关，但企业应对这一事项在附注中做出披露，以便财务报告使用者及时了解与此相关的情况及可能带来的影响。

2. 资本公积转增资本

资本公积转增资本是指企业在资产负债表日后至财务报告批准报出日之间经董事会、股东大会或类似机构批准以资本公积转增资本的事项。这一事项将会对企业的资本公积和资本（股本）结构产生影响，因此需要在附注中进行披露。

3. 对外巨额投资

对外巨额投资是指企业在资产负债表日后至财务报告批准报出日之间决定对一个企业的巨额投资。这一事项与企业发行股票、债券相同，也属于企业重大事项，虽然与企业资产负债表日存在状况无关，但企业应对这一事项在附注中进行披露，以便财务报告使用者及时了解对一个企业巨额投资可能会给投资者带来的影响。

4. 发生巨额亏损

发生巨额亏损是指企业在资产负债表日后至财务报告批准报出日之间发生的巨额亏损。该巨额亏损将会导致企业报告期后的财务状况和经营成果发生重大影响，在附注中及时披露该事项，以便为投资者或其他报表使用者做出正确的决策提供信息。

5. 因自然灾害导致资产发生重大损失

因自然灾害导致资产发生重大损失是指企业在资产负债表日后至财务报告批准报出日之间发生的，因自然灾害导致的资产损失。自然灾害导致资产损失，是企业主观上无法控制的。但这一事项对企业财务状况产生的影响，如不加以披露，则有可能使财务报告使用者产生误解，导致错误决策。因此，企业应对该非调整事项在附注中加以披露。

6. 外汇汇率发生重大变动

外汇汇率发生重大变动是指企业在资产负债表日后至财务报告批准报出日之间发生的外汇的汇率发生重大变动。由于企业已经在资产负债表日按照当时的汇率对有关账户进行了调整，因此，无论资产负债表日后的汇率如何变化，均不应影响资产负债表日的汇率折算得出的财务报表的数字。但是，若资产负债表日后汇率发生较大的变化，则企业应对由此产生的影响在附注中进行披露。

7. 税收政策发生重大变化

税收政策发生重大变化是指企业在资产负债表日后至财务报告批准报出日之间发生的国家税收政策重大改变。国家税收政策的重大改变将会影响企业的财务状况和经营成果，因此，企业应该在附注中披露该信息。

8. 发生企业合并或处置子企业

发生企业合并或处置子企业是指企业在资产负债表日后至财务报告批准报出日之间发生的企业合并或处置子公司的事项。例如，2023 年 2 月 25 日，华夏公司与兴华公司签署协议，兴华公司将其持有华兴公司 60%的股权出售给华夏公司。这一重大事项，华夏公司与兴华公司均应在附注中披露该信息。

9. 对外提供重大担保，对外签订重大抵押合同

对外提供重大担保，对外签订重大抵押合同是指企业在资产负债表日后至财务报告批准报出日之间发生的企业对外单位提供重大的担保事项，以及对外签订重大资产抵押合同。这些事项需要作为非调整事项在附注中加以披露。

10. 发生重大诉讼、仲裁或承诺事项

发生重大诉讼、仲裁或承诺事项是指企业在资产负债表日后至财务报告批准报出日之间发生的重大诉讼、仲裁或承诺事项。由于这些事项重大，因此企业应在附注中披露该信息。

11. 资产负债表日后董事会做出债务重组的决定

如大华公司在 2023 年年初商讨进行债务重组，在 2023 年 2 月重组完成。此为非调整事项，应在附注中披露。但是，若大华公司在 2022 年年末批准进行债务重组，2023 年重组完成，则为调整事项，应调整财务报表相关项目的信息。

12. 资产负债表日后出现的情况引起固定资产或投资上的减值

如甲企业拥有某外国企业（乙企业）18% 的股权，投资成本为 500 万元，乙企业股票在国外的某家股票交易所上市交易。根据处理股权投资的会计原则，在编制 2022 年 12 月 31 日的资产负债表时，甲企业对乙企业投资的账面价值按历史成本反映。2023 年 3 月，该国的形势变动造成乙企业股票市价明显下跌，此外，该国还新增加了防止资产和盈利返还给国外投资者的限制，由此可见，甲企业断定不可能全部收回乙企业的股权投资。由于股票市场的波动出现在 2023 年 3 月，股票市场的波动是资产负债表日后才发生或存在的事项，因此，应作为非调整事项在 2022 年度附注中进行披露。

13. 资产负债表日后，企业利润分配方案中拟分配的以及经审议批准宣告发放的股利或利润

资产负债表日后，企业制订利润分配方案，拟分配或经审议批准宣告发放的股利或利润的行为，并不会导致企业在资产负债表日形成现时义务，虽然该事项的发生可导致企业负有支付股利或利润的义务，但该支付义务在资产负债表日并不存在，企业不应调整资产负债表日的财务报告，因此，该事项为非调整事项。不过，该事项对企业资产负债表日后的财务状况有较大的影响，可能导致现金大规模流出、企业股权变动等，为便于财务报告使用者更充分地了解相关信息，企业需要在附注中适当单独披露该信息。

7.3.3 资产负债表日后非调整事项的会计处理

企业发生的非调整事项，依据其概念和特征，不需要进行账务处理，也不需要调整财务报告。但是，财务报告应当反映最近期的相关信息，以满足财务报告及时性的要求；同时，由于这类事项很重大，不披露将可能会影响财务报告使用者对企业财务状况、经营成果做出正确的估计和决策，因而对于资产负债表日后发生的非调整事项，企业应当在财务报表的附注中予以披露。需要披露的内容包括事项的性质，内容，对财务状况、经营成果的影响；如果无法做出估计，企业应当披露无法估计的理由。

思考题

1. 如何理解资产负债表日后事项？它包括哪两类事项？如何区分这两类事项？

2. 资产负债表日后调整事项的具体内容包括哪些？其会计处理原则是什么？

3. 资产负债表日后调整事项涉及的现金项目，是否应当调整现金流量表、资产负债表的相关项目？

4. 资产负债表日后非调整事项主要包括哪些内容？其会计处理原则是什么？

8 非货币性资产交换核算

8.1 非货币性资产交换

8.1.1 货币性资产与非货币性资产

货币性资产，是指企业持有的货币资金和收取固定或可确定金额的货币资金的权利，包括现金、银行存款、应收账款和应收票据等。货币性资产以外的资产为非货币性资产。

非货币性资产与货币性资产最大的区别在于，非货币性资产在将来为企业带来的经济利益（货币金额）是不固定的或不可确定的。如果资产在将来为企业带来的经济利益（货币金额）是固定的或可确定的，则该资产是货币性资产；反之，则该资产是非货币性资产。

资产负债表列示的项目中属于非货币性资产的项目通常有存货（原材料、包装物、低值易耗品、库存商品、委托加工物资、委托代销商品等）、长期股权投资、投资性房地产、固定资产、在建工程、无形资产等。

8.1.2 非货币性资产交换的认定

1. 非货币性资产交换的含义

非货币性资产交换，是指企业主要以固定资产、无形资产、投资性房地产和长期股权投资等非货币性资产进行的交换。该交换不涉及或只涉及少量的货币性资产（补价）。

2. 非货币性资产交换的认定

交易双方完全以非货币性资产进行的交换可直接认定为非货币性资产交换。

当交易中涉及少量货币性资产，即涉及补价的情况时，认定涉及少量货币性资产的交换为非货币性资产交换，通常以补价占整个资产交换金额的比例低于25%作为参考。这个比例通常表现为两个：

（1）支付的货币性资产（补价）占换入资产公允价值（占换出资产公允价值与支付的货币性资产之和）的比例。

（2）收到的货币性资产（补价）占换出资产公允价值（占换入资产公允价值和收到的货币性资产之和）的比例。

如果以上比例低于25%，那么该交易被视为非货币性资产交换，适用《企业会计准则第7号——非货币性资产交换》；如果以上比例高于25%（含25%），那么该交易被视为以货币性资产取得非货币性资产，适用《企业会计准则第 14 号——收入》。

另外，企业以存货换取客户的非货币性资产（如固定资产、无形资产等）的，换出存货的企业相关的会计处理适用《企业会计准则第 14 号——收入》。

3. 具体认定标准

在确定涉及补价的交易是否为非货币性资产交换时，涉及补价的企业，其具体认定标准如下：

（1）收到补价的企业：如果"收到的补价÷换出资产公允价值<25%"或"收到的补价÷（换入资产公允价值+收到的补价）<25%"，认定该交易为非货币性资产交换。

（2）支付补价的企业：如果"支付的补价÷换入资产公允价值<25%"或"支付的补价÷（换出资产公允价值+支付的补价）<25%"，认定该交易为非货币性资产交换。

8.2 非货币性资产交换的确认与计量

8.2.1 非货币性资产交换的确认原则

企业应当分别按照下列原则对非货币性资产交换中的换入资产进行确认，对换出资产终止确认：对于换入资产，企业应当在换入资产符合资产定义并满足资产确认条件时予以确认；对于换出资产，企业应当在换出资产满足资产终止确认条件时终止确认。

换入资产的确认时点与换出资产的终止确认时点存在不一致的，企业在资产负债表日应当按照下列原则进行处理：

（1）换入资产满足资产确认条件，换出资产尚未满足终止确认条件的，在确认换入资产的同时，将交付换出资产的义务确认为一项负债。

（2）换入资产尚未满足资产确认条件，换出资产满足终止确认条件的，在终止确认换出资产的同时，将取得换入资产的权利确认为一项资产。

8.2.2 非货币性资产交换的计量基础

在非货币性资产交换中，换入资产成本有两种计量基础，即公允价值和账面价值。

1. 公允价值

非货币性资产交换同时满足下列两个条件的，应当以公允价值和应支付的相关税费作为换入资产的成本，公允价值与换出资产账面价值的差额计入当期损益：

（1）该项交换具有商业实质。

（2）换入资产或换出资产的公允价值能够可靠地计量。

换入资产和换出资产公允价值均能够可靠计量的，应当以换出资产公允价值为基础确定换入资产的成本，一般来说，取得资产的成本应当按照所放弃资产的对价来确定，在非货币性资产交换中，换出资产就是放弃的对价，如果其公允价值能够可靠地确定，应当优先考虑以换出资产的公允价值为基础确定换入资产的成本；如果有确凿证据表明换入资产的公允价值更加可靠的，应当以换入资产公允价值为基础确定换入资产的成本。在实务中，考虑了补价因素的调整后，正常交易中换入资产的公允价值和换出资产的公允价值通常是一致的。

2. 账面价值

不具有商业实质或交换涉及资产的公允价值均不能可靠计量的非货币性资产交换，应当以换出资产的账面价值和应支付的相关税费作为换入资产的成本，无论是否支付补价，均不确认损益；收到或支付的补价为确定换入资产成本的调整因素，其中，收到补价方应当以换出资产的账面价值减去补价加上应支付的相关税费作为换入资产的成本；支付补价方应当以换出资产的账面价值加上补价和应支付的相关税费作为换入资产的成本。

8.2.3 商业实质的判断

企业应当遵循实质重于形式的要求，判断非货币性资产交换是否具有商业实质。根据换入资产的性质和换入企业经营活动的特征等，换入资产与换入企业其他现有资产相结合能够产生更大的效用，从而导致换入企业受该换入资产影响产生的现金流量与换出资产明显不同，表明该项资产交换具有商业实质。

满足下列条件之一的非货币性资产交换具有商业实质：

1. 换入资产的未来现金流量在风险、时间和金额方面与换出资产显著不同

这种情况通常包括下列情形：

（1）未来现金流量的风险、金额相同，时间不同。此种情形是指换入资产和换出资产产生的未来现金流量的总额相同，获得这些现金流量的风险相同，但现金流量流入企业的时间明显不同。

（2）未来现金流量的时间、金额相同，风险不同。此种情形是指换入资产和换出资产产生的未来现金流量的时间和金额相同，但企业获得现金流量的不确定性程度存在明显差异。

（3）未来现金流量的风险、时间相同，金额不同。此种情形是指换入资产和换出资产产生的未来现金流量的总额相同，预计为企业带来现金流量的时间跨度相同，风险也相同，但各年产生的现金流量金额存在明显差异。

2. 换入资产与换出资产的预计未来现金流量现值不同，且其差额与换入资产和换出资产的公允价值相比是重大的

这种情况是指换入资产对换入企业的特定价值（预计未来现金流量现值）与换出资产存在明显差异。本准则所指资产的预计未来现金流量现值，应当按照资产在持续使用过程中和最终处置时所产生的预计税后未来现金流量，根据企业自身而不是市场参与者对资产特定风险的评价，选择恰当的折现率对其进行折现后的金额加以确定。

8.3 涉及单项非货币性资产交换的会计处理

8.3.1 以公允价值为计量基础的账务处理

1. 以公允价值为计量基础的账务处理的基本规定

非货币性资产交换具有商业实质且公允价值能够可靠计量的，应当以换出资产的公允价值和应支付的相关税费作为换入资产的成本，除非有确凿证据表明换入资产的公允价值更加可靠。

非货币性资产交换的账务处理，视换出资产的类别不同而有所区别。

（1）换出资产为固定资产、在建工程、无形资产的，换出资产公允价值和换出资产账面价值的差额计入资产处置损益。

（2）换出资产为长期股权投资的，换出资产公允价值和换出资产账面价值的差额计入投资收益。

（3）换出资产为投资性房地产的，按换出资产公允价值或换入资产公允价值确认其他业务收入，按换出资产账面价值结转其他业务成本，二者之间的差额计入当期损益。

换入资产与换出资产涉及相关税费的，按照相关税收规定计算确定。

2. 不涉及补价情况下非货币性资产交换的账务处理

【例 8-1】2022 年 8 月，大华公司以生产经营过程中使用的一台设备交换 B 家具公司生产的一批办公家具，换入的办公家具作为固定资产管理。该设备的账面原价为 200 000 元，在交换日的累计折旧为 50 000 元，公允价值为 175 000 元。办公家具的账面价值为 170 000 元，在交换日的公允价值为 175 000 元，计税价格等于公允价值。B 公司换入大华公司的设备是生产家具过程中需要使用的设备。

假设大华公司此前没有为该项设备计提资产减值准备，整个交易过程中，除支付运杂费 1 500 元外没有发生其他相关税费。假设 B 公司此前也没有为库存商品计提存货跌价准备，其在整个交易过程中没有发生除增值税以外的其他税费。双方增值税率均为 13%。

分析：整个资产交换过程没有涉及收付货币性资产，因此，该项交换属于非货币性资产交换。本例是以存货换入固定资产，两项资产交换后对换入企业的特定价值显著不同，两项资产的交换具有商业实质；同时，两项资产的公允价值都能够可靠地计量，符合非货币性资产交换准则规定以公允价值计量的两个条件。因此，大华公司和 B 公司均应当以换出资产的公允价值为基础确定换入资产的成本，并确认产生的损益。

大华公司的账务处理如下：

借：固定资产清理   150 000
  累计折旧   50 000
 贷：固定资产——设备   200 000

借：固定资产清理	1 500
贷：银行存款	1 500
借：固定资产——办公家具	175 000
应交税费——应交增值税（进项税额）	22 750
贷：固定资产清理	151 500
资产处置损益	23 500
应交税费——应交增值税（销项税额）	22 750

根据增值税的有关规定，企业以库存商品换入其他资产，视同销售行为发生，应计算增值税销项税额，缴纳增值税。

换出办公家具的增值税销项税额＝175 000×13％＝22 750（元）

假定 B 公司换出办公家具的交易符合《企业会计准则第 4 号——收入》规定的收入确认条件，B 公司的账务处理如下：

借：固定资产——设备	175 000
应交税费——应交增值税（进项税额）	22 750
贷：主营业务收入	175 000
应交税费——应交增值税（销项税额）	22 750
借：主营业务成本	170 000
贷：库存商品——办公家具	170 000

【例 8-2】2022 年 11 月，为了提高产品质量，大华公司以其持有的对 C 公司的长期股权投资交换 D 公司拥有的一项专利技术。在交换日，大华公司持有的长期股权投资账面余额为 1 670 万元，已计提长期股权投资减值准备余额为 140 万元，在交换日的公允价值为 1 590 万元；D 公司专利技术的账面原价为 1 700 万元，累计已摊销金额为 120 万元，在交换日的公允价值为 1 500 万元，D 公司没有为该项专利技术计提减值准备。D 公司原已持有对 C 公司的长期股权投资，从大华公司换入对 C 公司的长期股权投资后，使 C 公司成为 D 公司的联营企业。无形资产适用增值税率为 6％，假设整个交易过程中没有发生其他相关税费。

分析：该项资产交换没有涉及收付货币性资产，因此属于非货币性资产交换。本例属于以长期股权投资换入无形资产，两项资产的交换具有商业实质；同时，两项资产的公允价值都能够可靠地计量，符合非货币性资产交换准则规定以公允价值计量的条件。大华公司和 D 公司均应当以公允价值为基础确定换入资产的成本，并确认产生的损益。

大华公司的账务处理如下：

借：无形资产——专利权	15 000 000
应交税费——应交增值税（进项税额）	900 000
长期股权投资减值准备	1 400 000
贷：长期股权投资	16 700 000
投资收益	600 000

D 公司的账务处理如下：

借：长期股权投资	15 900 000
累计摊销	1 200 000

资产处置损益	800 000
贷：无形资产——专利权	17 000 000
应交税费——应交增值税（销项税额）	900 000

3. 涉及补价情况下非货币性资产交换的账务处理

在以公允价值为基础确定换入资产成本的情况下，发生补价的，支付补价方和收到补价方应当分情况处理。

（1）支付补价方：以换出资产的公允价值加上支付的补价（换入资产的公允价值）和应支付的相关税费，作为换入资产的成本；换入资产成本与换出资产账面价值加支付的补价、应支付的相关税费之和的差额应当计入当期损益。

（2）收到补价方：以换入资产的公允价值（换出资产的公允价值减去补价）和应支付的相关税费，作为换入资产的成本；换入资产成本加收到的补价之和与换出资产账面价值加应支付的相关税费之和的差额应当计入当期损益。

在涉及补价的情况下，对于支付补价方而言，作为补价的货币性资产构成换入资产所放弃对价的一部分；对于收到补价方而言，作为补价的货币性资产构成换入资产的一部分。

【例8-3】大华公司与W公司经协商，大华公司将其拥有的全部用于经营出租目的的一幢写字楼与W公司持有的以交易为目的的股票投资进行交换。大华公司的写字楼符合投资性房地产定义，公司未采用公允价值模式计量。在交换日，该栋写字楼的账面原价为1 400万元，已提折旧80万元，未计提减值准备，在交换日的公允价值和计税价格均为1 450万元；W公司持有的以交易为目的的股票投资账面价值为1 300万元，在交换日该股票的公允价值为1 400万元。由于大华公司急于处理该幢写字楼，W公司仅支付了30万元现金给大华公司。W公司换入写字楼后仍然继续用于经营出租，并拟采用公允价值计量模式，大华公司换入股票投资后仍然用于交易目的。假定不考虑该项交易过程中的相关税费。

分析：该项资产交换涉及收付货币性资产，即补价30万元。

对大华公司而言：收到的补价30万元÷换入资产的公允价值1 430万元（换入股票投资公允价值1 400万元+收到的补价30万元）×100%＝2.10%＜25%，该项资产交换属于非货币性资产交换。

对W公司而言：支付的补价30万元÷换入资产的公允价值1 450万元×100%＝2.07%＜25%，该项资产交换属于非货币性资产交换。

大华公司和W公司均应当以公允价值为基础确定换入资产的成本，并确认产生的损益。

大华公司的账务处理如下：

借：其他业务成本	13 200 000
投资性房地产累计折旧	800 000
贷：投资性房地产	14 000 000
借：交易性金融资产	14 000 000
银行存款	300 000

贷：其他业务收入	14 300 000

W 公司的账务处理如下：

借：投资性房地产	14 500 000
贷：交易性金融资产	13 000 000
银行存款	300 000
投资收益	1 200 000

8.3.2 以换出资产账面价值为计量基础的账务处理

非货币性资产交换不具有商业实质，或者虽然具有商业实质但换入资产和换出资产的公允价值均不能可靠计量的，应当以换出资产账面价值为基础确定换入资产成本，无论是否支付补价，企业均不确认损益。

【例 8-4】大华公司拥有一幢古建筑物，账面原价 500 万元，已计提折旧 380 万元，F 公司拥有一台进口设备，该设备账面原价 480 万元，已计提折旧 380 万元，两项资产均未计提减值准备。2017 年 12 月大华公司决定以该幢古建筑物交换 F 公司的进口设备，F 公司换入古建筑物拟改造为办公室。该建筑物和进口设备的公允价值不能可靠地计量。双方商定，F 公司以两项资产账面价值的差额为基础，支付大华公司 20 万元补价。假定交易中没有涉及相关税费。

分析：该项资产交换涉及收付货币性资产，即补价 20 万元。

对大华公司而言：收到的补价 20 万元÷换出资产账面价值 120 万元×100% = 16.67%<25%，因此，该项交换属于非货币性资产交换；

对 F 公司而言：支付的补价 20 万元÷换出资产账面价值 120 万元×100% = 16.67%< 25%，因此，该项交换属于非货币性资产交换。

由于两项资产的公允价值不能可靠地计量，因此，两个公司换入资产的成本均应当按照换出资产的账面价值确定。

大华公司的账务处理如下：

借：固定资产清理	1 200 000
累计折旧	3 800 000
贷：固定资产——建筑物	5 000 000
借：固定资产——设备	1 000 000
银行存款	200 000
贷：固定资产清理	1 200 000

F 公司的账务处理如下：

借：固定资产清理	1 000 000
累计折旧	3 800 000
贷：固定资产——设备	4 800 000
借：固定资产——建筑物	1 200 000
贷：固定资产清理	1 000 000
银行存款	200 000

8.4　涉及多项非货币性资产交换的会计处理

8.4.1　涉及多项非货币性资产交换的规定

1. 以公允价值为基础计量的非货币性资产交换

以公允价值为基础计量的非货币性资产交换，同时换入或换出多项资产的，应当按照下列规定进行处理：

（1）对于同时换入的多项资产，按照换入的金融资产以外的各项换入资产公允价值相对比例，将换出资产公允价值总额（涉及补价的，加上支付补价的公允价值或减去收到补价的公允价值）扣除换入金融资产公允价值后的净额进行分摊，以分摊至各项换入资产的金额加上应支付的相关税费，作为各项换入资产的成本进行初始计量。

有确凿证据表明换入资产的公允价值更加可靠的，以各项换入资产的公允价值和应支付的相关税费，作为各项换入资产的初始计量金额。

（2）对于同时换出的多项资产，将各项换出资产的公允价值与其账面价值之间的差额，在各项换出资产终止确认时计入当期损益。

有确凿证据表明换入资产的公允价值更加可靠的，按照各项换出资产的公允价值的相对比例，将换入资产的公允价值总额（涉及补价的，减去支付补价的公允价值或加上收到补价的公允价值）分摊至各项换出资产，分摊至各项换出资产的金额与各项换出资产账面价值之间的差额，在各项换出资产终止确认时计入当期损益。

2. 以账面价值为基础计量的非货币性资产交换

以账面价值为基础计量的非货币性资产交换，同时换入或换出多项资产的，应当按照下列规定进行处理：

（1）对于同时换入的多项资产，按照各项换入资产的公允价值的相对比例，将换出资产的账面价值总额（涉及补价的，加上支付补价的账面价值或减去收到补价的公允价值）分摊至各项换入资产，加上应支付的相关税费，作为各项换入资产的初始计量金额。换入资产的公允价值不能够可靠计量的，可以按照各项换入资产的原账面价值的相对比例或其他合理的比例，对换出资产的账面价值进行分摊。

（2）对于同时换出的多项资产，各项换出资产终止确认时均不确认损益。

8.4.2　以公允价值为计量基础的账务处理

【例8-5】大华公司和F公司均为增值税一般纳税人，适用的增值税税率均为13%。2022年12月，为适应业务发展的需要，经协商，大华公司决定以生产经营过程中使用的钻床和铣床换入F公司生产经营过程中使用的轿车2辆和货运汽车3辆。大华公司钻床的账面原价为160万元，在交换日的累计折旧为350万元，公允价值为130万元；铣床的账面原价为240万元，在交换日的累计折旧为80万元，公允价值为170万元。F公司轿车的账面原价为80万元，在交换日的累计折旧为23万元，公允价值为

60 万元；货运汽车的账面原价为 300 万元，在交换日的累计折旧为 66 万元，公允价值为 240 万元

假定大华公司和 F 公司都没有为换出资产计提减值准备；整个交易过程中没有发生除增值税以外的其他相关税费；大华公司换入 F 公司的轿车、货运汽车均作为固定资产使用和管理；F 公司换入大华公司的钻床和铣床作为固定资产使用和管理。双方均开具了增值税专用发票。

分析：本例涉及多项资产的非货币性资产交换具有商业实质；同时，各单项换入资产和换出资产的公允价值均能可靠地计量，因此，大华公司和 F 公司均应当以公允价值为基础确定换入资产的总成本，确认产生的相关损益。同时，按照各单项换入资产的公允价值占换入资产公允价值总额的比例，确定各单项换入资产的成本。

大华公司的账务处理如下：

（1）换出钻床和铣床应交增值税销项税额：$300 \times 13\% = 39$（万元）

换入轿车和货运汽车增值税进项税额：$300 \times 13\% = 39$（万元）

（2）计算换入资产、换出资产公允价值总额：

换出资产公允价值总额 $= 130 + 170 = 300$（万元）

换入资产公允价值总额 $= 60 + 240 = 300$（万元）

（3）计算换入资产总成本：

换入资产总成本 = 换出资产公允价值 = 300（万元）

（4）计算确定换入各项资产的公允价值占换入资产公允价值总额的比例

轿车公允价值占换入资产公允价值总额的比例：

$60 \div 300 = 20\%$

货运汽车公允价值占换入资产公允价值总额的比例：

$240 \div 300 = 80\%$

（5）计算确定换入各项资产的成本：

轿车的成本 $= 300 \times 20\% = 60$（万元）

货运汽车的成本 $= 300 \times 80\% = 240$（万元）

（6）会计分录如下：

借：固定资产清理	2 850 000	
累计折旧	1 150 000	
贷：固定资产——钻床		1 600 000
——铣床		2 400 000
借：固定资产——轿车	600 000	
——货运汽车	2 400 000	
应交税费——应交增值税（进项税额）	390 000	
贷：固定资产清理		2 850 000
资产处置损益		150 000
应交税费——应交增值税（销项税额）		390 000

F 公司的账务处理如下：

（1）换出轿车和货运汽车应交增值税销项税额：300×13%＝39（万元）

换入钻床和铣床增值税进项税额：300×13%＝39（万元）

（2）计算换入资产、换出资产公允价值总额：

换出资产公允价值总额＝60+240＝300（万元）

换入资产公允价值总额＝130+170＝300（万元）

（3）确定换入资产总成本：

换入资产总成本＝换出资产公允价值＝300（万元）

（4）计算确定换入各项资产的公允价值占换入资产公允价值总额的比例：

钻床公允价值占换入资产公允价值总额的比例：

130÷300×100%＝43.33%

铣床公允价值占换入资产公允价值总额的比例：

170÷300×100%＝56.67%

（5）计算确定换入各项资产的成本：

钻床的成本：300×43.33%＝130（万元）

铣床的成本：300×56.67%＝170（万元）

（6）会计分录如下：

借：固定资产清理	2 910 000	
累计折旧	890 000	
贷：固定资产——轿车		800 000
——货运汽车		3 000 000
借：固定资产——钻床	1 300 000	
——铣床	1 700 000	
应交税费——应交增值税（进项税额）	390 000	
贷：固定资产清理		2 910 000
资产处置损益		90 000
应交税费——应交增值税（进项税额）		390 000

8.4.3　以账面价值为计量基础的账务处理

【例8-6】假如在【例8-5】中，交换中的各项资产的公允价值均不能可靠地计量，不考虑增值税，大华公司和F公司均应当以换出资产账面价值总额作为换入资产的总成本，各项换入资产的成本，应当按各项换入资产的账面价值占换入资产账面价值总额的比例分配后确定。

大华公司的账务处理如下：

（1）计算换入资产、换出资产账面价值总额：

换入资产账面价值总额＝（80-23）+（300-66）＝57+234＝291（万元）

换出资产账面价值总额＝（160-35）+（240-80）＝125+160＝285（万元）

（2）计算换入资产总成本：

换入资产总成本＝换出资产账面价值总额＝285（万元）

（3）计算确定换入各项资产的账面价值占换入资产账面价值总额的比例：

轿车账面价值占换入资产账面价值总额的比例：

$57 \div 291 \times 100\% = 19.59\%$

货运汽车账面价值占换入资产账面价值总额的比例：

$234 \div 291 \times 100\% = 80.41\%$

（4）计算确定换入各项资产的成本：

轿车的成本 $= 285 \times 19.59\% = 55.83$（万元）

货运汽车的成本 $= 285 \times 80.41\% = 229.17$（万元）

（5）会计分录如下：

借：固定资产清理	2 850 000
累计折旧	1 150 000
贷：固定资产——钻床	1 600 000
——铣床	2 400 000
借：固定资产——轿车	558 300
——货运汽车	2 291 700
贷：固定资产清理	2 850 000

F 公司的账务处理如下：

（1）计算换入资产、换出资产账面价值总额：

换出资产账面价值总额 $=（80-23）+（300-66）= 57+234 = 291$（万元）

换入资产账面价值总额 $=（160-35）+（240-80）= 125+160 = 285$（万元）

（2）确定换入资产总成本：

换入资产总成本 $=$ 换出资产账面价值 $= 291$（万元）

（3）计算确定换入各项资产的账面价值占换入资产账面价值总额的比例：

钻床账面价值占换入资产账面价值总额的比例：

$125 \div 285 \times 100\% = 43.86\%$

铣床账面价值占换入资产账面价值总额的比例：

$160 \div 285 \times 100\% = 56.14\%$

（4）计算确定换入各项资产的成本：

钻床的成本：$291 \times 43.86\% = 127.63$（万元）

铣床的成本：$291 \times 56.14\% = 163.37$（万元）

（5）会计分录如下：

借：固定资产清理	2 910 000
累计折旧	890 000
贷：固定资产——轿车	800 000
——货运汽车	3 000 000
借：固定资产——钻床	1 276 300
——铣床	1 633 700
贷：固定资产清理	2 910 000

思考题

1. 什么是货币性资产与非货币性资产？两者的区别是什么？

2. 如何认定非货币性资产交换？

3. 在非货币性资产交换中，换入资产成本有哪两种计量基础？

4. 什么是商业实质？判断非货币性资产交换是否具有商业实质的主要依据有哪些？

5. 具有商业实质且公允价值能够可靠计量的非货币性资产交换，应当如何确定换入资产的入账价值？

6. 具有商业实质但公允价值不能可靠计量的非货币性资产交换，应当如何确定换入资产的入账价值？

7. 不涉及补价的非货币性资产交换的会计处理的基本原则是什么？

8. 涉及补价的非货币性资产交换的会计处理的基本原则是什么？

9. 当换入多项非货币性资产时，应如何确定各项换入资产的入账价值？

9 债务重组核算

9.1 债务重组的内涵及方式

9.1.1 债务重组的内涵

债务重组涉及债权人和债务人,对债权人而言为"债权重组",对债务人而言为"债务重组",为便于表述统称为"债务重组"。债务重组,是指在不改变交易对手方的情况下,经债权人和债务人协定或法院裁定,就清偿债务的时间、金额或方式等重新达成协议的交易。

债务重组不强调在债务人发生财务困难的背景下进行,也不论债权人是否做出让步。也就是说,无论何种原因导致债务人未按原定条件偿还债务,也无论双方是否同意债务人以低于债务的金额偿还债务,只要债权人和债务人就债务条款重新达成了协议,就属于债务重组。

债务重组涉及的债权和债务,是指《企业会计准则第 22 号——金融工具确认和计量》规范的债权和债务,不包括合同资产、合同负债、预计负债等,但包括租赁应收款和租赁应付款。

需要注意的是,通过债务重组形成企业合并的,适用《企业会计准则第 20 号——企业合并》的规定;债务重组构成权益性交易的,应当适用权益性交易的有关会计处理规定,即债权人和债务人不确认构成权益性交易的债务重组相关损益。

9.1.2 债务重组的方式

债务重组主要包括以下四种方式:

1. 债务人以资产清偿债务

债务人以资产清偿债务,是指债务人转让其资产给债权人,以清偿债务的债务重组方式。债务人用于偿债的资产通常是已经在资产负债表中确认的资产,如现金、应收账款、长期股权投资、投资性房地产、固定资产、在建工程、生物资产、无形资产等。债务人以日常活动产出的商品或服务清偿债务的,用于偿债的资产可能体现为存货等资产。

在受让上述资产后,按照相关会计准则要求及本企业会计核算要求,债权人核算相关受让资产的类别可能与债务人不同。例如,债务人以作为固定资产核算的房产清偿债务,债权人可能将受让的房产作为投资性房地产核算;债务人以部分长期股权投资清偿债务，债权人可能将受让的投资作为金融资产核算；债务人以存货清偿债务，债权人可能将受让的资产作为固定资产核算等。

除上述已经在资产负债表中确认的资产外，债务人也可能以不符合确认条件而未予确认的资产清偿债务。例如，债务人以未确认的内部产生的品牌清偿债务，债权人在获得的商标权符合无形资产确认条件的前提下，将其作为无形资产核算。

2. 债务人将债务转为权益工具

债务人将债务转为权益工具，这里的权益工具，是指根据《企业会计准则第 37号——金融工具列报》分类为"权益工具"的金融工具，会计处理上体现为股本、实收资本、资本公积等科目。在实务中，有些债务重组名义上采用"债转股"的方式，但同时附加相关条款，如约定债务人在未来某个时点有义务以某一金额回购股权，或债权人持有的股份享有强制分红权等。对于债务人而言，这些"股权"可能并不是根据《企业会计准则第 37 号——金融工具列报》分类为权益工具的金融工具，从而不属于债务人将债务转为权益工具的债务重组方式。债权人和债务人还可能协议以一项同时包含金融负债成分和权益工具成分的复合金融工具替换原债权债务，这类交易也不属于债务人将债务转为权益工具的债务重组方式。

3. 修改其他条款

修改债权和债务的其他条款，是债务人不以资产清偿债务，也不将债务转为权益工具，而是改变债权和债务的其他条款的债务重组方式，如调整债务本金、改变债务利息、变更还款期限等。经修改其他条款的债权和债务分别形成重组债权和重组债务。

4. 组合方式

组合方式，是指债务人采用以上三种方式中一种以上方式的组合清偿债务的债务重组方式。例如，债权人和债务人约定，由债务人以机器设备清偿部分债务，将另一部分债务转为权益工具，调减剩余债务的本金，但利率和还款期限不变；再如，债务人以现金清偿部分债务，同时将剩余债务展期等。

9.2 债务重组的会计处理

9.2.1 债权和债务的终止确认

债务重组中涉及的债权和债务的终止确认，应当遵循《企业会计准则第 22 号——金融工具确认和计量》和《企业会计准则第 23 号——金融资产转移》中有关金融资产和金融负债终止确认的规定。债权人在收取债权现金流量的合同权利终止时终止确认债权，债务人在债务的现时义务解除时终止确认债务。

对于终止确认的债权，债权人应当结转已计提的减值准备中对应该债权终止确认部分的金额。对于终止确认的分类为以公允价值计量且其变动计入其他综合收益的债权，之前计入其他综合收益的累计利得或损失应当从其他综合收益中转出，计入"投资收益"科目。

9.2.2 债权人的会计处理

1. 以资产清偿债务或将债务转为权益工具

债务重组采用资产清偿债务或者将债务转为权益工具方式进行的，债权人应当在受让的相关资产符合其定义和确认条件时予以确认。

（1）债权人受让金融资产

债权人受让包括现金在内的单项或多项金融资产的，应当按照《企业会计准则第22号——金融工具确认和计量》的规定进行确认和计量。金融资产初始确认时应当以其公允价值计量。金融资产确认金额与债权终止确认日账面价值之间的差额，计入"投资收益"科目。

【例9-1】A公司于2022年6月5日销售一批商品给B公司，应收账款入账金额为3 000 000元，A公司将该应收款项分类为以摊余成本计量的金融资产，因B公司无法按期支付货款，双方于2023年1月5日进行债务重组。债务重组协议规定，A公司同意减免B公司400 000元的债务，余额用银行存款于1月25日前清还。A公司于1月20日收到B公司剩余款项，存入银行。A公司已经为该应收账款计提了100 000元的坏账准备。两家公司均为一般纳税人。

A公司收到款项2 600 000元时，应进行如下账务处理：

借：银行存款　　　　　　　　　　　　　　　　　　　　2 600 000

　　坏账准备　　　　　　　　　　　　　　　　　　　　　 100 000

　　投资收益　　　　　　　　　　　　　　　　　　　　　 300 000

　　贷：应收账款　　　　　　　　　　　　　　　　　　　　3 000 000

（2）债权人受让非金融资产

当债权人初始确认受让的金融资产以外的资产时，应按照下列原则以成本计量：

①存货的成本，包括放弃债权的公允价值，以及使该资产达到当前位置和状态所发生的可直接归属于该资产的税金、运输费、装卸费、保险费等其他成本。

②对联营企业或合营企业投资的成本，包括放弃债权的公允价值，以及可直接归属于该资产的税金等其他成本。

③投资性房地产的成本，包括放弃债权的公允价值，以及可直接归属于该资产的税金等其他成本。

④固定资产的成本，包括放弃债权的公允价值，以及使该资产达到预定可使用状态前所发生的可直接归属于该资产的税金、运输费、装卸费、安装费、专业人员服务费等其他成本。确定固定资产成本时，应当考虑预计弃置费用因素。

⑤生物资产的成本，包括放弃债权的公允价值，以及可直接归属于该资产的税金、运输费、保险费等其他成本。

⑥无形资产的成本，包括放弃债权的公允价值，以及可直接归属于使该资产达到预定用途所发生的税金等其他成本。

放弃债权的公允价值与账面价值之间的差额，计入"投资收益"科目。

【例9-2】接【例9-1】，A公司应收B公司账款3 000 000元，已计提坏账准备

100 000 元。2023 年 1 月 5 日，双方达成的债务重组协议规定：A 公司同意 B 公司用一项专利权抵偿该债务。该项专利权的账面余额为 2 800 000 元，累计摊销 500 000 元，已计提减值准备 40 000 元。1 月 20 日，双方办理完成该项专利权转让手续，A 公司支付评估费用 30 000 元。当日，A 公司应收账款公允价值为 2 600 000 元。假设不考虑相关税费。

1 月 20 日，A 公司取得该项专利权的入账价值为：

应收账款公允价值 2 600 000 元+评估费用 30 000 元 = 2 630 000 元

A 公司的账务处理如下：

借：无形资产 2 630 000

坏账准备 100 000

投资收益 300 000

贷：应收账款 3 000 000

银行存款 30 000

（3）债权人受让多项资产

债权人受让多项非金融资产，或者包括金融资产、非金融资产在内的多项资产的，应当按照《企业会计准则第 22 号——金融工具确认和计量》的规定确认和计量受让的金融资产；按照受让的金融资产以外的各项资产在债务重组合同生效日的公允价值比例，对放弃债权在合同生效日的公允价值扣除受让金融资产当日公允价值后的净额进行分配，并以此为基础分别确定各项资产的成本。放弃债权的公允价值与账面价值之间的差额，计入"投资收益"科目。

【例 9-3】接【例 9-1】，A 公司应收 B 公司账款 3 000 000 元，已计提坏账准备 100 000 元。2023 年 1 月 5 日，双方达成的债务重组协议规定：A 公司同意 B 公司用其商品和固定资产抵偿该债务。其中，用于抵债的机器账面原价为 2 000 000 元，累计折旧 900 000 元，公允价值为 1 200 000 元；用于抵债的商品成本为 700 000 元，市场价格为 800 000 元，机器和商品增值税税率为 13%，税务机关核定的计税价格等于其公允价值。抵债资产均于 1 月 20 日转让完毕，该项应收账款在 1 月 20 日的公允价值为 2 600 000 元。A 公司安装抵债设备的安装成本为 20 000 元。不考虑其他税费。

设备可抵扣的增值税 = 1 200 000×13% = 156 000 （元）

商品可抵扣的增值税 = 800 000×13% = 104 000 （元）

在不考虑设备安装成本时，A 公司所收到的商品和设备入账价值总额为：

应收账款公允价值 2 600 000 元-可抵扣的增值税 260 000 元(156 000 + 104 000) = 2 340 000 元

设备和商品的成本应当按照其公允价值比例（1 200 000：800 000）对总价值 2 340 000 元进行分配确定。

设备的成本 = 1 200 000/（1 200 000+800 000）×2 340 000 = 1 404 000 （元）

商品的成本 = 800 000/（1 200 000+800 000）×2 340 000 = 936 000 （元）

1 月 20 日，A 公司的账务处理如下：

借：在建工程 1 404 000

库存商品	936 000
应交税费——应交增值税（进项税额）	260 000
坏账准备	100 000
投资收益	300 000
贷：应收账款	3 000 000

A 公司支付设备安装成本时，账务处理如下：

借：在建工程	20 000
贷：银行存款	20 000

安装完毕结转固定资产成本时，账务处理如下：

借：固定资产	1 424 000
贷：在建工程	1 424 000

2. 修改其他条款

债务重组采用修改其他条款方式进行的，如果修改其他条款导致全部债权终止确认，债权人应当按照修改后的条款以公允价值初始计量重组债权，重组债权的确认金额与债权终止确认日账面价值之间的差额，计入"投资收益"科目。

如果修改其他条款未导致债权终止确认，债权人应当根据其分类，继续以摊余成本、以公允价值计量且其变动计入其他综合收益，或者以公允价值计量且其变动计入当期损益进行后续计量。

【例9-4】接【例9-1】，A 公司应收 B 公司账款 3 000 000 元，已计提坏账准备 100 000 元。2023 年 1 月 5 日，双方达成的债务重组协议规定：A 公司免除 B 公司债务 500 000 元，剩余款项 2 500 000 元于一年后支付，并按市场利率计算利息。

1 月 5 日，A 公司应进行的账务处理如下：

借：应收账款——债务重组	2 500 000
坏账准备	100 000
投资收益	400 000
贷：应收账款	3 000 000

3. 组合方式

债务重组采用组合方式进行的，一般可以认为对全部债权的合同条款做出了实质性修改，债权人应当按照修改后的条款，以公允价值初始计量重组债权和受让的新金融资产，按照受让的金融资产以外的各项资产在债务重组合同生效日的公允价值比例，对放弃债权在合同生效日的公允价值扣除重组债权受让金融资产当日公允价值后的净额进行分配，并以此为基础分别确定各项资产的成本。放弃债权的公允价值与账面价值之间的差额，计入"投资收益"科目。

【例9-5】接【例9-1】，A 公司应收 B 公司账款 3 000 000 元，已计提坏账准备 100 000 元，该项应收账款在 2023 年 1 月 5 日的公允价值为 2 600 000 元。2023 年 1 月 5 日，双方达成的债务重组协议规定：①B 公司以一项作为固定资产核算的房产抵债 1 200 000 元，该项房产账面原值 2 100 000 元，累计摊销 1 040 000 元，未计提减值准备；②B 公司发行股票 300 000 股，用于抵偿债务 900 000 元，1 月 5 日，股票收盘价为3元/股；③免除B公司债务400 000元，将剩余债务500 000元延期一年支付，并按市场利率计算利息。1月20日，双方完成房产过户和股票发行相关手续。A公司将收到的房产作为固定资产核算，将收到的股票划分为以公允价值计量且其变动计入当期损益的金融资产。假设不考虑相关税费。

A公司收到的股票和重组债权分别按照公允价值900 000元和500 000元确认取得成本。

固定资产的成本=应收账款公允价值2 600 000元-受让股票的公允价值900 000元-重组债权的公允价值500 000元=1 200 000元

1月20日，A公司应进行的账务处理如下：

借：固定资产　　　　　　　　　　　　　　　　　　　1 200 000
　　交易性金融资产　　　　　　　　　　　　　　　　　　900 000
　　应收账款——债务重组　　　　　　　　　　　　　　　500 000
　　坏账准备　　　　　　　　　　　　　　　　　　　　　100 000
　　投资收益　　　　　　　　　　　　　　　　　　　　　300 000
　　贷：应收账款　　　　　　　　　　　　　　　　　　　　3 000 000

9.2.3　债务人的会计处理

1. 债务人以资产清偿债务

债务重组采用资产清偿债务方式进行的，债务人应当将所清偿债务账面价值与转让资产账面价值之间的差额计入当期损益。

（1）债务人以金融资产清偿债务

债务人以单项或多项金融资产清偿债务的，债务的账面价值与偿债金融资产账面价值的差额，计入"投资收益"科目。偿债金融资产已计提减值准备的，应结转已计提的减值准备。对于以分类为以公允价值计量且其变动计入其他综合收益的债务工具投资清偿债务的，之前计入其他综合收益的累计利得或损失应当从其他综合收益中转出，计入"投资收益"科目。对于以指定为以公允价值计量且其变动计入其他综合收益的非交易性权益工具投资清偿债务的，之前计入其他综合收益的累计利得或损失应当从其他综合收益中转出，计入"盈余公积""利润分配——未分配利润"等科目。

【例9-6】B公司应付A公司账款3 000 000元，因B公司无法按期偿还债务而进行债务重组，双方约定，B公司以持有的C公司股权（确认为以公允价值计量且其变动计入当期损益的金融资产）500 000股清偿该债务，该股权账面价值为2 100 000元，公允价值2 400 000元。

在办理了股权转让手续后，B公司应进行的账务处理如下：

借：应付账款　　　　　　　　　　　　　　　　　　　3 000 000
　　贷：交易性金融资产　　　　　　　　　　　　　　　　2 100 000
　　　　投资收益　　　　　　　　　　　　　　　　　　　　900 000

（2）债务人以非金融资产清偿债务

债务人以单项或多项非金融资产（如固定资产、日常活动产出的商品或服务等）

清偿债务，或者以包括金融资产和非金融资产在内的多项资产清偿债务的，不需要区分资产处置损益和债务重组损益，也不需要区分不同资产的处置损益，而应将所清偿债务账面价值与转让资产账面价值之间的差额，计入"其他收益——债务重组收益"科目。偿债资产已计提减值准备的，应结转已计提的减值准备。

【例9-7】接【例9-2】，B公司应付A公司账款3 000 000元，2023年1月5日，双方达成的债务重组协议规定：A公司同意B公司用一项专利权抵偿该债务。该项专利权的账面余额为2 800 000元，累计摊销500 000元，已计提减值准备40 000元。1月20日，双方办理完成该项专利权转让手续。假设不考虑相关税费。

1月20日，B公司应进行的账务处理如下：

借：应付账款   3 000 000
  累计摊销   500 000
  无形资产减值准备   40 000
 贷：无形资产   2 800 000
   其他收益——债务重组收益   740 000

2. 债务人将债务转为权益工具

债务重组采用将债务转为权益工具方式进行的，当债务人初始确认权益工具时，应按照权益工具的公允价值计量，权益工具的公允价值不能可靠计量的，应当按照所清偿债务的公允价值计量。所清偿债务账面价值与权益工具确认金额之间的差额，计入"投资收益"科目。债务人因发行权益工具而支出的相关税费等，应当依次冲减资本溢价、盈余公积、未分配利润等。

【例9-8】B公司应付A公司账款3 000 000元，因B公司无法按期偿还债务而进行债务重组，双方约定，B公司以发行的股票800 000股清偿债务，该股票面值为1元/股，公允价值为3元/股。

B公司发行股票的公允价值为2 400 000元，与应付账款余额3 000 000元之间的差额600 000元应计入"投资收益"。

B公司应进行的账务处理如下：

借：应付账款   3 000 000
 贷：股本   800 000
   资本公积   1 600 000
   投资收益   600 000

3. 修改其他条款

债务重组采用修改其他条款方式进行的，如果修改其他条款导致债务终止确认，债务人应当按照公允价值计量重组债务，终止确认的债务账面价值与重组债务确认金额之间的差额，计入"投资收益"科目。

如果修改其他条款未导致债务终止确认，或者仅导致部分债务终止确认，对于未终止确认的部分债务，债务人应当根据其分类，继续以摊余成本、以公允价值计量且其变动计入当期损益或其他适当方法进行后续计量。

【例9-9】接【例9-4】，B公司应付A公司账款3 000 000元，因B公司无法按期偿还债务而进行债务重组，双方约定，A 公司免除 B 公司债务 500 000 元，剩余款项 2 500 000 元于一年后支付，并按市场利率计算利息。

B 公司应进行的账务处理如下：

借：应付账款 3 000 000

　　贷：应付账款——债务重组 2 500 000

　　　　投资收益 500 000

4. 组合方式

债务重组采用以资产清偿债务、将债务转为权益工具、修改其他条款等方式的组合方式进行的，对于权益工具，债务人应当在初始确认时按照权益工具的公允价值计量，权益工具的公允价值不能可靠计量的，应当按照所清偿债务的公允价值计量。对于修改其他条款形成的重组债务，债务人应当参照上述"修改其他条款"部分的内容，确认和计量重组债务。所清偿债务的账面价值与转让资产的账面价值以及权益工具和重组债务的确认金额之和的差额，计入"其他收益——债务重组收益"或"投资收益"（仅涉及金融工具时）科目。

【例 9-10】接【例 9-5】，B 公司应付 A 公司账款 3 000 000 元，2023 年 1 月 5 日：双方达成的债务重组协议规定：①B 公司以一项作为固定资产核算的房产抵债 1 200 000 元，该项房产账面原值 2 100 000 元，累计摊销 1 040 000 元，未计提减值准备；②B 公司发行股票 300 000 股，用于抵偿债务 900 000 元，股票面值 1 元/股，1 月 5 日收盘价 3 元/股；③免除 B 公司债务 400 000 元，将剩余债务 500 000 元延期一年支付，并按市场利率计算利息。1 月 20 日，双方完成房产过户和股票发行相关手续。假设不考虑相关税费。

1 月 20 日，B 公司应进行的账务处理如下：

借：固定资产清理 1 060 000

　　累计折旧 1 040 000

　　贷：固定资产 2 100 000

借：应付账款 3 000 000

　　贷：固定资产清理 1 060 000

　　　　股本 300 000

　　　　资本公积 600 000

　　　　应付账款——债务重组 500 000

　　　　其他收益——债务重组收益 540 000

9.3　债务重组的披露

1. 债权人应当在附注中披露与债务重组有关的信息

（1）根据债务重组方式，债权人应当分组披露债权账面价值和债务重组相关损益。分组时，债权人可以按照以资产清偿债务方式、将债务转为权益工具方式、修改其他条款方式、组合方式为标准分组，也可以根据重要性原则以更细化的标准分组。

（2）债权人应当披露债务重组导致的对联营企业或合营企业的权益性投资增加额，以及该投资占联营企业或合营企业股份总额的比例。

2. 债务人应当在附注中披露与债务重组有关的信息

（1）根据债务重组方式，债权人应当分组披露债务账面价值和债务重组相关损益。分组的标准与对债权人的要求类似。

（2）债权人应当披露债务重组导致的股本等所有者权益的增加额。

报表使用者可能关心与债务重组相关的其他信息，例如，债权人和债务人是否具有关联方关系等。

思考题

1. 什么是债务重组？
2. 债务重组的方式有哪些？
3. 债务重组中的债权和债务如何终止确认？
4. 债务重组中债权人如何进行会计处理？
5. 债务重组中债务人如何进行会计处理？

10 租赁会计核算

10.1 租赁概述

10.1.1 租赁的含义

租赁是指在一定期间内，出租人将资产的使用权让与承租人以获取对价的合同。租赁的主要特征是转移资产的使用权，而不是转移资产的所有权，并且这种转移是有偿的，取得使用权是以支付租金为代价的，从而使租赁有别于资产购置和不把资产的使用权从合同的一方转移给另一方的服务性合同，如劳务合同、运输合同、保管合同、仓储合同等，以及无偿提供使用权的借用合同。

10.1.2 租赁的识别、分拆和合并

1. 租赁的识别

在合同开始时，企业应当评估合同是否是租赁或者是否包含租赁。如果合同让渡了在一定期间控制一项或多项已识别资产使用的权利以换取对价，则该合同是租赁或者包含租赁。

为确定合同是否让渡了在一定期间控制已识别资产使用的权利，企业应当评估合同中的客户是否有权在该使用期间主导已识别资产的使用，并获得因使用已识别资产所产生的几乎全部经济利益。已识别资产通常由合同明确指定，也可以在资产可供客户使用时隐性指定。

存在下列情况之一的，可视为客户有权主导已识别资产的使用：①客户有权在使用期间主导已识别资产的使用目的和使用方式；②已识别资产的使用目的和使用方式在使用期开始前已预先确定，并且客户有权在整个使用期间自行或主导他人按照其确定的方式运营该资产，或者客户设计了已识别资产并在设计时已预先确定了该资产在整个使用期间的使用目的和使用方式。

一项合同要被分类为租赁，必须满足三要素：一是存在一定期间；二是存在已识别资产；三是资产供应方向客户转移对已识别资产使用权的控制。

除非合同条款发生变化，企业无须重新评估合同是否是租赁或者是否包含租赁。

2. 租赁的分拆

合同同时包含租赁和非租赁部分的，承租人和出租人应当将该合同包含的各租赁部分和非租赁部分进行分拆。其中，各租赁部分应当分别按照《企业会计准则第 21 号——

租赁》进行会计处理，非租赁部分应当按照其他适用的企业会计准则进行会计处理。

为简化处理，承租人可以按照租赁资产的类别选择是否分拆合同包含的租赁和非租赁部分。承租人选择不分拆的，应当将各租赁部分及与其相关的非租赁部分分别合并为租赁，并按照《企业会计准则第 21 号——租赁》进行会计处理。

对于满足《企业会计准则第 22 号——金融工具确认和计量》有关嵌入衍生工具分拆条件的非租赁部分，承租人不应将其与租赁部分合并进行会计处理。

在分拆合同包含的租赁和非租赁部分时，承租人应当按照各项租赁部分的单独价格及非租赁部分的单独价格之和的相对比例分摊合同对价，出租人应当根据《企业会计准则第 14 号——收入》中关于交易价格分摊的规定分摊合同对价。

3. 租赁的合并

企业与同一交易方或其关联方在同一时间或相近时间订立的两份或多份包含租赁的合同，在满足下列条件之一时，应当合并为一份合同进行会计处理：

（1）该两份或多份合同基于总体商业目的作为一揽子交易而订立，若不作为整体考虑就无法理解其总体商业目的；

（2）该两份或多份合同中的某份合同的对价金额取决于其他合同的定价或履约情况；

（3）该两份或多份合同让渡的控制租赁资产使用的权利构成一项单独租赁。

两份或多份合同合并为一份合同进行会计处理的，仍然需要区分该一份合同中的租赁部分和非租赁部分。

10.2　承租人的会计处理

10.2.1　租赁的确认和初始计量

1. 租赁的确认

在租赁期开始日，承租人应当对租赁确认使用权资产和租赁负债，进行简化处理的短期租赁和低价值资产租赁除外。

使用权资产，是指承租人可在租赁期内使用租赁资产的权利。租赁期开始日，是指出租人提供租赁资产使其可供承租人使用的日期。

租赁期是承租人有权使用租赁资产的不可撤销期间；承租人有权选择续租该资产且合理确定将行使该选择权的，租赁期应当包含续租选择权涵盖的期间；承租人有权选择终止租赁该资产，但合理确定将不会行使该选择权的，租赁期应当包含终止租赁选择权涵盖的期间。

发生承租人可控范围内的重大事件或变化，且影响承租人是否合理确定将行使相应选择权的，承租人应当对其是否合理确定将行使续租选择权、购买选择权或不行使终止租赁选择权进行重新评估。

【例 10-1】假设 2021 年 12 月 21 日，四川蓉兴公司与成都兴业公司签订了一份租赁合同。合同规定：

（1）租赁期开始日：2022 年 1 月 1 日；

（2）租赁期：2022 年 1 月 1 日—2024 年 12 月 31 日，共 3 年；

（3）租金支付：于每年年末支付 200 000 元；

（4）租赁期限届满后承租人可以每年 40 000 元的租金续租 2 年，即续租期为 2025 年 1 月 1 日—2026 年 12 月 31 日，估计租赁期届满时该项租赁资产每年的正常租金为 160 000 元。

根据上述资料，分析如下：

（1）合同规定的租赁期为 3 年；

（2）续租租金 40 000/正常租金 160 000×100%＝25%，可以合理确定承租人将来会续租。

因此，本例中的租赁期应为 5 年（3 年+2 年），即 2022 年 1 月 1 日—2026 年 12 月 31 日。

2．租赁的初始计量

（1）租赁负债的初始计量

租赁负债应当按照租赁期开始日尚未支付的租赁付款额的现值进行初始计量。

租赁付款额，是指承租人向出租人支付的与在租赁期内使用租赁资产的权利相关的款项，包括：

①固定付款额及实质固定付款额；存在租赁激励的，扣除租赁激励相关金额。

实质固定付款额，是指在形式上可能包含变量，但实质上无法避免的付款额。例如，付款额设定为可变租赁付款额，但该可变条款几乎不可能发生，没有真正的经济实质。

租赁激励，是指出租人为达成租赁向承租人提供的优惠，包括出租人向承租人支付的与租赁有关的款项、出租人为承租人偿付或承担的成本等。

②取决于指数或比率的可变租赁付款额。

可变租赁付款额，是指承租人为取得在租赁期内使用租赁资产的权利，向出租人支付的因租赁期开始日后的事实或情况发生变化（而非时间推移）而变动的款项。取决于指数或比率的可变租赁付款额包括与消费者价格指数挂钩的款项、与基准利率挂钩的款项和为反映市场租金费率变化而变动的款项等。此类可变租赁付款额应当根据租赁期开始日的指数或比率确定。除了取决于指数或比率的可变租赁付款额之外，其他可变租赁付款额均不纳入租赁负债的初始计量中。

③购买选择权的行权价格，前提是承租人合理确定将行使该选择权。

在租赁期开始日，承租人应评估是否合理确定将行使购买标的资产的选择权。在评估时，承租人应考虑对其行使或不行使购买选择权产生经济激励的所有相关事实和情况。如果承租人合理确定将行使购买标的资产的选择权，则租赁付款额中应包含购买选择权的行权价格。

④行使终止租赁选择权需支付的款项，前提是租赁期反映出承租人将行使终止租赁选择权。

在租赁期开始日，承租人应评估是否合理确定将行使终止租赁的选择权。在评估时，承租人应考虑对其行使或不行使终止租赁选择权产生经济激励的所有相关事实和情况。如果承租人合理确定将行使终止租赁选择权，则租赁付款额中应包含行使终止租赁选择权需支付的款项，并且租赁期不应包含终止租赁选择权涵盖的期间。

⑤根据承租人提供的担保余值预计应支付的款项。

担保余值，是指与出租人无关的一方向出租人提供担保，保证在租赁结束时租赁资产的价值至少为某指定的金额。如果承租人提供了对余值的担保，则租赁付款额应包含该担保下预计应支付的款项，它反映了承租人预计支付的金额，而不是承租人担保余值下的最大敞口。未担保余值，是指在租赁资产余值中，出租人无法保证能够实现或仅由与出租人有关的一方予以担保的部分。

在计算租赁付款额的现值时，承租人应当采用租赁内含利率作为折现率；无法确定租赁内含利率的，应当采用承租人增量借款利率作为折现率。承租人增量借款利率，是指承租人在类似经济环境下为获得与使用权资产价值接近的资产，在类似期间以类似抵押条件借入资金必须支付的利率。

（2）使用权资产的初始计量

使用权资产应当按照成本进行初始计量。该成本包括：

①租赁负债的初始计量金额。

②在租赁期开始日或之前支付的租赁付款额。存在租赁激励的，扣除租赁激励相关金额。

③承租人发生的初始直接费用。初始直接费用，是指为达成租赁所发生的增量成本。增量成本是指若企业不取得该租赁，则不会发生的成本。

④承租人为拆卸及移除租赁资产、复原租赁资产所在场地或将租赁资产恢复至租赁条款约定状态预计发生的成本。其中，属于为生产存货而发生的成本除外。

【例10-2】2020年12月21日，成都兴业公司与四川蓉兴公司签订了一份租赁合同，成都兴业公司向四川蓉兴公司租入塑钢机一台。合同主要条款如下：

（1）租赁标的物：塑钢机。

（2）起租日：2021年1月1日。

（3）租赁期：2021年1月1日—2023年12月31日，共36个月。

（4）租金支付：自2021年1月1日，每隔6个月于月末支付租金150 000元。

（5）该机器的保险、维护等费用均由成都兴业公司负担，估计每年约1 000元。

（6）该机器在2021年1月1日的公允价值为700 000元。

（7）成都兴业公司增量借款利率为7%（6个月利率）（出租方租赁内含利率未知）。

（8）成都兴业公司发生租赁初始直接费用为1 000元。

（9）该机器的估计使用年限为8年，已使用3年，期满无残值。承租人采用年限平均法计提折旧。

（10）租赁期届满时，成都兴业公司享有优惠购买该机器的选择权，购买价为100元，估计该日租赁资产的公允价值为80 000元。

（11）2022年和2023年两年，成都兴业公司每年按该机器所生产的产品——塑钢窗户的年销售收入的5%向四川蓉兴公司支付经营分享收入。

成都兴业公司在租赁期开始日的会计处理如下：

第一步，计算租赁付款额的现值，确定租赁资产入账价值

租赁付款额＝各期租金之和+购买选择权行权价格

$$= 150\ 000 \times 6 + 100$$

$$= 900\ 100（元）$$

计算现值的过程如下：

每期租金150 000元的年金现值 $= 150\ 000 \times \mathrm{PVIFA}_{7\%,6}$

优惠购买选择权行使价100元的复利现值 $= 100 \times \mathrm{PVIF}_{7\%,6}$

查表得知：

$\mathrm{PVIFA}_{7\%,6} = 4.767$

$\mathrm{PVIF}_{7\%,6} = 0.666$

现值合计 $= 150\ 000 \times 4.767 + 100 \times 0.666$

$$= 715\ 050 + 66.6$$

$$= 715\ 116.6（元）$$

即租赁负债的初始计量金额为715 116.6元。

第二步，计算未确认融资费用

未确认融资费用＝租赁付款额−租赁负债

$$= 900\ 100 - 715\ 116.6$$

$$= 184\ 983.4（元）$$

第三步，将初始直接费用1 000元计入使用权资产价值，则成都兴业公司融资租入资产的入账价值为715 116.6+1 000＝716 116.6（元）

第四步，会计分录如下：

2021年1月1日

借：使用权资产	716 116.6
租赁负债——未确认融资费用	184 983.4
贷：租赁负债——租赁付款额	900 100
银行存款	1 000

10.2.2　租赁的后续计量

1. 未确认融资费用的分摊

承租人向出租人支付的租金中，包含了本金和利息两部分。承租人支付租金时，一方面应减少租赁负债——租赁付款额，另一方面应同时将未确认的融资费用按一定的方法确认为当期融资费用。

按照租赁准则的规定，承租人应当按照固定的周期性利率计算租赁负债在租赁期间的利息费用，并计入当期损益。按照《企业会计准则第17号——借款费用》等其他准则规定应当计入相关资产成本的，从其规定。周期性利率，是指承租人对租赁负债进行初始计量时所采用的折现率，或者当租赁付款额发生变动或因租赁变更而需按照

修订后的折现率对租赁负债进行重新计量时，承租人所采用的修订后的折现率。

【例10-3】续【例10-2】，以下列示未确认融资费用分摊的处理。

在租赁期内采用实际利率法分摊未确认融资费用如表10-1所示。

表10-1　未确认融资费用分摊表（实际利率法）

2021年1月1日　　　　　　　　　　　　　　　　单位：元

日期	租金	确认的融资费用	应付本金减少额	应付本金额
①	②	③＝期初⑤×7%	④＝②-③	期末⑤＝期初⑤-④
2021年1月1日				715 116.6
2021年6月30日	150 000	50 058.16	99 941.84	615 174.76
2021年12月31日	150 000	43 062.23	106 937.77	508 237.00
2022年6月30日	150 000	35 576.59	114 423.41	393 813.59
2022年12月31日	150 000	27 566.95	122 433.05	271 380.54
2023年6月30日	150 000	18 996.64	131 003.36	140 377.17
2023年12月31日	150 000	9 722.83*	140 277.17*	100.00
2023年12月31日	100			
合计	900 100	184 983.40	715 016.60	

注：* 做尾数调整：9 722.83=150 000-140 377.17+100；140 277.17=140 377.17-100。

编制会计分录如下：

2021年6月30日，支付第一期租金

借：租赁负债——租赁付款额　　　　　　　　　　　　　　　　　150 000

　　贷：银行存款　　　　　　　　　　　　　　　　　　　　　　　　150 000

借：财务费用　　　　　　　　　　　　　　　　　　　　　　　50 058.16

　　贷：租赁负债——未确认融资费用　　　　　　　　　　　　　　　50 058.16

2021年12月31日，支付第二期租金

借：租赁负债——租赁付款额　　　　　　　　　　　　　　　　　150 000

　　贷：银行存款　　　　　　　　　　　　　　　　　　　　　　　　150 000

借：财务费用　　　　　　　　　　　　　　　　　　　　　　　43 062.23

　　贷：租赁负债——未确认融资费用　　　　　　　　　　　　　　　43 062.23

2022年6月30日，支付第三期租金

借：租赁负债——租赁付款额　　　　　　　　　　　　　　　　　150 000

　　贷：银行存款　　　　　　　　　　　　　　　　　　　　　　　　150 000

借：财务费用　　　　　　　　　　　　　　　　　　　　　　　35 576.59

　　贷：租赁负债——未确认融资费用　　　　　　　　　　　　　　　35 576.59

2022年12月31日，支付第四期租金

借：租赁负债——租赁付款额　　　　　　　　　　　　　　　　　150 000

　　贷：银行存款　　　　　　　　　　　　　　　　　　　　　　　　150 000

借：财务费用   27 566.95

 贷：租赁负债——未确认融资费用   27 566.95

2023 年 6 月 30 日，支付第五期租金

借：租赁负债——租赁付款额   150 000

 贷：银行存款   150 000

借：财务费用   18 996.64

 贷：租赁负债——未确认融资费用   18 996.64

2023 年 12 月 31 日，支付第六期租金

借：租赁负债——租赁付款额   150 000

 贷：银行存款   150 000

借：财务费用   9 722.83

 贷：租赁负债——未确认融资费用   9 722.83

2. 使用权资产的折旧

承租人应对租赁资产计提折旧。

（1）折旧政策

承租人应当参照《企业会计准则第 4 号——固定资产》有关折旧规定，自租赁期开始日起对使用权资产计提折旧。使用权资产通常应自租赁期开始的当月计提折旧，当月计提确有困难的，为便于实务操作，企业也可以选择自租赁期开始的下月计提折旧，但应对同类使用权资产采取相同的折旧政策。计提的折旧金额应根据使用权资产的用途，计入相关资产的成本或者当期损益。

承租人在确定使用权资产的折旧方法时，应当根据与使用权资产有关的经济利益的预期实现方式做出决定。通常，承租人按直线法对使用权资产计提折旧，其他折旧方法更能反映使用权资产有关经济利益预期实现方式的，应采用其他折旧方法。

（2）折旧期间

承租人在确定使用权资产的折旧年限时，应遵循以下原则：承租人能够合理确定租赁期届满时取得租赁资产所有权的，应当在租赁资产剩余使用寿命期内计提折旧；承租人无法合理确定租赁期届满时能够取得租赁资产所有权的，应当在租赁期与租赁资产剩余使用寿命两者孰短的期间内计提折旧。如果使用权资产的剩余使用寿命短于前两者，则应在使用权资产的剩余使用寿命期内计提折旧。

【例 10-4】续【例 10-2】，下面列示租赁资产折旧的处理。

租赁资产折旧计算如表 10-2 所示。

表 10-2 租赁资产折旧计算表（年限平均法）
2021 年 1 月 1 日

日期	固定资产原价/元	估计余值/元	折旧率*/%	当年折旧费/元	累计折旧/元	固定资产净值/元
2021 年 1 月 1 日	716 116.6					716 116.6
2021 年 12 月 31 日			20	143 223.32	143 223.32	572 893.28

表10-2(续)

日期	固定资产原价/元	估计余值/元	折旧率*/%	当年折旧费/元	累计折旧/元	固定资产净值/元
2022 年 12 月 31 日			20	143 223.32	286 446.64	429 669.96
2023 年 12 月 31 日			20	143 223.32	429 669.96	286 446.64
2024 年 12 月 31 日			20	143 223.32	572 893.28	143 223.32
2025 年 12 月 31 日			20	143 223.32	716 116.6	0
合计		0	100	716 116.6		

注：* 是指在租赁开始日（2021 年 1 月 1 日）可以合理地确定租赁期届满后承租人能够取得该资产的所有权，因此在采用年限平均法计提折旧时，应按租赁期开始日租赁资产寿命 5 年（估计使用年限 8 年减去已使用年限 3 年）计提折旧。

编制会计分录如下：

2021 年 12 月 31 日，计提本年折旧（假定按年计提折旧）

借：制造费用——折旧费　　　　　　　　　　　　　143 223.32

　　贷：使用权资产累计折旧　　　　　　　　　　　　　　143 223.32

2022—2025 年各年分录同上。

3. 使用权资产的减值

在租赁期开始日后，承租人应当按照《企业会计准则第 8 号——资产减值》的规定，确定使用权资产是否发生减值，并对已识别的减值损失进行会计处理。使用权资产发生减值的，按应减记的金额，借记"资产减值损失"科目，贷记"使用权资产减值准备"科目。使用权资产减值准备一旦计提，不得转回。承租人应当按照扣除减值损失之后的使用权资产的账面价值，进行后续折旧。

【例 10-5】承租人甲公司签订了一份为期 10 年的机器租赁合同，用于甲公司生产经营。相关使用权资产的初始账面价值为 100 000 元，按直线法在 10 年内计提折旧，年折旧费为 10 000 元。在第 5 年年末，确认该使用权资产发生的减值损失为 20 000 元，计入当期损益。该使用权资产在减值前账面价值为 50 000 元（100 000×5/10）。计提减值损失之后，该使用权资产的账面价值减至 30 000 元（50 000-20 000），之后每年的折旧费也相应减至 6 000 元（30 000/5）。

4. 可变租赁付款额的会计处理

可变租赁付款额（取决于指数或比率的除外）应当在实际发生时计入当期损益。按照《企业会计准则第 1 号——存货》等其他准则规定应当计入相关资产成本的，从其规定。

【例 10-6】续【例 10-2】，假设 2022 年、2023 年成都兴业公司分别实现塑钢窗户销售收入 100 000 元和 150 000 元，根据租赁合同规定，这两年应支付给四川蓉兴公司经营分享收入分别为 5 000 元和 7 500 元。相应的会计分录为：

2022 年 12 月 31 日

借：销售费用　　　　　　　　　　　　　　　　　　　5 000

　　贷：其他应付款——成都兴业公司　　　　　　　　　　　5 000

2023 年 12 月 31 日

借：销售费用   7 500

  贷：其他应付款——成都兴业公司   7 500

5. 租赁期届满时的会计处理

租赁期届满时，承租人对租赁资产的处理通常有三种情况：返还、优惠续租和留购。

（1）返还租赁资产

租赁期届满，承租人向出租人返还租赁资产时，通常借记"租赁负债——租赁付款额""使用权资产累计折旧"科目，贷记"使用权资产"科目。

（2）优惠续租租赁资产

承租人行使优惠续租选择权，应视同该项租赁一直存在而做出相应的账务处理。如果租赁期届满时没有续租，根据租赁合同规定须向出租人支付违约金时，借记"营业外支出"科目，贷记"银行存款"等科目。

（3）留购租赁资产

在承租人享有优惠购买选择权的情况下，支付购买价款时，借记"租赁负债——租赁付款额"科目，贷记"银行存款"等科目；同时，将租赁资产从"使用权资产""使用权资产累计折旧"等科目分别转入"固定资产""累计折旧"等科目。

【例 10-7】续【例 10-2】，假设 2023 年 12 月 31 日，成都兴业公司向四川蓉兴公司支付购买价款 100 元。会计分录为：

借：租赁负债——租赁付款额   100

  贷：银行存款   100

借：固定资产——塑钢机   701 000

  贷：使用权资产   701 000

借：使用权资产累计折旧   429 669.96

  贷：累计折旧   429 669.96

10.2.3 短期租赁和低价值资产租赁的会计处理

1. 含义

短期租赁，是指在租赁期开始日，租赁期不超过 12 个月的租赁。其中，包含购买选择权的租赁不属于短期租赁。

低价值资产租赁，是指单项租赁资产为全新资产时价值较低的租赁。承租人在判断是否是低价值资产租赁时，应基于租赁资产的全新状态下的价值进行评估，不应考虑资产已被使用的年限。

低价值资产还应当符合下列条件：①承租人可从单独使用该资产或将其与易于获得的其他资源一起使用中获利；②该资产与其他租赁资产不存在高度依赖或高度关联关系。

低价值资产租赁的标准应该是一个绝对金额，即仅与资产全新状态下的绝对价值有关，不受承租人规模、性质等影响，也不考虑该资产对于承租人或相关租赁交易的重要性。常见的低价值资产的例子包括平板电脑、普通办公家具、电话等小型资产。

但是，如果承租人已经或者预期要把相关资产进行转租赁，则不能将原租赁按照低价值资产租赁进行简化会计处理。

值得注意的是，符合低价值资产租赁的，也并不代表承租人若采取购入方式取得该资产时，该资产不符合固定资产确认条件。

2. 会计处理

对于短期租赁和低价值资产租赁，承租人可以选择不确认使用权资产和租赁负债。做出该选择的，承租人应当将短期租赁和低价值资产租赁的租赁付款额，在租赁期间按照直线法或其他系统合理的方法计入相关资产成本或当期损益。其他系统合理的方法能够更好地反映承租人的受益模式的，承租人应当采用该方法。

需要注意的是，对于短期租赁，承租人应当按照租赁资产的类别进行会计处理选择。对于低价值资产租赁，承租人可根据每项租赁的具体情况进行会计处理选择。

【例10-8】2021年1月1日，成都兴业公司向四川蓉兴公司租入办公设备一台，租期为3年。该设备价值为40 000元，预计使用年限为10年。租赁合同规定，租赁开始日（2021年1月1日），成都兴业公司向四川蓉兴公司一次性预付租金3 000元，第一年年末支付租金5 000元，第二年年末支付租金5 000元，第三年年末支付租金5 000元。租赁期届满后四川蓉兴公司收回设备，三年的租金总额为18 000元（假定成都兴业公司和四川蓉兴公司均在年末确认租金费用和租金收入，并且不存在租金逾期支付的情况）。

分析：此项租赁设备价值较低，企业选择短期租赁会计处理方式。确认租金费用时，承租人不能依据各期实际支付的租金金额确定，而应采用直线法分摊确认各期的租金费用。此项租赁租金费用总额为18 000元，按直线法计算，每年应分摊的租金费用为6 000元。账务处理如下：

2021年1月1日

借：长期待摊费用	2 000
贷：银行存款	2 000

2021年12月31日

借：管理费用	6 000
贷：长期待摊费用	1 000
银行存款	5 000

2022年12月31日

借：管理费用	6 000
贷：长期待摊费用	1 000
银行存款	5 000

2023年12月31日

借：管理费用	6 000
贷：长期待摊费用	1 000
银行存款	5 000

10.3 出租人的会计处理

10.3.1 出租人对租赁的分类

出租人应当在租赁开始日将租赁分为融资租赁和经营租赁。租赁开始日，是指租赁合同签署日与租赁各方就主要租赁条款做出承诺日中的较早者。租赁开始日可能早于租赁期开始日，也可能与租赁期开始日重合。

融资租赁，是指实质上转移了与租赁资产所有权有关的几乎全部风险和报酬的租赁。其所有权最终可能转移，也可能不转移。经营租赁，是指除融资租赁以外的其他租赁。

一项租赁属于融资租赁还是经营租赁取决于交易的实质，而不是合同的形式。如果一项租赁实质上转移了与租赁资产所有权有关的几乎全部风险和报酬，出租人应当将该项租赁分类为融资租赁。

一项租赁存在下列一种或多种情形的，通常分类为融资租赁：

（1）在租赁期届满时，租赁资产的所有权转移给承租人。即如果在租赁协议中已经约定，或者根据其他条件在租赁开始日就可以合理地判断，租赁期届满时出租人会将资产的所有权转移给承租人，那么该项租赁通常分类为融资租赁。

（2）承租人有购买租赁资产的选择权，所订立的购买价款与预计行使选择权时租赁资产的公允价值相比足够低，因而在租赁开始日就可以合理确定承租人将行使该选择权。

例如，出租人和承租人签订了一项租赁协议，租赁期限为 5 年，租赁期届满时承租人有权以 20 000 元的价格购买租赁资产，在签订租赁协议时估计该租赁资产租赁期届满时的公允价值为 80 000 元，由于购买价格仅为公允价值的 25%（远低于公允价值 80 000 元），如果没有特别的情况，承租人在租赁期届满时将会购买该项资产。在这种情况下，在租赁开始日即可判断该项租赁应当为融资租赁。

（3）资产的所有权虽然不转移，但租赁期占租赁资产使用寿命的大部分。这里的"大部分"一般指租赁期占租赁开始日租赁资产使用寿命的 75% 以上（含 75%，下同）。需要说明的是，这里的量化标准只是指导性标准，企业在具体运用时，必须以准则规定的相关条件进行综合判断。这条标准强调的是租赁期占租赁资产使用寿命的比例，而非租赁期占该项资产全部可使用年限的比例。如果租赁资产是旧资产，在租赁前已使用年限超过资产自全新时起算可使用年限的 75% 以上时，则这条判断标准不适用，不能使用这条标准确定租赁的分类。

例如，某项租赁设备全新时可使用年限为 10 年，已经使用了 4 年，从第 5 年开始租出，租赁期为 5 年，由于租赁开始时该设备使用寿命为 6 年，租赁期占使用寿命的 83.33%（5 年/6 年），符合第（3）条标准，因此，该项租赁应当归类为融资租赁；如果从第 5 年开始，租赁期为 3 年，租赁期占使用寿命的 50%，就不符合第（3）条标准，因此该项租赁不应认定为融资租赁（假定也不符合其他判断标准）。假如该项设备已经使用了8年，从第9年开始租赁，租赁期为2年，此时，该设备使用寿命为2年，虽然租赁期为使用寿命的100%（2年/2年×100%），但由于在租赁前该设备的已使用年限超过了可使用年限（10年）的75%（8年/10年×100%=80%>75%），因此，也不能采用这条标准对租赁进行分类。

（4）在租赁开始日，租赁收款额的现值几乎相当于租赁资产的公允价值。这里的"几乎相当于"，通常掌握在90%以上。需要说明的是，这里的量化标准只是指导性标准，企业在具体运用时，必须以准则规定的相关条件进行综合判断。

（5）租赁资产性质特殊，如果不做较大改造，只有承租人才能使用。这条标准是指租赁资产是由出租人根据承租人对资产型号、规格等方面的特殊要求专门购买或建造的，具有专购、专用性质。这些租赁资产如果不做较大的重新改制，其他企业通常难以使用。在这种情况下，通常也分类为融资租赁。

一项租赁存在下列一种或多种情形的，也可能分类为融资租赁：

（1）若承租人撤销租赁，撤销租赁对出租人造成的损失由承租人承担；

（2）资产余值的公允价值波动所产生的利得或损失归属于承租人；

（3）承租人有能力以远低于市场水平的租金继续租赁至下一期间。

值得注意的是，出租人判断租赁类型时，上述情形并非总是决定性的，而是应综合考虑经济激励的有利方面和不利方面。若有其他特征充分表明，租赁实质上没有转移与租赁资产所有权相关的几乎全部风险和报酬，则该租赁应分类为经营租赁。例如，若租赁资产的所有权在租赁期结束时，是以相当于届时其公允价值的可变付款额转让至承租人，或者因存在可变租赁付款额导致出租人实质上没有转移几乎全部风险和报酬，就可能出现这种情况。

10.3.2　出租人对融资租赁的会计处理

1. 租赁期开始日的处理

在租赁期开始日，出租人应当将租赁投资净额作为应收融资租赁款的入账价值，并终止确认融资租赁资产。

租赁投资净额为未担保余值和租赁期开始日尚未收到的租赁收款额，按照租赁内含利率折现的现值之和。租赁内含利率，是指使出租人的租赁收款额的现值与未担保余值的现值之和（租赁投资净额）等于租赁资产公允价值与出租人的初始直接费用之和的利率。因此，出租人发生的初始直接费用包括在租赁投资净额中，也包括在应收融资租赁款的初始入账价值中。

租赁收款额，是指出租人因让渡在租赁期内使用租赁资产的权利而应向承租人收取的款项，包括：

（1）承租人需支付的固定付款额及实质固定付款额。存在租赁激励的，应当扣除租赁激励相关金额。

（2）取决于指数或比率的可变租赁付款额。该款项在初始计量时根据租赁期开始日的指数或比率确定。

（3）购买选择权的行权价格，前提是合理确定承租人将行使该选择权。

（4）承租人行使终止租赁选择权需支付的款项，前提是租赁期反映出承租人将行使终止租赁选择权。

（5）由承租人、与承租人有关的一方以及有经济能力履行担保义务的独立第三方向出租人提供的担保余值。

【例10-9】续【例10-2】，假设融资租赁固定资产账面价值为710 000元（等于公允价值）。出租人（四川蓉兴公司）为签订该项租赁合同发生初始直接费用10 000元，已用银行存款支付。以下说明四川蓉兴公司的会计处理。

第一步，判断租赁类型

本例存在优惠购买选择权，优惠购买价100元远远小于行使选择权日租赁资产的公允价值80 000元，因此在2020年12月21日就可合理确定成都兴业公司将会行使这种选择权，符合第（2）条判断标准，因此这项租赁应认定为融资租赁。

第二步，计算租赁内含利率

租赁收款额＝租金×期数＋购买选择权行权价格

$$= 150\ 000 \times 6 + 100$$
$$= 900\ 100\ （元）$$

因此有150 000×PVIFA$_{r,6}$＋100×PVIF$_{r,6}$＝710 000（元）（租赁资产的公允价值＋初始直接费用）。

根据这一等式，可在多次测试的基础上，用逐次测试法计算租赁内含利率。

当r＝7%时，150 000×4.767＋100×0.666＝715 050＋66.6＝715 116.6（元）＞710 000（元）

当r＝8%时，150 000×4.623＋100×0.630＝693 450＋63＝693 513（元）＜710 000（元）

因此，7%＜r＜8%。用插值法计算如下：

现值	利率
715 116.6	7%
710 000	r
693 513	8%

（715 116.6－710 000）/（715 116.6－693 513）＝（7%－r）/（7%－8%）

r＝（21 603.6×7%＋5 116.6×1%）÷21 603.6×100%＝7.24%

即租赁内含利率为7.24%。

第三步，计算租赁开始日租赁收款额及其现值和未实现融资收益

租赁收款额＝租赁付款额＝150 000×6＋100＝900 100（元）

租赁收款额现值＝租赁开始日租赁资产公允价值＋初始直接费用

$$= 710\ 000\ （元）$$

未实现融资收益＝900 100－710 000

$$= 190\ 100\ （元）$$

第四步，会计分录如下：

2021 年 1 月 1 日

借：应收融资租赁款——租赁收款额 900 100

　　贷：银行存款 10 000

　　　　融资租赁资产 700 000

　　　　应收融资租赁款——未实现融资收益 190 100

2. 未实现融资收益的分配

根据租赁准则的规定，未实现融资收益应当在租赁期间进行分配，确认为各期的租赁收入。分配时，出租人应当按照固定的周期性利率计算当期应当确认的租赁收入。出租人每期收到租金时，按收到的租金金额，借记"银行存款"科目，贷记"应收融资租赁款——租赁收款额"科目。同时，每期确认租赁收入时，借记"应收融资租赁款——未实现融资收益"科目，贷记"租赁收入"等科目。

【例 10-10】续【例 10-2】，说明出租人对未实现融资租赁收益的处理。

第一步，计算租赁期内各期应分摊的融资收益如表 10-3 所示。

表 10-3　未确认融资收益分配表（实际利率法）

2020 年 12 月 31 日　　　　　　　　　　　　　　　　　单位：元

日期	租金	确认的融资收入	租赁投资净额减少额	租赁投资净额余额
①	②	③=期初⑤×7.24%	④=②-③	期末⑤=期初⑤-④
2021 年 1 月 1 日				710 000.00
2021 年 6 月 30 日	150 000	51 404.00	98 596.00	611 404.00
2021 年 12 月 31 日	150 000	44 265.65	105 734.35	505 669.65
2022 年 6 月 30 日	150 000	36 610.48	113 389.52	392 280.13
2022 年 12 月 31 日	150 000	28 401.08	121 598.92	270 681.21
2023 年 6 月 30 日	150 000	19 597.32	130 402.68	140 278.53
2023 年 12 月 31 日	150 000	9 821.47*	140 178.53*	100.00
2023 年 12 月 31 日	100		100.00	0
合计	900 100	190 100.00	710 000.00	

注：* 做尾数调整：9 821.47＝150 000-140 178.53；140 178.53＝140 278.53-100.00。

第二步，编制会计分录如下：

2021 年 6 月 30 日，收到第一期租金

借：银行存款 150 000

　　贷：应收融资租赁款——租赁收款额 150 000

借：应收融资租赁款——未实现融资收益 51 404

　　贷：租赁收入 51 404

2021 年 12 月 31 日，收到第二期租金

借：银行存款 150 000

贷：应收融资租赁款——租赁收款额		150 000
借：应收融资租赁款——未实现融资收益	44 265.65	
贷：租赁收入		44 265.65

2022 年 6 月 30 日，收到第三期租金

借：银行存款	150 000	
贷：应收融资租赁款——租赁收款额		150 000
借：应收融资租赁款——未实现融资收益	36 610.48	
贷：租赁收入		36 610.48

2022 年 12 月 31 日，收到第四期租金

借：银行存款	150 000	
贷：应收融资租赁款——租赁收款额		150 000
借：应收融资租赁款——未实现融资收益	28 401.08	
贷：租赁收入		28 401.08

2023 年 6 月 30 日，收到第五期租金

借：银行存款	150 000	
贷：应收融资租赁款——租赁收款额		150 000
借：应收融资租赁款——未实现融资收益	19 597.32	
贷：租赁收入		19 597.32

2023 年 12 月 31 日，收到第六期租金

借：银行存款	150 000	
贷：应收融资租赁款——租赁收款额		150 000
借：应收融资租赁款——未实现融资收益	9 821.47	
贷：租赁收入		9 821.47

3. 可变租赁付款额的处理

出租人取得的可变租赁付款额应当在实际发生时计入当期损益，取决于指数或比率的可变租赁付款额除外。

【例 10-11】续【例 10-2】，假设 2022 年和 2023 年，成都兴业公司分别实现塑钢窗户年销售收入 100 000 和 150 000 元。根据租赁合同的规定，两年应向成都兴业公司收取的经营分享收入分别为 5 000 元和 7 500 元。会计分录为：

2022 年

借：银行存款（或应收账款）	5 000	
贷：租赁收入		5 000

2023 年

借：银行存款（或应收账款）	7 500	
贷：租赁收入		7 500

4. 租赁期届满时的处理

租赁期届满时出租人应区别以下情况进行会计处理：

（1）出租人收回租赁资产

出租人收到承租人交还的租赁资产时，应当借记"融资租赁资产"等科目，贷记"应收融资租赁款——租赁收款额""应收融资租赁款——未担保余值"等科目。

（2）优惠续租租赁资产

①如果承租人行使优惠续租选择权，则出租人应视同该项租赁一直存在而做出相应的账务处理，如继续分配未实现融资收益等。

②如果租赁期届满时承租人未按租赁合同规定续租，出租人应向承租人收取违约金，并将其确认为营业外收入。同时，将收回的租赁资产按上述规定进行处理。

（3）出租人出售租赁资产

租赁期届满时，承租人行使了优惠购买选择权。出租人应按收到的承租人支付的购买资产的价款，借记"银行存款"等科目，贷记"应收融资租赁款——租赁收款额"科目。

【例10-12】续【例10-2】，假设2023年12月31日，四川蓉兴公司收到成都兴业公司支付的购买资产的价款100元。会计分录为：

借：银行存款　　　　　　　　　　　　　　　　　　　　　　　100

　　贷：应收融资租赁款——租赁收款额　　　　　　　　　　　　　100

10.3.3　出租人对经营租赁的会计处理

在经营租赁下，与租赁资产所有权有关的风险和报酬并没有实质上转移给承租人，出租人对经营租赁的会计处理也比较简单，主要问题是解决应收的租金与确认为当期收入之间的关系、经营租赁资产折旧的计提。在经营租赁下，租赁资产的所有权始终归出租人所有，因此出租人仍应按自有资产的处理方法，将租赁资产反映在资产负债表上。如果经营租赁资产属于固定资产，应当采用出租人对类似应折旧资产通常所采用的折旧政策计提折旧；否则，应当采用合理的方法进行摊销。

1. 租金的会计处理

在一般情况下，出租人应采用直线法将收到的租金在租赁期内确认为收益，但在某些特殊情况下，则应采用比直线法更系统合理的方法。出租人应当根据应确认的收益，借记"银行存款"等科目，贷记"租赁收入""其他业务收入"等科目。

2. 初始直接费用的会计处理

经营租赁中出租人发生的初始直接费用，是指在租赁谈判和签订租赁合同的过程中发生的可归属于租赁项目的手续费、律师费、差旅费、印花税等，应当计入当期损益。金额较大的应当资本化，在整个经营租赁期内按照与确认租金收入相同的基础分期计入当期损益。

3. 租赁资产折旧的计提

对于经营租赁资产中的固定资产，应当采用出租人对类似应折旧资产通常所采用的折旧政策计提折旧。

4. 可变租赁付款额的会计处理

出租人取得的与经营租赁有关的可变租赁付款额，应当在实际发生时计入当期损益。

5. 出租人对经营租赁提供激励措施的会计处理

在某些情况下，出租人可能对经营租赁提供激励措施，如免租期、承担承租人某些费用等。在出租人提供了免租期的情况下，应将租金总额分配到整个租赁期内，而不是在租赁期扣除免租期后的期间内按直线法或其他合理的方法进行分配，免租期内应确认租赁收入；在出租人承担了承租人的某些费用的情况下，应将该费用从租金总额中扣除，并将租金余额在租赁期内进行分配。

其会计处理为：确认各期租金收入时，借记"应收账款"或"其他应收款"等科目，贷记"租赁收入"科目。实际收到租金时，借记"银行存款"等科目，贷记"应收账款"或"其他应收款"等科目。

6. 经营租赁资产在财务报表中的会计处理

在经营租赁下，与资产所有权有关的主要风险和报酬仍然留在出租人一方，因此出租人应当将出租资产作为自身拥有的资产在资产负债表中列示，如果出租资产属于固定资产，则列在资产负债表固定资产项下，如果出租资产属于流动资产，则列在资产负债表有关流动资产项下。

【例 10-13】续【例 10-8】。

分析：此项租赁没有满足融资租赁的任何一条标准，出租人应作为经营租赁处理。确认租金收入时，承租人（四川蓉兴公司）不能依据各期实际收到的租金金额确定，而应采用直线法分配确认各期的租赁收入。此项租赁租金收入总额为 18 000 元，按直线法计算，每年应分配的租金收入为 6 000 元。

四川蓉兴公司相应的账务处理为：

2021 年 1 月 1 日：

借：银行存款	3 000	
贷：应收账款		3 000

2021 年 12 月 31 日：

借：银行存款	5 000	
应收账款	1 000	
贷：租赁收入		6 000

2022 年 12 月 31 日：

借：银行存款	5 000	
应收账款	1 000	
贷：租赁收入		6 000

2023 年 12 月 31 日：

借：银行存款	5 000	
应收账款	1 000	
贷：租赁收入		6 000

思考题

1. 什么是租赁？
2. 什么是融资租赁？认定融资租赁的参考标准有哪些？
3. 承租人如何对租赁进行会计处理？
4. 承租人如何对短期租赁和低价值租赁进行会计处理？
5. 出租人如何对融资租赁进行会计处理？
6. 出租人如何对经营租赁进行会计处理？

11　股份支付核算

11.1　股份支付概述

企业向其雇员支付期权作为薪酬或奖励措施的行为，是目前具有代表性的股份支付交易，我国部分企业目前实施的职工期权激励计划即属于这一范畴。2005 年 12 月 31 日，中国证监会发布了《上市公司股权激励管理办法（试行）》；2006 年 9 月 30 日，国务院国有资产监督管理委员会和财政部发布了《国有控股上市公司（境内）实施股权激励试行办法》。这些法规的出台，为企业实施股权激励创造了条件。《企业会计准则第 11 号——股份支付》（以下简称"股份支付准则"）规范了企业按规定实施的职工期权激励计划的会计处理和相关信息披露要求。

11.1.1　股份支付的含义及特征

1. 股份支付的含义

股份支付，是指企业为获取职工和其他方提供服务而授予权益工具或者承担以权益工具为基础确定的负债的交易。

股份支付准则所指的权益工具是指企业自身的权益工具，包括企业本身、企业的母公司或同集团其他会计主体的权益工具。

2. 股份支付的特征

（1）股份支付是企业与职工或其他方之间发生的交易

以股份为基础的支付可能发生在企业与股东之间、合并交易中的合并方与被合并方之间或者企业与其职工之间，只有发生在企业与其职工或向企业提供服务的其他方之间的交易，才可能符合股份支付的定义。

（2）股份支付是以获取职工或其他方服务为目的的交易

企业在股份支付交易中意在获取其职工或其他方提供的服务（费用）或取得这些服务的权利（资产）。企业获取这些服务或权利的目的是更好地从事生产经营，而不是转手获利等。

（3）股份支付交易的对价或其定价与企业自身权益工具未来的价值密切相关

股份支付交易与企业与其职工间其他类型交易的最大不同，是交易对价或其定价与企业自身权益工具未来的价值密切相关。在股份支付中，企业要么向职工支付其自身权益工具，要么向职工支付一笔取决于结算时企业自身权益工具的公允价值的现金。

11.1.2　股份支付的四个环节

以薪酬性股票期权为例，典型的股份支付通常涉及授予、可行权、行权和出售四个主要环节。这四个环节如图 11-1 所示。

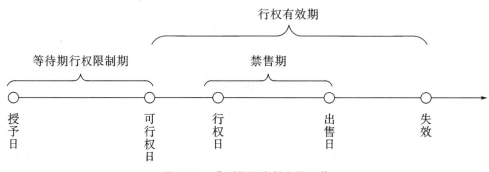

图 11-1　典型股份支付交易环节

1. 授予日

授予日是指股份支付协议获得批准的日期。其中"获得批准"，是指企业与职工或其他方就股份支付的协议条款和条件已达成一致，该协议获得股东大会或类似机构的批准。这里的"达成一致"是指，在双方对该计划或协议内容充分形成一致理解的基础上，均正式接受其条款和条件。如果按照相关法规的规定，在提交股东大会或类似机构之前存在必要程序或要求，则应首先履行该程序或满足该要求。

2. 可行权日

可行权日是指可行权条件得到满足，职工或其他方具有从企业获得权益工具或现金权利的日期。只有已经可行权的股票期权，才是职工真正拥有的"财产"，才能去择机行权。从授予日至可行权日的时段，是可行权条件得到满足的期间，因此称为"等待期"，又称"行权限制期"。

3. 行权日

行权日是指职工和其他方行使权利，获取现金或权益工具的日期。例如，持有股票期权的职工行使了以特定价格购买一定数量本公司股票的权利，该日期即为行权日。行权是按期权的约定价格实际购买股票，一般是在可行权日之后到期权到期日之前的可选择时段内行权。

4. 出售日

出售日是指股票的持有人将行使期权所取得的期权股票出售的日期。按照我国法规规定，用于期权激励的股份支付协议，应在行权日与出售日之间设立禁售期，其中国有控股上市公司的禁售期不得低于两年。

11.1.3　股份支付工具的主要类型

1. 以权益结算的股份支付

以权益结算的股份支付，是指企业为获取服务而以股份或其他权益工具作为对价进行结算的交易。

以权益结算的股份支付最常用的工具有两类：限制性股票和股票期权。

限制性股票是指职工或其他方按照股份支付协议规定的条款和条件，从企业获得一定数量的本企业股票。在实务中，企业可以通过定向增发或由股东受让等方式使职工获得限制性股票。

股票期权是指企业授予职工或其他方在未来一定期限内以预先确定的价格和条件购买本企业一定数量股票的权利。股票期权实质上是一种向激励对象定向发行的认购权证。目前，多数上市公司的股权激励方案采用股票期权方式。

2. 以现金结算的股份支付

以现金结算的股份支付，是指企业为获取服务而承担的以股份或其他权益工具为基础计算的交付现金或其他资产的义务的交易。例如，某公司规定服务满三年的管理人员可以获得 100 份现金股票增值权，即根据股价的增长幅度可以行权获得现金。这种行为就是以现金结算的股份支付。

以现金结算的股份支付最常用的工具有两类：模拟股票和现金股票增值权。

现金股票增值权和模拟股票，是用现金支付模拟的股权激励机制，即与股票挂钩，但用现金支付。除无须实际授予股票和持有股票之外，模拟股票的运作原理与限制性股票是一样的。除无须实际行权和持有股票之外，现金股票增值权的运作原理与股票期权是一样的，都是一种增值权形式的与股票价值挂钩的薪酬工具。

本章着重讲解企业对职工以权益结算的股份支付和以现金结算的股份支付的确认、计量及其在会计实务中的应用等问题。

11.2 股份支付的确认和计量

11.2.1 股份支付的确认和计量原则

1. 权益结算的股份支付

以权益结算的股份支付，是指企业为获取服务而以股份或其他权益工具作为对价进行结算的交易。

（1）换取职工服务的权益结算的股份支付

对于换取职工服务的股份支付，企业应当以股份支付所授予的权益工具的公允价值计量。企业应在等待期内的每个资产负债表日，以对可行权权益工具数量的最佳估计为基础，按照权益工具在授予日的公允价值，将当期取得的服务计入相关资产成本或当期费用，同时计入资本公积中的其他资本公积。

对于授予后立即可行权的换取职工提供服务的权益结算的股份支付（例如授予限制性股票的股份支付），企业应在授予日按照权益工具的公允价值，将取得的服务计入相关资产成本或当期费用，同时计入资本公积。

（2）换取其他方服务的权益结算的股份支付

换取其他方服务的权益结算的股份支付，是指企业以自身权益工具换取职工以外其他有关方面为企业提供的服务。在某些情况下，这些服务可能难以辨认。但仍会有迹象表明企业是否取得了该服务，企业应当按照股份支付准则处理。对于换取其他方服务的股份支付，企业应当以股份支付所换取的服务的公允价值计量。一般而言，职工以外的其他方提供的服务能够可靠计量的，应当优先采用其他方提供服务在取得日的公允价值；其他方提供的服务的公允价值不能可靠计量，但权益工具的公允价值能够可靠计量的，应当按照权益工具在服务取得日的公允价值计量。企业应当根据所确定的公允价值将其计入相关资产成本或费用。

（3）权益工具的公允价值无法可靠计量时的处理

在极少情况下，授予权益工具的公允价值无法可靠计量。在这种情况下，企业应当在获取对方提供服务的时点、后续的每个报告日以及结算日，以内在价值计量该权益工具，内在价值变动计入当期损益；同时，企业应当以最终可行权或实际行权的权益工具数量为基础，确认取得服务的金额。内在价值是指交易对方有权认购或取得的股份的公允价值，与其按照股份支付协议应当支付的价格的差额。企业对上述内在价值计量的已授予权益工具进行结算时，应当遵循以下要求：

①结算发生在等待期内的，企业应当将结算作为加速可行权处理，即立即确认本应于剩余等待期内确认的服务金额。

②结算时支付的款项应当作为回购该权益工具处理，即减少所有者权益。结算支付的款项高于该权益工具在回购日内在价值的部分，计入当期损益。

2. 现金结算的股份支付的确认和计量原则

以现金结算的股份支付，是指企业为获取服务而承担的以股份或其他权益工具为基础计算的交付现金或其他资产的义务的交易。

企业应当在等待期内的每个资产负债表日，以对可行权情况的最佳估计为基础，按照企业承担负债的公允价值，将当期取得的服务计入相关资产成本或当期费用；同时计入负债，并在结算前的每个资产负债表日和结算日对负债的公允价值重新计量，将其变动计入损益。

对于授予后立即可行权的现金结算的股份支付（例如授予虚拟股票或业绩股票的股份支付），企业应当在授予日按照企业承担负债的公允价值将其计入相关资产成本或费用，同时计入负债，并在结算前的每个资产负债表日和结算日对负债的公允价值重新计量，将其变动计入损益。

11.2.2 股份支付条件的种类

股份支付协议中的条件可分为可行权条件和非可行权条件。可行权条件是指能够确定企业是否得到职工或其他方提供的服务，且该服务使职工或其他方具有获取股份支付协议规定的权益工具或现金等权利的条件；反之，为非可行权条件。在满足这些条件之前，职工无法获得股份。

可行权条件包括服务期限条件和业绩条件。

（1）服务期限条件，是指职工或其他方完成规定服务期限才可行权的条件。例如，四川蓉兴公司向董事、技术总监张某授予 800 000 股的股票期权，约定董事、技术总监张某即日起在该公司连续服务 6 年，即可以每股 3 元购买 800 000 股该公司股票，"连续服务 6 年"就是服务期限条件。

（2）业绩条件，是指职工或其他方完成规定服务期限且企业已经完成特定业绩目标才可行权的条件，具体包括市场条件和非市场条件：①市场条件。市场条件是指行权价格、可行权条件以及行权可能性与权益工具的市场价格相关的业绩条件，如股份支付协议中关于股价上升至何种水平职工可相应取得多少股份的规定。②非市场条件。非市场条件是指除市场条件之外的其他业绩条件，如股份支付协议中关于达到最低盈利目标或销售目标才可行权的规定。

企业在确定权益工具授予日的公允价值时，应当考虑股份支付协议规定的可行权条件中的市场条件和非可行权条件的影响。股份支付存在非可行权条件的，只要职工或其他方满足了所有可行权条件中的非市场条件（如服务期限等），企业应当确认已得到服务相对应的成本费用。

【例 11-1】四川蓉兴公司授予其管理层的一份股份支付协议规定，今后 4 年中，公司股价每年提高 10%以上，管理人员则可获得一定数量的该公司股票。到第 4 年年末，该目标未实现，则四川蓉兴公司在第 4 年的年末已经确认了收到的管理层提供的服务，因为业绩增长是一个市场条件，因此这些费用不应再转回。

【例 11-2】四川蓉兴公司为上市公司，2021 年 12 月 1 日，公司股东大会通过了《关于四川蓉兴公司股票期权激励计划的议案》，对管理层人员进行股权激励。该股权激励计划的行权条件是：①公司净利润以 2021 年年末为固定基数，2022—2024 年的净利润增长率分别比 2021 年增长 10%、20%、30%以上；②管理层成员在其后 3 年中都在公司任职服务。在满足行权条件后，管理层成员即可以低于市价的价格购买一定数量的本公司股票。同时，作为协议的补充，公司规定：激励对象在行权日后第 1 年的行权数量不得超过其获授股票期权总量的 50%，此后每年的行权数量不得超过其获授股票期权总量的 20%。当年未行权的股票期权可在以后年度行权。

四川蓉兴公司以期权定价模型估计授予的此项期权在授予日公允价值为 9 000 000 元。

在授予日，四川蓉兴公司估计 3 年内管理层离职的比例为 10%；在第 2 年年末，四川蓉兴公司调整其估计离职率为 5%；到第 3 年年末，实际离职率为 6%。

四川蓉兴公司 2022—2024 年的净利润增长率分别为 11%、23%和 28%。公司在2022 年年末、2023 年年末都预计下年能实现净利润增长率的目标。

请问此例涉及哪些条款和条件？四川蓉兴公司应如何处理？

同时满足服务 3 年和净利润增长率的要求，就能够确定企业得到了管理层成员提供的服务，且该服务使管理层成员具有获取股份支付协议规定的权益工具的权利，因此这是一项非市场业绩条件。虽然公司要求激励对象在行权日后第 1 年的行权数量不得超过其获授股票期权总量的 50%，此后每年的行权数量不得超过其获授股票期权总量的 20%，但不影响其可行权，因此不属于可行权条件。

按照股份支付准则的规定：

第1年年末确认的服务费用＝9 000 000×1/3×90% ＝ 2 700 000（元）

第2年年末累计确认的服务费用＝9 000 000×2/3×95% ＝ 5 700 000（元）

第3年年末累计确认的服务费用＝9 000 000×94% ＝ 8 460 000（元）

由此，第2年应确认的费用＝5 700 000－2 700 000 ＝ 3 000 000（元）

第3年应确认的费用＝8 460 000－5 700 000 ＝ 2 760 000（元）

最后，94%的管理层成员满足了可行权条件中的服务期限条件。尽管净利润增长率的非市场条件未得到满足，四川蓉兴公司在第3年的年末也均确认了收到管理层提供的服务，并确认了相应费用。

11.2.3 条款和条件的修改

在通常情况下，股份支付协议生效后，企业不应对其条款和条件进行随意修改。但在某些情况下，企业可能需要修改授予权益工具的股份支付协议中的条款和条件。例如，股票除权、除息或其他原因需要调整行权价格或股票期权数量。此外，为了得到更佳的激励效果，有关法规也允许企业依据股份支付协议的规定，调整行权价格或股票期权数量，但应当由董事会做出决议并经股东大会审议批准，或者由股东大会授权董事会决定。《上市公司股权激励管理办法（试行）》对此做出了严格的限定，必须按照批准股份支付计划的原则和方式进行调整。

在会计上，无论已授予的权益工具的条款和条件如何修改，甚至取消权益工具的授予或结算该权益工具，企业都应至少确认按照所授予的权益工具在授予日的公允价值来计量获取的相应的服务，除非因不能满足权益工具的可行权条件（除市场条件外）而无法可行权。

1. 条款和条件的有利修改

企业应当区分以下情况，确认导致股份支付公允价值总额升高以及其他对职工有利的修改的影响。

（1）如果修改增加了所授予的权益工具的公允价值，企业应按照权益工具公允价值的增加相应地确认取得服务的增加。权益工具公允价值的增加，是指修改前后的权益工具在修改日的公允价值之间的差额。

如果修改发生在等待期内，在确认修改日至修改后的可行权日之间取得服务的公允价值时，应当既包括在剩余原等待期内以原权益工具授予日公允价值为基础确定的服务金额，也包括权益工具公允价值的增加。如果修改发生在可行权日之后，企业应当立即确认权益工具公允价值的增加。如果股份支付协议要求职工只有先完成更长时间的服务才能取得修改后的权益工具，则企业应在整个等待期内确认权益工具公允价值的增加。

（2）如果修改增加了所授予的权益工具的数量，企业应将增加的权益工具的公允价值相应地确认为取得服务的增加。

如果修改发生在等待期内，在确认修改日至增加的权益工具可行权日之间取得服务的公允价值时，应当既包括在剩余原等待期内以原权益工具授予日公允价值为基础确定的服务金额，也包括权益工具公允价值的增加。

（3）如果企业按照有利于职工的方式修改可行权条件，如缩短等待期、变更或取消业绩条件（而非市场条件），企业在处理可行权条件时，应当考虑修改后的可行权条件。

2. 条款和条件的不利修改

如果企业以减少股份支付公允价值总额的方式或其他不利于职工的方式修改条款和条件，企业仍应继续对取得的服务进行会计处理，如同该变更从未发生，除非企业取消了部分或全部已授予的权益工具。其具体包括如下几种情况：

（1）如果修改减少了所授予的权益工具的公允价值，企业应当继续以权益工具在授予日的公允价值为基础，确认取得服务的金额，而不应考虑权益工具公允价值的减少。

（2）如果修改减少了授予的权益工具的数量，企业应当将减少部分作为已授予的权益工具的取消来进行处理。

（3）如果企业以不利于职工的方式修改了可行权条件，如延长等待期、增加或变更业绩条件（而非市场条件），企业在处理可行权条件时，不应当考虑修改后的可行权条件。

3. 取消或结算

如果企业在等待期内取消了所授予的权益工具或结算了所授予的权益工具（因未满足可行权条件而被取消的除外），企业应当做如下处理：

（1）将取消或结算作为加速可行权处理，立即确认原本应在剩余等待期内确认的金额。

（2）在取消或结算时支付给职工的所有款项均应作为权益的回购处理，回购支付的金额高于该权益工具在回购日公允价值的部分，计入当期费用。

（3）如果向职工授予新的权益工具，并在新权益工具授予日认定所授予的新权益工具是用于替代被取消的权益工具的，企业应以处理原权益工具条款和条件修改相同的方式，对所授予的替代权益工具进行处理。权益工具公允价值的增加是指，在替代权益工具的授予日，替代权益工具公允价值与被取消的权益工具净公允价值之间的差额。被取消的权益工具净公允价值是指，其在取消前立即计量的公允价值减去因取消原权益工具而作为权益回购支付给职工的款项，如果企业未将新授予的权益工具认定为替代权益工具，则应将其作为一项新授予的股份支付进行处理。

企业如果回购其职工已可行权的权益工具，应当借记所有者权益，回购支付的金额高于该权益工具在回购日公允价值的部分，计入当期费用。

11.2.4　权益工具公允价值的确定

股份支付中权益工具的公允价值的确定，应当以市场价格为基础，一些股份和股票期权并没有一个活跃的交易市场，在这种情况下，应当考虑估值技术。通常情况下，企业应当按照《企业会计准则第22号——金融工具确认和计量》的有关规定确定权益工具的公允价值，并根据股份支付协议的条款和条件进行调整。本部分有关权益工具的公允价值确定的规定，既适用于接受职工服务并授予股份或期权的情况，也适用于从职工之外的其他方取得服务的情况。

1. 股份

对于授予职工的股份，企业应按照其股份的市场价格计量。如果其股份未公开交易，则企业应考虑其条款和条件估计其市场价格。例如，如果股份支付协议规定了期权股票的禁售期，则会对可行权日后市场参与者愿意为该股票支付的价格产生影响，并进而影响该股票期权的公允价值。

有些授予条款和条件规定职工无权在等待期内取得股份的，则在估计所授予股份的公允价值时就应予以考虑。有些授予条款和条件规定股份的转让在可行权日后受到限制，则在估计所授予股份的公允价值时，也应考虑此因素，但不应超出熟悉情况并自愿的市场参与者愿意为该股份支付的价格受到可行权限制的影响程度。在估计所授予股份在授予日的公允价值时，企业不应考虑在等待期内转让的限制和其他限制，因为这些限制是可行权条件中的非市场条件规定的。

2. 股票期权

对于授予职工的股票期权，因常常无法获得其市场价格，企业应当根据用于股份支付的期权的条款和条件，采用期权定价模型估计其公允价值。在这些模型中，企业应当考虑股份在授予日的公允价值、无风险利率、预计股利、股价预计波动率、标的股份的现行价格、期权有效期等参数。

对于授予职工的股票期权，因其通常受到一些不同于交易期权的条款和条件的限制，因而在许多情况下难以获得其市场价格。如果不存在条款和条件相似的交易期权，就应通过期权定价模型估计所授予的期权的公允价值。

在选择适用的期权定价模型时，企业应考虑熟悉情况和自愿的市场参与者将会考虑的因素。所有适用于估计授予职工期权的定价模型至少应考虑以下因素：①期权的行权价格；②期权期限；③基础股份的现行价格；④股价的预计波动率；⑤股份的预计股利；⑥期权期限内的无风险利率。会计人员需要具备一定的统计学知识才能利用B-S模型估计期权的公允价值，一般情况下应利用专门的计算软件估计。

此外，企业选择的期权定价模型还应考虑熟悉情况和自愿的市场参与者在确定期权价格时会考虑的其他因素，但不包括那些在确定期权公允价值时不考虑的可行权条件和再授予特征因素。确定授予职工的股票期权的公允价值，还需要考虑提前行权的可能性。有时，因为期权不能自由转让，或因为职工必须在终止劳动合同关系前行使所有可行权期权，在这种情况下必须考虑预计提前行权的影响。

在估计授予的期权（其他权益工具）的公允价值时，企业不应考虑熟悉情况和自愿的市场参与者在确定股票期权（其他权益工具）价格时不会考虑的其他因素。例如，对于授予职工的股票期权，那些仅从单个职工的角度影响期权价值的因素，并不影响熟悉情况和自愿的市场参与者确定期权的价格。

下面进一步具体说明在估计授予职工的期权价格时应考虑的因素。

（1）期权定价模型的输入变量的估计

在估计基础股份的预计波动率和股利时，目标是尽可能接近当前市场或协议交换价格所反映的价格预期。类似地，在估计职工股票期权提前行权时，目标是尽可能接近外部人基于授予日所掌握信息做出的预期，这些信息包括职工行权行为的详细信息。在通常情况下，对于未来波动率、股利和行权行为的预期存在一个合理的区间。这时，企业应将区间内的每项可能数额乘以其发生概率，加权计算上述输入变量的期望值。

一般情况下，对未来的预期建立在历史经验基础上，但如果能够合理预期未来与历史经验的不同，则应对该预期进行修正。因此，企业在估计期权定价模型的输入变量时，应充分考虑历史经验合理预测未来的程度和能力，而不能简单地根据历史信息估计波动率、行权行为和股利。

（2）预计提早行权

出于各种原因，职工经常在期权失效日之前提早行使股票期权。考虑提早行权对期权公允价值的影响的具体方法，取决于所采用的期权定价模型的类型。但无论采用何种方法，预计提早行权时都要考虑以下因素：①等待期的长短；②以往发行在外的类似期权的平均存续时间；③基础股份的价格（有时根据历史经验，职工在股价超过行权价格达到特定水平时倾向于行使期权）；④职工在企业中所处的层次（有时根据历史经验，高层职工倾向于较晚行权）；⑤基础股份的预计波动率（一般而言，职工倾向于更早地行使高波动率的股份的期权）。

例如，将对期权预计期限的估计作为期权定价模型的输入变量，可以在确定期权公允价值时考虑提早行权的影响。其中，在估计授予一个职工群体的期权的预计期限时，企业可用加权平均方法估计该群职工的整体预计期权期限。如果能根据职工行权行为的更详细数据在该职工群内恰当分组，则企业可将估计建立在群内各职工组预计期权期限的加权平均基础上，即应将具有相对类似行权行为的职工分为一组，在此基础上将授予的期权分不同组别进行估计。

在有些情况下，上述分组方法很重要。期权价值不是期权期限的线性函数，随着期权期限的延长，期权价值以递减的速度增长。例如，如果所有其他假设相同，虽然一份两年期的期权比一份一年期的期权值钱，但达不到后者的两倍。这意味着，如果估计期权授予的职工群中各个职工之间存在巨大的行权行为差异，此时以职工个人期限预计为基础加权平均计算出来的总期权价值，将高估授予整群职工的期权的公允价值总额。如果将授予的期权依照行权行为分为不同组别，因为行权行为类似，所以每个组别的加权平均期限都只包含相对较小的期限范围，就将减少对授予整群职工的期权的公允价值总额的高估。

采用二项模型或其他类似模型时，企业也应做类似考虑。例如，对于向高层职工普遍授予期权的企业，有时其历史经验表明，高级管理人员倾向持有期权的时间要比中层管理人员更长，而最基层职工则倾向最早行使期权。在此类情况下，以具有相对类似行权行为的职工组为基础划分期权授予，将更准确地估计授予期权的公允价值总额。

（3）预计波动率

预计波动率是对预期股份价格在一个期间内可能发生的波动金额的度量。期权定价模型中所用的波动率的度量，是一段时间内股份的连续复利回报率的年度标准差。波动率通常以年度表示，而不管计算时使用的是何种时间跨度基础上的价格，如每日、每周或每月的价格。

一个期间股份的回报率（可能是正值也可能是负值）衡量了股东从股份的股利和价格涨跌中的受益情况。股份的预计年度波动率是指一个范围（置信区间），连续复利年回报率预期所处在这个范围内的概率大约为 2/3（置信区间）。例 11-3 说明了上述规定的会计意义。

【例 11-3】四川蓉兴公司预计年度连续复利回报率为 12% 的普通股的波动率为 30%，年初股价是 10 元/股，且未支付股利，请问年末股价在什么范围的概率大约为 2/3？

根据概率论知识，公司普通股年度连续复利回报率的均值为 12%，标准差为 30%，意味着该普通股一年期的回报率在 -18%（-18% = 12% - 30%）和 42%（42% = 12% + 30%）之间的概率约为 2/3。年初股价为 10 元/股，则年末股价处在 8.353 元/股（10 × $e^{-0.18}$）至 15.22 元/股（10 × $e^{0.42}$）之间的概率约为 2/3（常数 $e = 2.718\,28$）。

估计预计波动率时要考虑以下因素：

①如果企业有股票期权或其他包含期权特征的交易工具（如可转换工资债券）的买卖，则应考虑这些交易工具所内含的企业股价波动率。

②在与期权的预计期限（考虑期权剩余期限和预计提早行权的影响）大体相当的最近一个时期内企业股价的历史波动率。

③企业股份公开交易的时间。与上市时间更久的类似企业相比，新上市企业的历史波动率可能更大。

④波动率向其均值（长期平均水平）回归的趋势，以及表明预计未来波动率可能不同于以往波动率的其他因素。有时，企业股价在某一特定期间因为特定原因剧烈波动，例如因收购要约或重大重组失败，则在计算历史平均年度波动率时，可剔除这个特殊期间。

⑤获取价格要有恰当且规则的间隔。价格的获取在各期应保持一贯性。例如，企业可用每周收盘价或每周最高价，但不应在某些周用收盘价、某些周用最高价。再如，获取价格时应使用与行权价格相同的货币来表示。

除了上述考虑因素，如果企业因新近上市而没有历史波动率的充分信息，应按可获得交易活动数据的最长期间计算历史波动率，也可考虑类似企业在类似阶段可比期间的历史波动率。如果企业是非上市企业，在估计预计波动率时没有历史信息可循，可考虑以下替代因素：

①在某些情况下，定期向其职工（其他方）发行期权或股份的非上市企业，可能已为其股份设立了一个内部"市场"。估计预计波动率时企业可以考虑这些"股价"的波动率。

②如果上面的方法不适用。而企业以类似上市企业股价为基础估计自身股份的价值的，可考虑类似上市企业股价的历史或内含波动率。

③如果企业未以类似上市企业股价为基础估计自身股份的价值，而是采用了其他估价方法对自身股份进行估价，则企业可推导出一个与该估价方法基础一致的预计波动率估计数。例如，企业以净资产或净利润为基础对其股份进行估价，那么可以考虑以净资产或净利润的预计波动率为基础对其股份价格的波动率进行估计。

（4）预计股利

计量所授予的股份或期权的公允价值是否应当考虑预计股利，取决于被授予方是否有权取得股利或股利的等价物。

如果职工被授予期权，并有权在授予日和行权日之间取得基础股份的股利或股利的等价物（可现金支付，也可抵减行权价格），所授予的期权应当像不支付基础股份的股利那样进行估价，即预计股利的输入变量应为零。类似地，如果职工有权取得在等待期内支付的股利，在估计授予职工的股份在授予日的公允价值时，也不应考虑因预计股利而进行调整。

相反，如果职工对等待期内或行权前的股利或股利的等价物没有要求权，对股份或期权在授予日公允价值的估计就应考虑预计股利因素，在估计所授予期权的公允价值时，期权定价模型的输入变量中应包含预计股利，即从估价中扣除预计会在等待期内支付的股利现值。期权定价模型通常使用预计股利率，但也可能对模型进行修正后使用预计股利金额。如果企业使用股利金额，应根据历史经验考虑股利的增长模式。

一般来说，预计股利应以公开可获取的信息为基础。不支付股利且没有支付股利计划的企业应假设预计股利收益率为零。如果无股利支付历史的新企业被预期在其职工股票期权期限内开始支付股利，可使用历史股利收益率（零）与大致可比的同类企业的股利收益率均值的平均数。

（5）无风险利率

无风险利率一般是指，期权行权价格以该货币表示的剩余期限等于被估价期权的预计期限（基于期权的剩余合同期限，并考虑预计提早行权的影响）的零息国债当前可获得的内涵收益率。如果没有此类国债，或环境表明零息国债的内涵收益率不能代表无风险利率，企业应使用适当的替代利率。同样，在估计一份有效期与被估价期权的预计期限相等的其他期权的公允价值时，如果市场参与者们一般使用某种适当的替代利率而不是零息国债的内涵收益率来确定无风险利率，则企业也应使用这个适当的替代利率。

（6）资本结构的影响

通常情况下，交易期权是由第三方而不是企业签出的。当这些股票期权行权时，签出人将股份支付给期权持有者。这些股份是从现在的股东手中取得的。因此，交易期权的行权不会有稀释效应。

如果股票期权是企业签出的，在行权时需要增加已发行在外的股份数量（要么正式增发，要么使用先前回购的库存股）。假定股份将按行权日的市场价格发行，这种现实或潜在的稀释效应可能会降低股价，因此期权持有者行权时，无法获得像行使其他类似但不稀释股价的交易期权一样多的利益。这一问题能否对企业授予股票期权的价值产生显著影响，取决于各种因素，包括行权时增加的股份数量（相对于已发行在外的股份数量）。如果市场已预期企业将会授予期权，则可能已将潜在的稀释效应体现在了授予日的股价中。企业应考虑所授予的股票期权未来行权的潜在稀释效应，是否可能对股票期权在授予日的公允价值构成影响。企业可能修改期权定价模型，以将潜在稀释效应纳入考虑范围。

对于具有再授予特征的股票期权，确定其公允价值时不应考虑其再授予特征，当发生再授予期权的后续授予时，应作为一项新授予的股份期权进行处理。再授予特征是指，只要期权持有人用企业的股份而不是现金来支付行权价格以行使原先授予的期权，就自动授予额外股份期权。

11.2.5　股份支付的会计处理

股份支付的会计处理必须以完整、有效的股份支付协议为基础。

1. 授予日

除立即可行权的股份支付外，无论是权益结算的股份支付还是现金结算的股份支付，企业在授予日均不做会计处理。

2. 等待期内每个资产负债表日

企业应当在等待期内的每个资产负债表日，将取得职工或其他方提供的服务计入成本费用，计入成本费用的金额应当按照权益工具的公允价值计量，同时按相同金额确认所有者权益或负债。对于附有市场条件的股份支付，只要职工满足了其他所有非市场条件，企业就应当确认已取得的服务。业绩条件为非市场条件的，如果后续信息表明需要调整对可行权情况的估计的，应对前期估计进行修改。

对于权益结算的涉及职工的股份支付，按照授予日权益工具的公允价值计入成本费用和资本公积（其他资本公积）后，不确认其后续公允价值变动；对于以现金结算的涉及职工的股份支付，则应当按照每个资产负债表日权益工具的公允价值重新计量，确定成本费用和应付职工薪酬。上市公司分别计算各期期权的单位公允价值。

对于授予的存在活跃市场的期权等权益工具，应当按照活跃市场中的报价确定其公允价值；对于授予的不存在活跃市场的期权等权益工具，应当采用期权定价模型等估值技术确定其公允价值。

在等待期内每个资产负债表日，企业应当根据最新取得的可行权职工人数变动等后续信息做出最佳估计，修正预计可行权的权益工具数量，并以此为依据确认各期应分摊的费用。在可行权日，最终预计可行权权益工具的数量应当与实际可行权工具的数量一致。

在等待期内如果取消了授予的权益工具，企业应当对取消所授予的权益性工具作为加速行权处理，将剩余等待期内应确认的金额立即计入当期损益，同时确认资本公积。职工或其他方能够选择满足非可行权条件但在等待期内未满足的，企业应当将其作为授予权益工具的取消处理。

根据上述权益工具的公允价值和预计可行权的权益工具数量，计算截至当期累计应确认的成本费用金额，再减去前期累计已确认金额作为当期应确认的成本费用金额。

3. 可行权日之后

（1）对于权益结算的股份支付，在可行权日之后不再对已确认的成本费用和所有者权益总额进行调整。企业应在行权日根据行权情况，确定股本和股本溢价，同时结转等待期内确认的资本公积——其他资本公积。

（2）对于现金结算的股份支付，企业在可行权日之后不再确认成本费用，负债（应付职工薪酬）公允价值的变动应当计入当期损益（公允价值变动损益）。

4. 回购股份进行职工期权激励

企业以回购股份形式奖励本企业职工的，属于权益结算的股份支付。企业回购股份时，应按回购股份的全部支出作为库存股处理，同时进行备查登记。按照《企业会计准则第 11 号——股份支付》对职工权益结算股份支付的规定，企业应当在等待期内每个资产负债表日按照权益工具在授予日的公允价值，将取得的职工服务计入成本费用，同时增加资本公积——其他资本公积。在职工行权购买本企业股份时，企业应转销交付职工的库存股成本和等待期内资本公积（其他资本公积）累计金额，同时，按照其差额调整资本公积——股本溢价。

【例 11-4】2021 年 12 月，四川蓉兴公司披露了股票期权计划，具体如下：

（1）股票期权的条件

股票期权的条件根据公司《股权激励计划》的规定，同时满足下列条件时，激励对象可以获授股票期权：

① 2022 年年末，公司当年净利润增长率必须不低于 18%。

② 2023 年年末，公司 2022—2023 年 2 年净利润平均增长率不低于 15%。

③ 2024 年年末，公司 2022—2024 年 3 年净利润平均增长率不低于 12%。

④激励对象未发生如下任一情形：

a. 最近三年内被证券交易所公开谴责或宣布为不适当人选的；

b. 最近三年内因重大违法违规行为被中国证监会予以行政处罚的；

c. 具有《中华人民共和国公司法》规定的不得担任公司董事、监事、高级管理人员情形的。

公司的股权计划授予的股票期权，激励对象拥有在授权日起五年内的可行权日以行权价格购买公司股票的权利。当年未行权的股票期权可在以后年度行权。

（2）股票期权的授予日、授予对象、授予数量和行权价格

①股票期权的授予日：2022 年 1 月 1 日。

②授予对象：董事、总经理、副总经理、技术总监、市场总监、董秘、财务总监以及核心技术及业务人员等 20 人（名单省略）。

③行权价格：本次股票期权的行权价格为 3 元/份。

④授予数量：授予激励对象每人 20 万份股票期权，标的股票总数占当时总股本的 0.5%。

四川蓉兴公司 2022—2025 年的相关情况如下：

四川蓉兴公司股权激励对象均不会出现授予股票期权条件④所述情形。

根据四川蓉兴公司测算，其股票期权在授权日的公允价值为 5.40 元/份。

2022 年四川蓉兴公司净利润增长率为 16%，有 2 名激励对象离开，但四川蓉兴公司预计 2023 年将保持快速增长，2023 年 12 月 31 日有望达到可行权条件。另外，企业预计 2023 年没有激励对象离开企业。

2023 年四川蓉兴公司净利润增长率为 12%，有 2 名激励对象离开，但四川蓉兴公司预计 2024 年将保持快速增长，2024 年 12 月 31 日有望达到可行权条件。另外，企业预计 2024 年没有激励对象离开企业。

2024 年四川蓉兴公司净利润增长率为 10%，有 2 名激励对象离开。

2025 年 12 月 31 日，四川蓉兴公司激励对象全部行权。

分析：

按照《企业会计准则第 11 号——股份支付》，本例中的可行权条件是一项非市场业绩条件。

第 1 年年末，虽然没能实现净利润增长 18% 的目标，但公司预计下年度将以同样的速度增长。因此能实现两年平均增长 15% 的要求。所以公司将其预计等待期调整为 2 年。由于有 2 名管理人员离开，公司同时调整了期满（两年）后预计可行权期权的数量（20-2-0）。

第 2 年年末，虽然两年实现 15% 增长的目标再次落空，但公司仍然估计能够在第 3 年取得较理想的业绩，从而实现 3 年平均增长 12% 的目标。所以公司将其预计等待期调整为 3 年。由于第 2 年有 2 名管理人员离开，高于预计数字，因此公司相应调整了第 3 年离开的人数（20-2-2-0）。

第 3 年年末，目标实现，实际离开人数为 2 人。公司根据实际情况确定累计费用。并据此确认了第 3 年的费用和调整。

（1）服务费用和资本公积计算过程，如表 11-1 所示。

表 11-1　服务费用和资本公积计算过程

单位：元

年份	计算	当期费用	累计费用
2022	(20-2-0)×200 000×5.4×1/2	9 720 000	9 720 000
2023	(20-2-2-0)×200 000×5.4×2/3-9 720 000	1 800 000	11 520 000
2024	(20-2-2-2)×200 000×5.4-11 520 000	3 600 000	15 120 000

（2）账务处理。

① 2022 年 1 月 1 日

授予日不作账务处理。

② 2022 年 12 月 31 日，将当期取得的服务计入相关费用和资本公积

借：管理费用　　　　　　　　　　　　　　　　　　　　　　　9 720 000

　　贷：资本公积——其他资本公积——股份支付　　　　　　　　　9 720 000

③ 2023 年 12 月 31 日，将当期取得的服务计入相关费用和资本公积

借：管理费用　　　　　　　　　　　　　　　　　　　1 800 000

　　贷：资本公积——其他资本公积——股份支付　　　　　　1 800 000

④ 2024 年 12 月 31 日，将当期取得的服务计入相关费用和资本公积

借：管理费用　　　　　　　　　　　　　　　　　　　3 600 000

　　贷：资本公积——其他资本公积——股份支付　　　　　　3 600 000

⑤ 2025 年 12 月 31 日，激励对象行权

借：银行存款（14×200 000×3）　　　　　　　　　　8 400 000

　　资本公积——其他资本公积——股份支付　　　　　15 120 000

　　贷：股本（14×200 000）　　　　　　　　　　　　　2 800 000

　　　　资本公积——股本溢价　　　　　　　　　　　　20 720 000

【例 11-5】2019 年年末，四川蓉兴公司股东大会批准一项股票增值权激励计划，具体内容如下：

（1）股票增值权的授予条件

①激励对象从 2020 年 1 月 1 日起在该公司连续服务 3 年。

②激励对象未发生如下任一情形：

a. 最近三年内被证券交易所公开谴责或宣布为不适当人选的；

b. 最近三年内因重大违法违规行为被中国证监会予以行政处罚的；

c. 具有《中华人民共和国公司法》规定的不得担任公司董事、监事、高级管理人员情形的。

③在授予日后 5 年内每 12 个月执行一次增值权收益，符合可行权条件的激励对象可按照当时股价的增长幅度获得现金，该增值权应在 2024 年 12 月 31 日之前行使。

（2）股票期权的授予日、授予对象、授予数量

①股票期权的授予日：2020 年 1 月 1 日。

②授予对象：董事、总经理、副总经理、技术总监、市场总监、董秘、财务总监以及核心技术及业务人员等 100 人（名单略）。

③授予数量：共授予激励对象每人 100 份现金股票增值权。执行日前 30 个交易日四川蓉兴公司平均收盘价（执行价）高于激励计划公告前 30 个交易日平均收盘价（基准价），每份股票增值权可获得每股价差收益。

四川蓉兴公司 2020—2024 年的相关情况如下：

四川蓉兴公司估计，该增值权在负债结算之前的每一资产负债表日以及结算日的公允价值和可行权后的每份增值权现金支出额，如表 11-2 所示。

表 11-2　每份增值权的公允价值及现金支出额

单位：元

年份	公允价值	支付现金
2020	15	—
2021	16	—

表11-2（续）

年份	公允价值	支付现金
2022	20	16
2023	25	20
2024	—	26

四川蓉兴公司预计所有公司激励对象都将符合授予条件③中的要求。

第1年有20名激励对象离开四川蓉兴公司，四川蓉兴公司估计3年中还将有15名激励对象离开；第2年又有10名激励对象离开公司，公司估计还将有10名激励对象离开；第3年又有15名激励对象离开。第3年年末，有30人行使股份增值权取得了现金。第4年年末，有20人行使了股份增值权。第5年年末，剩余5人也行使了股份增值权。

本例为现金结算的股份支付。

（1）费用和负债计算过程，如表11-3所示。

表11-3 费用和负债计算

单位：元

年份	负债计算①	支付现金计算②	负债③=①	支付现金④=②	当期费用⑤=当期③-前期③+当期④
2020	（100−35）×100×15×1/3		32 500		32 500
2021	（100−40）×100×16×2/3		64 000		31 500
2022	（100−45−30）×100×20	30×100×16	50 000	48 000	34 000
2023	（100−45−30−20）×100×25	20×100×20	12 500	40 000	2 500
2024	0	5×100×26	0	13 000	500
总额				101 000	101 000

（2）会计处理。

2020年12月31日：

借：管理费用   32 500

  贷：应付职工薪酬——股份支付   32 500

2021年12月31日：

借：管理费用   31 500

  贷：应付职工薪酬——股份支付   31 500

2022年12月31日：

借：管理费用   34 000

  贷：应付职工薪酬——股份支付   34 000

借：应付职工薪酬——股份支付   48 000

  贷：银行存款   48 000

2023 年 12 月 31 日：

借：公允价值变动损益——股份支付 2 500

  贷：应付职工薪酬——股份支付 2 500

借：应付职工薪酬——股份支付 40 000

  贷：银行存款 40 000

2024 年 12 月 31 日：

借：公允价值变动损益——股份支付 500

  贷：应付职工薪酬——股份支付 500

借：应付职工薪酬——股份支付 13 000

  贷：银行存款 13 000

思考题

1. 什么是股份支付？它具有哪些特征？
2. 股份支付通常有哪几个主要环节？
3. 股份支付工具的主要类型有哪些？
4. 股份支付的确认和计量原则是什么？
5. 如何进行股份支付的会计处理？

第三篇

外币折算

12　外币折算

12.1　与外币折算相关的概念

12.1.1　记账本位币及其确定

1. 记账本位币的含义

记账本位币是指企业经营所处的主要经济环境中的货币。其中，企业经营所处的主要经济环境，通常是指企业主要产生和支出现金的环境，使用该环境中的货币最能反映企业的主要交易的经济结果。例如，我国企业主要产生和支出现金的环境在国内，因此，一般以人民币作为记账本位币。

记账本位币以外的货币称为外币。

2. 记账本位币的确定

（1）企业记账本位币的确定

《中华人民共和国会计法》（以下简称《会计法》）中规定，业务收支以人民币以外的货币为主的单位，可以选定其中一种货币作为记账本位币，但是编报的财务报告应当折算为人民币。《会计法》允许企业选择非人民币作为记账本位币。虽然《会计法》没有就如何选择人民币以外的其他货币作为记账本位币给出详细的说明，但之后财政部对外公布的外币折算准则对此进行了规范。外币折算准则规定，企业在确定记账本位币时应当考虑下列因素：

①该货币主要影响商品和劳务的销售价格，通常以该货币进行商品和劳务的计价及结算。如四川蓉兴公司为从事贸易的企业，90%以上的销售收入以人民币计价和结算。人民币是主要影响该公司商品和劳务销售价格的货币。

②该货币主要影响商品和劳务所需人工、材料和其他费用，通常以该货币进行上述费用的计价和结算。如成都兴业公司为工业企业，所需机器设备、厂房、人工以及原材料等在国内采购，以人民币计价和结算。人民币是主要影响商品和劳务所需人工、材料和其他费用的货币。

③融资活动获得的货币以及保存从经营活动中收取款项所使用的货币。

在确定企业的记账本位币时，上述因素的重要程度因企业具体情况不同而不同，需要企业管理层根据实际情况进行判断。在一般情况下，综合考虑前两项因素即可确定企业的记账本位币，但在有些情况下，仅根据收支情况难以确定记账本位币的，企业需要进一步结合第三项因素进行综合分析后做出选择。

【例12-1】四川蓉兴公司为外贸自营出口企业，超过85%的营业收入来自对美国的出口，其商品销售价格主要受美元的影响，以美元计价。因此，从影响商品和劳务销售价格的角度看，四川蓉兴公司应选择美元作为记账本位币。

如果四川蓉兴公司除厂房设施、30%的人工成本在国内以人民币采购或支付外，生产所需原材料、机器设备及70%以上的人工成本都以美元采购或支付，则可确定甲公司的记账本位币是美元。

但是，如果四川蓉兴公司95%以上的人工成本、原材料及相应的厂房设施、机器设备等在国内采购并以人民币计价，公司取得的美元营业收入在汇回国内时直接兑换成了人民币存款，且公司对美元汇率波动产生的外币风险进行了套期保值，降低了汇率波动对企业取得的外币销售收入的影响，那么，该公司可以选择人民币作为记账本位币。

【例12-2】成都兴业公司为国内一家实木家具生产企业，其原材料木材全部来自加拿大，主要加工技术、机器设备及主要技术人员均由加拿大方面提供，生产的实木家具面向国内出售。企业依据第一项、第二项因素难以确定记账本位币，需要考虑第三项因素。假定为满足采购原材料实木等所需加元的需要，成都兴业公司向加拿大某银行借款20亿加元，期限为10年，该借款是成都兴业公司当期流动资金净额的5倍。由于原材料采购以加元结算，且企业经营所需要的营运资金，即融资获得的资金也使用加元，因此，成都兴业公司应当以加元作为记账本位币。

需要说明的是，在确定企业的记账本位币时，上述因素的重要程度因企业具体情况不同而不同，需要企业管理层根据实际情况进行判断。但是，这并不能说明企业管理层可以根据需要随意选择记账本位币，而应根据实际情况来确定，因为记账本位币只能有一种货币。

（2）境外经营记账本位币的确定

境外经营有两方面的含义：一是企业在境外的子公司、合营企业、联营企业、分支机构；二是当企业在境内的子公司、联营企业、合营企业或者分支机构，选定的记账本位币不同于企业的记账本位币的，也应当视同境外经营。确定境外经营，不是以位置是否在境外为判定标准，而是要看其选定的记账本位币是否与企业的记账本位币相同。

企业选定境外经营的记账本位币，除考虑前面所讲的因素外，还应考虑下列因素：

①境外经营对其所从事的活动是否拥有很强的自主性。如果境外经营所从事的活动被视同企业经营活动的延伸，构成企业经营活动的组成部分，该境外经营应当选择与企业记账本位币相同的货币作为记账本位币；如果境外经营所从事的活动拥有极大的自主性，则应根据所处的主要经济环境选择记账本位币。

②境外经营活动中与企业的交易是否在境外经营活动中占有较大比重。如果境外经营与企业的交易在境外经营活动中所占的比例较高，境外经营应当选择与企业记账本位币相同的货币作为记账本位币；反之，应根据所处的主要经济环境选择记账本位币。

③境外经营活动产生的现金流量是否直接影响企业的现金流量，是否可以随时汇

回。如果境外经营活动产生的现金流量直接影响企业的现金流量，并可随时汇回，境外经营应当选择与企业记账本位币相同的货币作为记账本位币；反之，应根据所处的主要经济环境选择记账本位币。

④境外经营活动产生的现金流量是否足以偿还其现有债务和可预期的债务。在企业不提供资金的情况下，如果境外经营活动产生的现金流量难以偿还其现有债务和正常情况下可预期的债务，境外经营应当选择与企业记账本位币相同的货币作为记账本位币；反之，应根据所处的主要经济环境选择记账本位币。

综上所述，企业在确定本企业记账本位币或其境外经营记账本位币时，在多种因素混合在一起记账本位币不明显的情况下，应当优先考虑（1）中的①②项因素，然后考虑融资活动获得的货币、保存从经营活动中收取款项时所使用的货币，以及（2）中的因素，以确定记账本位币。

【例12-3】四川蓉兴公司以人民币作为记账本位币，该公司在美国设有一家子公司M公司，M公司在美国的经营活动拥有完全的自主权：自主决定其经营政策、销售方式、进货来源等。四川蓉兴公司与M公司除投资与被投资关系外，基本不发生业务往来，M公司的产品主要在美国市场销售，其一切费用开支等均由M公司在当地自行解决。

由于M公司主要收、支现金的环境在美国，且M公司对其自身经营活动拥有很强的自主性，M公司与四川蓉兴公司之间除了投资与被投资关系外，基本无其他业务，因此，M公司应当选择美元作为其记账本位币。

3. 记账本位币的变更

企业记账本位币一经确定，不得随意变更，除非与确定记账本位币相关的企业经营所处的主要经济环境发生重大变化。主要经济环境发生重大变化，通常是指企业主要产生和支出现金的环境发生重大变化。

企业因经营所处的主要经济环境发生重大变化，确需变更记账本位币的，应当采用变更当日的即期汇率将所有项目折算为变更后的记账本位币，折算后的金额作为以新的记账本位币计量的历史成本，由于采用同一即期汇率进行折算，不会产生汇兑差额。同时，企业需要提供确凿的证据表明企业经营所处的主要经济环境确实发生了重大变化，并应当在附注中披露变更的理由。

企业记账本位币发生变更的，在按照变更当日的即期汇率将所有项目变更为记账本位币时，其比较财务报表应当以可比当日的即期汇率折算所有资产负债表和利润表项目。

12.1.2 外币交易的定义

（1）外币交易，是指以外币计价或者结算的交易，包括买入或者卖出以外币计价的商品或者劳务；借入或者借出外币资金和其他以外币计价或者结算的交易。

（2）外币财务报表是以外币反映的财务报表。

（3）外币折算是将外币交易或外币财务报表折算为记账本位币反映的过程。

12.2 外币交易会计核算

12.2.1 外币交易的内容

1. 外币交易的内容

外币折算准则规范的外币交易包括以下三个方面的内容：

（1）买入或者卖出以外币计价的商品或者劳务。通常情况下它指以外币买卖商品，或者以外币结算劳务合同。这里所说的商品，可以是有实物形态的存货、固定资产等，也可以是无实物形态的无形资产、债权或股权等。例如：以人民币为记账本位币的四川蓉兴公司向美国某公司出口商品，以美元结算货款；企业与银行发生货币兑换业务，都属于外币交易。

（2）借入或者借出外币资金。借入或者借出外币资金是指企业向银行或非银行金融机构借入以记账本位币以外的货币表示的资金，或者银行或非银行金融机构向中国人民银行、其他银行或非银行金融机构借贷以记账本位币以外的货币表示的资金，以及发行以外币计价或结算的债券等。

（3）其他以外币计价或者结算的交易。这类交易是指以记账本位币以外的货币计价或结算的其他交易。例如，接受外币现金捐赠等。

2. 外币交易的记账方法

外币交易的记账方法有外币统账制和外币分账制两种。

（1）外币统账制。外币统账制是指企业在发生外币交易时，即折算为记账本位币入账。

（2）外币分账制。外币分账制是指企业在日常核算时分币种记账，资产负债表日分别对货币性项目和非货币性项目进行调整。货币性项目按资产负债表日即期汇率折算，非货币性项目按交易日即期汇率折算；产生的汇兑差额计入当期损益。

从我国当前的情况看，绝大多数企业采用外币统账制，只有银行等少数金融企业由于外币交易频繁，涉及外币币种较多，可以采用分账制记账方法进行日常核算。无论是采用分账制记账方法，还是采用统账制记账方法，只是账务处理程序不同，但产生的结果应当相同，即计算出的汇兑差额相同；相应的会计处理也相同，即均计入当期损益。

本节主要介绍外币统账制下的账户设置及其会计核算的基本程序。

12.2.2 外币交易的核算程序

外币交易折算的会计处理主要涉及两个环节：一是在交易日对外币交易进行初始确认，将外币金额折算为记账本位币金额；二是在资产负债表日对相关项目进行折算，因汇率变动产生的差额计入当期损益。

1. 外币交易核算应设置的账户

在外币统账制方法下，对外币交易的核算不单独设置科目，对外币交易金额因汇率变动而产生的差额可在"财务费用"账户下设置二级账户"汇兑差额"反映。该账户借方反映因汇率变动而产生的汇兑损失，贷方反映因汇率变动而产生的汇兑收益。期末余额结转入"本年利润"账户后一般无余额。

2. 外币交易会计核算的基本程序

企业发生外币交易时，其会计核算的基本程序为：

第一，将外币金额按照交易日的即期汇率或即期汇率的近似汇率折算为记账本位币金额，按照折算后的记账本位币金额登记有关账户；在登记有关记账本位币账户的同时，按照外币金额登记相应的外币账户。

第二，期末，将所有外币货币性项目的外币余额，按照期末即期汇率折算为记账本位币金额，并与原记账本位币金额相比较，其差额计入"财务费用——汇兑差额"账户。

第三，结算外币货币性项目时，将其外币结算金额按照当日即期汇率折算为记账本位币金额，并与原记账本位币金额相比较，其差额计入"财务费用——汇兑差额"账户。

12.2.3 折算汇率

无论是在交易日对外币交易进行初始确认时，还是在资产负债表日对外币交易余额进行处理时，抑或对外币财务报表进行折算时，均涉及折算汇率的选择，外币折算准则规定了两种折算汇率：即期汇率和即期汇率的近似汇率。

1. 即期汇率

（1）汇率。汇率指两种货币相兑换的比率，是一种货币单位用另一种货币单位所表示的价格。根据表示方式的不同，汇率可以分为直接汇率和间接汇率。

（2）直接汇率。直接汇率是将一定数量的其他货币单位折算为本国货币的金额汇率表示方式。如 100 美元 = 628 元。世界上多数国家的外汇汇率采用直接汇率表示方式。

（3）间接汇率。间接汇率是指将一定数量的本国货币折算为其他货币的金额的汇率表示方式。如 100 元 = 15.92 美元。美国是世界上采用间接汇率方式表示外汇汇率的少数国家之一。

（4）即期汇率。即期汇率也称现汇率，是交易双方达成外汇买卖协议后，在两个工作日以内办理交割的汇率。这一汇率一般就是现时外汇市场的汇率水平。即期汇率是由当场交货时货币的供求关系情况决定的。一般在外汇市场上挂牌的汇率，除特别标明远期汇率以外，一般指即期汇率。在我国，即期汇率通常是指中国人民银行公布的当日人民币外汇牌价的中间价。

通常情况下，人民币汇率是以直接汇率表示的，在银行的汇率有三种表示方式：买入价、卖出价和中间价。买入价指银行买入其他货币的价格，卖出价指银行出售其他货币的价格，中间价是银行买入价与卖出价的平均价。银行的卖出价一般高于买入价，以获取其中的差价。

无论是买入价还是卖出价，均是立即交付的结算价格，也就是即期汇率。即期汇率是相对于远期汇率而言的，远期汇率是在未来某一日交付时的结算价格。企业发生单纯的货币兑换交易或涉及货币兑换的交易时，仅用中间价不能反映货币买卖的损益，需要使用买入价或卖出价折算。

中国人民银行每日仅公布银行间外汇市场人民币兑美元、欧元、日元、港元等世界主要货币的中间价。企业发生的外币交易只涉及人民币与前述货币之间折算的，可直接采用公布的人民币汇率的中间价作为即期汇率进行折算；企业发生的外币交易涉及人民币与其他货币之间折算的，应以国家外汇管理局公布的各种货币对美元折算率采用套算的方法进行折算；企业发生的外币交易涉及人民币以外的货币之间折算的，可直接采用国家外汇管理局公布的各种货币对美元折算率进行折算。

2. 即期汇率的近似汇率

当汇率变动不大时，为简化核算，企业在外币交易日或对外币报表的某些项目进行折算时也可以选择即期汇率的近似汇率折算。即期汇率的近似汇率是"按照系统合理的方法确定的、与交易发生日即期汇率近似的汇率"，通常是指当期平均汇率或加权平均汇率等。以美元兑人民币的周平均汇率为例，假定美元兑人民币每天的即期汇率为：周一6.28，周二6.29，周三6.31，周四6.32，周五6.30，周平均汇率＝（6.28+6.29+6.31+6.32+6.30)÷5＝6.30。月平均汇率的计算方法与周平均汇率的计算方法相同。月加权平均汇率需要采用当月外币交易的外币金额作为权重进行计算。

无论是采用平均汇率还是加权平均汇率，或者其他方法确定的即期汇率的近似汇率，该方法应在前后各期保持一致。如果汇率波动使得采用即期汇率的近似汇率折算不适当时，应当采用交易发生日的即期汇率折算。至于何时不适当，需要企业根据汇率变动情况及计算即期汇率的近似汇率的方法等进行判断。

12.2.4 外汇交易的会计处理

外币交易的会计处理主要包括外币交易初始确认的会计处理、资产负债表日的期末调整或结算及汇兑差额的会计处理。

1. 初始确认

企业发生外币交易的，应在初始确认时采用交易日的即期汇率或即期汇率的近似汇率将外币金额折算为记账本位币金额。这里的即期汇率可以是外汇牌价的买入价或卖出价，也可以是中间价，在与银行不进行货币兑换的情况下，一般以中间价作为即期汇率。

【例12-4】四川蓉兴公司的记账本位币为人民币。20×2年4月15日，四川蓉兴公司向国外乙公司出口商品一批，货款共计100 000美元，尚未收到，当日汇率为1美元＝6.28元。

假定不考虑增值税等相关税费，四川蓉兴公司应进行以下账务处理。

借：应收账款——美元	628 000
贷：主营业务收入	628 000

【例12-5】四川蓉兴公司的记账本位币为人民币，属于增值税一般纳税企业。20×2年4月12日，该公司从国外购入某原材料，共计50 000美元，当日的即期汇率为1美元=6.28元，按照规定计算应缴纳的进口关税为39 000元，支付的进口增值税为60 100元，货款尚未支付，进口关税及增值税已由银行存款支付。

四川蓉兴公司相关会计分录如下：

借：原材料	353 000
应交税费——应交增值税（进项税额）	60 100
贷：应付账款——美元	314 000
银行存款	99 100

【例12-6】四川蓉兴公司选定的记账本位币是人民币。20×2年4月10日，该公司从中国工商银行借入100 000欧元，期限为6个月，年利率为6%，当日的即期汇率为1欧元=8.2元。假定借入的欧元暂存银行，相关会计分录如下：

借：银行存款——欧元	820 000
贷：短期借款——欧元	820 000

企业收到投资者以外币投入的资本，无论是否有合同约定汇率，均不得采用合同约定汇率和即期汇率的近似汇率折算，而是采用交易日即期汇率折算。这样，外币投入资本与相应的货币性项目的记账本位币金额相等，不产生外币资本折算差额。

【例12-7】四川蓉兴公司的记账本位币为人民币。20×2年4月8日，该公司与某外商签订投资合同，当日收到外商投入资本200 000美元，当日汇率为1美元=6.3元。假定投资合同约定汇率为1美元=6.4元。四川蓉兴公司应进行以下账务处理：

借：银行存款——美元	1 260 000
贷：实收资本	1 260 000

2. 期末调整或结算

资产负债表日，企业应当分别对外币货币性项目和外币非货币性项目进行处理。

（1）货币性项目的处理

货币性项目是企业持有的货币和将以固定或可确定金额的货币收取的资产或者偿付的负债。货币性项目分为货币性资产和货币性负债，货币性资产包括库存现金、银行存款、应收账款和应收票据以及持有至到期投资等；货币性负债包括应付账款、其他应付款、短期借款、应付债券、长期借款、长期应付款等。

对于外币货币性项目，资产负债表日或结算日，因汇率波动而产生的汇兑差额作为财务费用处理，同时调增或调减外币货币性项目的记账本位币金额。汇兑差额指的是对同样数量的外币金额采用不同的汇率折算为记账本位币金额所产生的差额。

例如，资产负债表日或结算日，以不同于交易日即期汇率或前一资产负债表日即期汇率的汇率折算同一外币金额产生的差额即为汇兑差额。

【例12-8】四川蓉兴公司的记账本位币为人民币。20×1年10月16日，该公司向国外乙公司出口商品一批，货款共计100 000美元，货款尚未收到，当日即期汇率为1美元＝6.35元。假定20×1年12月31的即期汇率为1美元＝6.32元（假定不考虑增值税等相关税费），则：

该笔交易产生的外币货币性项目"应收账款"采用20×1年12月31的即期汇率1美元＝6.32元折算为记账本位币为632 000元（100 000×6.32），与其交易日折算为记账本位币的金额635 000元的差额为−3 000元，应当计入当期损益，同时调整货币性项目的原记账本位币金额。相应的会计分录为：

借：财务费用——汇兑差额　　　　　　　　　　　　　3 000
　　贷：应收账款——美元　　　　　　　　　　　　　　　　　3 000

假定20×2年2月24日收到上述货款（结算日），当日的即期汇率为1美元＝6.3元，四川蓉兴公司实际收到的货款100 000美元折算为人民币应当是630 000元（100 000×6.3），与当日应收账款中该笔货币资金的账面金额632 000元的差额为−2 000元。当日四川蓉兴公司应作会计分录：

借：银行存款——美元　　　　　　　　　　　　　　　630 000
　　财务费用——汇兑差额　　　　　　　　　　　　　　2 000
　　贷：应收账款——美元　　　　　　　　　　　　　　　　632 000

【例12-9】四川蓉兴公司的记账本位币为人民币。20×2年3月24日，该公司向国外B供货商购入商品一批，商品已经验收入库。根据双方供货合同，货款共计100 000美元，货到后10日内四川蓉兴公司付清所有货款。当日即期汇率为1美元＝6.29元。假定20×2年3月31日的即期汇率为1美元＝6.28元（假定不考虑增值税等相关税费），则：

对该笔交易产生的外币货币性项目"应付账款"采用3月31日的即期汇率1美元＝6.28元折算为记账本位币为628 000元（100 000×6.28），与其交易日折算为记账本位币的金额629 000元（100 000×6.29）的差额为−1 000元，应计入当期损益。相应的会计分录为：

借：应付账款——美元　　　　　　　　　　　　　　　1 000
　　贷：财务费用——汇兑差额　　　　　　　　　　　　　　1 000

4月3日（结算日），四川蓉兴公司根据供货合同以自有美元存款付清所有货款。当日的即期汇率为1美元＝6.27元。该公司应作会计分录：

借：应付账款——美元　　　　　　　　　　　　　　　628 000
　　贷：银行存款——美元　　　　　　　　　　　　　　　　627 000
　　　　财务费用——汇兑差额　　　　　　　　　　　　　　1 000

【例12-10】续【例12-6】，假定20×2年4月30日的即期汇率为1欧元＝8.25元，则"银行存款——欧元"产生的汇兑差额为5 000元［100 000×（8.25−8.2）］，"短期借款——欧元"产生的汇兑差额为5 000元［100 000×（8.25−8.2）］。由于借贷

方均为货币性项目,产生的汇兑差额相互抵销,相应会计分录为:

借:银行存款——欧元   5 000

  贷:短期借款——欧元   5 000

20×2 年 10 月 9 日以人民币归还所借欧元,当日银行的欧元卖出价为 1 欧元 = 8.5 元,假定借款利息在到期归还本金时一并支付,则当日应归还银行借款利息 3 000 欧元(100 000×6%÷12×6),按当日欧元卖出价折算为人民币,即 25 500 元(3 000×8.5)。假设 20×2 年 9 月 30 日汇率与 10 月 9 日汇率相同,则相关会计分录如下:

借:短期借款——欧元   850 000

  财务费用   25 500

  贷:银行存款——人民币   875 500

如果 20×2 年 9 月 30 日汇率与 10 月 9 日汇率不相同,则四川蓉兴公司应参照【例 12-9】确认 10 月 9 日与 9 月 30 日之间因汇率波动带来的汇兑差额。

(2)非货币性项目的处理

非货币性项目是除货币性项目以外的项目,如存货、长期股权投资、交易性金融资产(股票、基金)、固定资产、无形资产等。

第一种情况,对于以历史成本计量的外币非货币性项目,已在交易发生日按当日即期汇率折算,资产负债表日不应改变其原记账本位币金额,不产生汇兑差额。因为这些项目在取得时已按取得时日即期汇率折算,从而构成这些项目的历史成本,如果再按资产负债表日的即期汇率折算,就会导致这些项目价值不断变动,从而使这些项目的折旧、摊销和减值不断地随之变动。这与这些项目的实际情况不符。

【例 12-11】四川蓉兴公司的记账本位币是人民币。20×2 年 3 月 15 日,四川蓉兴公司进口一台机器设备,设备价款 100 000 美元,尚未支付,当日的即期汇率为 1 美元 = 6.32 元。20×2 年 3 月 31 日的即期汇率为 1 美元 = 6.31 元。假定不考虑其他相关税费,该项设备属于企业的固定资产,在购入时已按当日即期汇率折算为人民币 632 000 元。"固定资产"属于非货币性项目,因此,20×2 年 3 月 31 日,不需要按当日即期汇率进行调整。

但是,由于存货在资产负债表日采用成本与可变现净值孰低计量,因此,在以外币购入存货并且该存货在资产负债表日的可变现净值以外币反映的情况下,在计提存货跌价准备时应当考虑汇率变动的影响。

【例 12-12】四川蓉兴公司以人民币为记账本位币。该公司于 20×1 年 3 月 20 日以每台 1 050 美元的价格从美国某供货商手中购入国际最新型号 H 商品 10 台,并于当日支付了相应货款(假定四川蓉兴公司有美元存款)。20×1 年 12 月 31 日,该公司已售出 H 商品 2 台,国内市场仍无 H 商品供应,但 H 商品在国际市场的价格已降至每台 1 000 美元。

3 月 20 日的即期汇率是 1 美元 = 6.4 元,12 月 31 日的汇率是 1 美元 = 6.32 元。假定不考虑增值税等相关税费,四川蓉兴公司应作会计分录如下:

3月20日，购入H商品

借：库存商品——H商品　　　　　　　　　　　　　　　　67 200

　　贷：银行存款　　　　　　　　　　　　　　　　　　　　　　67 200

12月31日，由于库存8台H商品市场价格下跌，表明其可变现净值低于成本，应计提存货跌价准备。

借：资产减值损失　　　　　　　　　　　　　　　　　　3 200

　　贷：存货跌价准备　　　　　　　　　　　　　　　　　　　　3 200

存货跌价准备=1 050×8×6.4-1 000×8×6.32=3 200（元）

在本例中，期末在计算库存商品——H商品的可变现净值时，因为在国内没有相应产品的价格，所以公司只能以H商品的国际市场价格为基础确定其可变现净值，但需要考虑汇率变动的影响。期末，以国际市场价格为基础确定的可变现净值应按照期末汇率折算，再与库存H商品的记账本位币成本相比较，确定其应提的跌价准备。

第二种情况，对于以公允价值计量的股票、基金等非货币性项目，如果期末的公允价值以外币反映，则应当先将该外币按照公允价值确定当日的即期汇率折算为记账本位币金额，再与原记账本位币金额进行比较，其差额作为公允价值变动损益，计入当期损益。如果属于以公允价值计量且其变动计入其他综合收益的外币非货币性项目的，形成的汇兑差额，计入其他综合收益。

【例12-13】四川蓉兴公司的记账本位币为人民币。该公司于20×1年12月5日以每股1.5美元的价格购入乙公司B股10 000股作为交易性金融资产，当日即期汇率为1美元=6.4元，款项已付。20×1年12月31日，由于市价变动，当月购入的乙公司B股的市价变为每股2美元，当日即期汇率为1美元=6.38元。假定不考虑相关税费的影响。

20×1年12月5日，该公司对上述交易应做如下财务处理：

借：交易性金融资产　　　　　　　　　　　　　　　　96 000

　　贷：银行存款　　　　　　　　　　　　　　　　　　　　　96 000

根据《企业会计准则第22号——金融工具确认和计量》规定，交易性金融资产以公允价值计量。该项交易性金融资产是以外币计价的，在资产负债表日，不仅应考虑股票市价的变动，还应一并考虑美元与人民币之间汇率变动的影响。上述交易性金融资产在资产负债表日的人民币金额为127 600元（2×10 000×6.38），与原账面价值96 000元（1.5×10 000×6.4）的差额为31 600元，应计入公允价值变动损益。相应的会计分录为：

借：交易性金融资产　　　　　　　　　　　　　　　　31 600

　　贷：公允价值变动损益　　　　　　　　　　　　　　　　　31 600

31 600元既包含四川蓉兴公司所购乙公司B股股票公允价值变动的影响，又包含人民币与美元之间汇率变动的影响。

20×2年2月27日（结算日），四川蓉兴公司将所购乙公司B股股票按当日市价每股2.2美元全部售出，所得价款为22 000美元，按当日汇率为1美元=6.35元折算为人民币金额为139 700元，与其原账面价值人民币金额127 600元的差额为12 100元。

汇率的变动和股票市价的变动不进行区分，均作为投资收益进行处理。因此，售出当日，四川蓉兴公司应作会计分录为：

借：银行存款   139 700
 贷：交易性金融资产   127 600
  投资收益   12 100

3. 货币兑换的折算

企业发生的外币兑换业务或涉及外币兑换的交易事项，应当以交易实际采用的汇率，即银行买入价或卖出价折算。由于汇率变动产生的折算差额计入当期损益。

【例 12-14】四川蓉兴公司的记账本位币为人民币，20×2 年 4 月 16 日以人民币向中国银行买入 10 000 美元。四川蓉兴公司以中国人民银行公布的人民币汇率中间价作为即期汇率，当日的即期汇率为 1 美元=6.28 元，中国银行当日美元卖出价为1 美元=6.35 元。四川蓉兴公司当日应作会计分录为：

借：银行存款——美元   62 800
 财务费用——汇兑差额   700
 贷：银行存款——人民币   63 500

12.3 外币报表折算

12.3.1 境外经营财务报表的折算

企业的子公司、合营企业、联营企业和分支机构如果采用与企业相同的记账本位币，即使是设在境外，其财务报表也不存在折算问题。但是，如果企业境外经营的记账本位币不同于企业的记账本位币，在将企业的境外经营通过合并报表、权益法核算等纳入企业的财务报表中时，需要将企业境外经营的财务报表折算为以企业记账本位币反映。

1. 境外经营财务报表的折算

在对企业境外经营财务报表进行折算前，企业应当调整境外经营的会计期间和会计政策，使之与企业会计期间和会计政策相一致，根据调整后会计政策及会计期间编制相应货币（记账本位币以外的货币）的财务报表，再按照以下方法对境外经营财务报表进行折算：

（1）资产负债表中的资产和负债项目，采用资产负债表日的即期汇率折算，所有者权益项目除"未分配利润"项目外，其他项目采用发生时的即期汇率折算。

（2）利润表中的收入和费用项目，采用交易发生日的即期汇率或即期汇率的近似汇率折算。

（3）产生的外币财务报表折算差额，在编制合并财务报表时，应在合并资产负债表中所有者权益项目下单独作为"其他综合收益"项目列示。

根据财务报表的折算比照上述规定处理。

【例 12-17】四川蓉兴公司的记账本位币为人民币，该公司仅有一全资子公司——乙公司，无其他境外经营。乙公司设在美国，自主经营，所有办公设备及绝大多数人工成本等均以美元支付，除极少量的商品购自四川蓉兴公司外，其余的商品采购均来自当地。乙公司对所需资金自行在当地融资，自担风险。因此，根据记账本位币的选择确定原则，乙公司的记账本位币应为美元。20×2 年 12 月 31 日，四川蓉兴公司准备编制合并财务报表，需要先将乙公司的美元财务报表折算为人民币表述。乙公司的有关资料如下：

20×2 年 12 月 31 日的即期汇率为 1 美元 = 8 元，20×2 年的平均汇率为 1 美元 = 8.2 元，实收资本为 125 000 美元，发生日的即期汇率为 1 美元 = 8.3 元。20×1 年 12 月 31 日的即期汇率为 1 美元 = 8.25 元，累计盈余公积为 11 000 美元，折算为人民币 90 300 元，累计未分配利润为 20 000 美元，折算为人民币 166 000 元，乙公司在年末提取盈余公积 6 000 美元。

乙公司相关的利润表、资产负债表、所有者权益变动表的编制分别如表 12-2、表 12-3、表 12-4 所示。

表 12-2　利润表

编制单位：乙公司　　　　　　　　　　20×2 年度

项目	本年累计数/美元	汇率	折算为人民币金额/元
一、营业收入	105 000	8.2	861 000
减：营业成本	40 000	8.2	328 000
税金及附加	6 000	8.2	49 200
销售费用	8 000	8.2	65 600
管理费用	12 000	8.2	98 400
财务费用	10 000	8.2	82 000
二、营业利润	29 000	8.2	237 800
加：营业外收入	5 000	8.2	41 000
减：营业外支出	4 000	8.2	32 800
三、利润总额	30 000	8.2	246 000
减：所得税费用	10 000	8.2	82 000
四、净利润	20 000	8.2	164 000
五、每股收益	—	—	—
六、其他综合收益	0	—	−49 800
七、综合收益总额	20 000	—	114 200

表 12-3　资产负债表

编制单位：乙公司　　　　　　　　20×2 年 12 月 31 日

资产	期末数/美元	汇率	折算为人民币金额/元	负债和股东权益	期末数/美元	汇率	折算为人民币金额/元
流动资产：				流动负债：			
货币资金	20 000	8	160 000	短期借款	10 000	8	80 000
交易性金融资产	10 000	8	80 000	应付票据	2 000	8	16 000
应收票据	8 000	8	64 000	应付账款	15 000	8	120 000
应收账款	22 000	8	176 000	应付职工薪酬	12 000	8	96 000
存货	40 000	8	320 000	应交税费	3 000	8	24 000
流动资产合计	100 000		800 000	流动负债合计	42 000		336 000
非流动资产：				非流动负债：			
固定资产	120 000	8	960 000	长期借款	12 000	8	96 000
无形资产	30 000	8	240 000	长期应付款	20 000	8	160 000
非流动资产合计	150 000		1 200 000	非流动负债合计	32 000		256 000
				所有者权益：			
				实收资本	125 000	8.3	1 037 500
				其他综合收益	0		−49 800
				盈余公积	17 000		139 500
				未分配利润	34 000		280 800
				外币报表折算差额	0		−49 800
				所有者权益合计	176 000		1 408 000
资产总计	250 000		2 000 000	负债和所有者权益总计	250 000		2 000 000

表 12-4　所有者权益变动表

编制单位：乙公司　　　　　　　　20×2 年度

项目	实收资本			其他综合收益	盈余公积			未分配利润		所有者权益合计
	美元	汇率	人民币		美元	汇率	人民币	美元	人民币	
一、本年年初余额	125 000	8.3	1 037 500		11 000		90 300	20 000	166 000	1 293 800
二、本年增减变动金额										
（一）综合收益总额										114 200
净利润								20 000	164 000	164 000
其他综合收益的税后净额				−49 800						−49 800
其中：外币报表折算差额				−49 800						−49 800
（二）利润分配										
提取盈余公积					6 000	8.2	49 200	−6 000	−49 200	
三、本年年末余额	125 000	8.3	1 037 500	−49 800	17 000		139 500	34 000	280 800	1 408 000

2. 包含境外经营的合并财务报表编制的特殊处理

在企业境外经营为其子公司的情况下，企业在编制合并财务报表时，应按少数股东在境外经营所有者权益中所享有的份额计算少数股东应分担的外币报表折算差额，并入少数股东权益列示于合并资产负债表中。

在母公司含有实质上构成对子公司（境外经营）净投资的外币货币性项目的情况下，在编制合并财务报表时，应分别对以下两种情况编制抵销分录：

（1）实质上构成对子公司净投资的外币货币性项目以母公司或子公司的记账本位币反映，该外币货币性项目产生的汇兑差额应转入"其他综合收益"；

（2）实质上构成对子公司净投资的外币货币性项目，以母、子公司的记账本位币以外的货币反映，应将母、子公司此项外币货币性项目产生的汇兑差额相互抵销，差额计入"其他综合收益"。

如果合并财务报表中各子公司之间也存在实质上构成对另一子公司（境外经营）净投资的外币货币性项目，在编制合并财务报表时应比照上述原则编制相应的抵销分录。

12.3.2 恶性通货膨胀经济中境外经营财务报表的折算

1. 恶性通货膨胀经济的判定

当一个国家经济环境显示（但不局限于）以下特征时，应当判定该国处于恶性通货膨胀经济中：

（1）三年累计通货膨胀率接近或超过 100%；

（2）利率、工资、物价与物价指数挂钩，物价指数是物价变动趋势和幅度的相对数；

（3）一般公众不是以当地货币，而是以相对稳定的外币为单位作为衡量货币金额的基础；

（4）一般公众倾向于以非货币性资产或相对稳定的外币来保存自己的财富，持有的当地货币立即用于投资以保持购买力；

（5）即使信用期限很短，赊销、赊购交易仍按补偿信用期预计购买力损失的价格成交。

2. 处于恶性通货膨胀经济中境外经营财务报表的折算

企业对处于恶性通货膨胀经济中的境外经营财务报表进行折算时，需要先对其财务报表进行重述：对资产负债表项目运用一般物价指数予以重述，对利润表项目运用一般物价指数变动予以重述。然后，企业再按资产负债表日即期汇率进行折算。

（1）对资产负债表项目的重述。在对资产负债表项目进行重述时，由于现金、应收账款、其他应收款等货币性项目已经以资产负债表日的计量单位表述，因此不需要进行重述；通过协议与物价变动挂钩的资产和负债，应根据协议约定进行调整；在非货币项目中，有些是以资产负债表日的计量单位列示的，如存货已经以可变现净值列示，不需要进行重述。其他非货币性项目，如固定资产、投资、无形资产等，应自购置日起以一般物价指数予以重述。但是，对于在资产负债表日以公允价值计量的非货币性资产，例如投资性房地产，以资产负债表日的公允价值列示。

（2）对利润表项目的重述。在对利润表项目进行重述时，所有项目金额都需要自其初始确认之日起，以一般物价指数变动进行重述，以使利润表的所有项目都以资产负债表日的计量单位表述。由于上述重述而产生的差额计入当期净利润。

对资产负债表和利润表项目进行重述后，再按资产负债表日的即期汇率将资产负债表和利润表折算为记账本位币报表。

当境外经营不再处于恶性通货膨胀经济中时，企业应当停止重述，按照停止之日的价格水平重述的财务报表进行折算。

12.3.3 境外经营的处置

企业可能通过出售、清算、返还股东或放弃全部或部分权益等方式处置其在境外经营中的利益。企业应在处置境外经营的当期，将已列入合并财务报表所有者权益的外币报表折算差额中与该境外经营相关部分，自所有者权益项目转入处置当期损益。如果是部分处置境外经营，应当按处置的比例计算处置部分的外币报表折算差额，转入处置当期损益。

思考题

1. 记账本位币的含义是什么？如何确定企业的记账本位币？
2. 什么是外币交易？外币交易的内容有哪些？
3. 外币交易程序包括哪些主要环节？
4. 外币交易的记账方法有哪两种？我国企业的外币交易主要采用哪种记账方法？
5. 什么是折算汇率？它包括哪些内容？
6. 如何进行外币交易业务的会计处理？
7. 什么是外币报表折算？如何进行境外经营财务报表的折算？

第四篇

企业合并及合并报表

13　企业合并会计核算

13.1　企业合并概述

13.1.1　企业合并的概念

《企业会计准则第 20 号——企业合并》规定，企业合并是将两个或两个以上单独的企业合并形成一个报告主体的交易或事项。

企业合并的结果通常是一个企业取得了对一个或多个业务的控制权。构成企业合并至少包括两层含义：一是取得对另一个或多个企业（业务）的控制权；二是所合并的企业必须构成业务。

如果一个企业取得了对另一个或多个企业的控制权，而被购买方（被合并方）并不构成业务，则该交易或事项不形成企业合并。业务是指企业内部某些生产经营活动或资产负债的组合，该组合具有投入、加工处理和产出能力，能够独立计算其成本费用或所产生的收入，但一般不构成一个企业，不具有独立的法人资格，如企业的分公司、独立的生产车间等。

从企业合并的定义看，是否形成企业合并，除要看合并后的企业是否构成业务之外，关键要看有关交易或事项发生前后，是否引起报告主体的变化。报告主体的变化产生于控制权的变化。在交易事项发生以后，一方能够对另一方的生产经营决策实施控制，形成母子公司关系，就涉及控制权的转移，从合并财务报告角度形成报告主体的变化；交易事项发生以后，一方能够控制另一方的全部净资产，被合并的企业在合并后失去其法人资格，也涉及控制权及报告主体的变化，形成企业合并。

13.1.2　企业合并的分类

企业合并可以按不同的标准进行多种分类，比较常见的是按照法律形式和合并所涉及的行业分类。

1. 按合并的法律形式分类

按照合并的法律形式，企业合并可分为吸收合并、创立合并和控股合并三类。

（1）吸收合并

吸收合并也称兼并，是指一个企业通过发行股票、支付现金或发行债券等方式取得一个或若干个企业。合并方在企业合并时取得被合并方的全部净资产，并将有关资产、负债并入合并方自身的账簿和报表进行核算。企业合并后，注销被合并方的法人资格，由合并方持有合并中取得的被合并方的资产、负债，并在新的基础上继续经营。

（2）创立合并

创立合并也称新设合并，是指两个或两个以上的企业联合成立一个新企业，用新企业的股份交换原来各公司的股份。参与合并的各方在企业合并后法人资格均被注销，重新注册成立一家新的企业，由新注册成立的企业持有参与合并各企业的资产、负债，并在新的基础上经营。

（3）控股合并

控股合并是指一个企业通过支付现金、发行股票或发行债券的方式取得另一企业全部或部分有表决权的股份。合并方（购买方）通过企业合并交易或事项取得对被合并方（被购买方）的控制权，企业合并后能够通过所取得的股权等主导被合并方的生产经营决策，并自被合并方的生产经营活动中获益，被合并方在企业合并后仍维持其独立法人资格继续经营。在这种情况下，合并方与被合并方形成企业集团，需要编制合并报表。

2. 按合并所涉及的行业分类

按照合并所涉及的行业，企业合并可分为横向合并、纵向合并和混合合并。

（1）横向合并

横向合并是指一个公司与从事同类生产经营活动的其他公司合并。横向合并的目的是把一些规模较小的企业联合起来，组成企业集团，实现规模效益；或利用现有生产设备，增加产量，提高市场占有率。横向合并会削弱企业间的竞争，甚至会造成垄断，因此在一些国家受到反托拉斯法规的限制。

（2）纵向合并

纵向合并是指一个公司对处于同行业不同经营阶段公司进行并购。企业常常通过纵向合并，形成一个产、供、销一体化的企业集团，以增强实力。

（3）混合合并

混合合并是指从事不相关业务类型企业的合并。混合合并的主要目的是分散企业经营风险，增强生存和发展能力；或通过利用被合并企业的环境条件，跨越行业壁垒，进入新的经营领域。

3. 按合并双方在合并前后是否受同一方或相同多方最终控制分类

按照合并双方在合并前后是否受同一方或相同多方最终控制，企业合并可分为同一控制下的企业合并与非同一控制下的企业合并。

（1）同一控制下的企业合并

同一控制下的企业合并，是指参与合并的企业在合并前后均受同一方或相同的多方最终控制且该控制并非暂时性的。

判断某一企业合并是否属于同一控制下的企业合并，应当把握以下要点：

①能够对参与合并各方在合并前后均实施最终控制的一方通常指企业集团的母公司。

同一控制下的企业合并一般发生于企业集团内部，如集团内母子公司之间、子公司与子公司之间等。该类合并从本质上是集团内部企业之间的资产或权益的转移，能够对参与合并企业在合并前后均实施最终控制的一方为集团的母公司。

②能够对参与合并的企业在合并前后均实施最终控制的相同多方，是指根据合同或协议的约定，拥有最终决定参与合并企业的财务和经营政策，并从中获取利益的投资者群体。

③实施控制的时间性要求，是指参与合并各方在合并前后较长时间内为最终控制方所控制。具体是指在企业合并之前（合并日之前），参与合并各方被最终控制方控制的时间一般在 1 年以上（含 1 年），企业合并后所形成的报告主体被最终控制方控制的时间也应达到 1 年以上（含 1 年）。

④企业之间的合并是否属于同一控制下的企业合并，应综合构成企业合并交易的各方面情况，按照实质重于形式的原则进行判断。通常情况下，同一控制下的企业合并是指发生在同一企业集团内部企业之间的合并。同受国家控制的企业之间发生的合并，不应仅仅因为参与合并各方在合并前后均受国家控制而将其作为同一控制下的企业合并。

（2）非同一控制下的企业合并

非同一控制下的企业合并，是指参与合并各方在合并前后不受同一方或相同的多方最终控制的合并交易，即同一控制下企业合并以外的其他企业合并。

13.2　同一控制下企业合并的会计处理

同一控制下的企业合并，应采用权益结合法进行核算。其中，在合并日取得对其他参与合并企业控制权的一方为合并方，参与合并的其他企业为被合并方。合并日，是指合并方实际取得对被合并方控制权的日期。

13.2.1　同一控制下企业合并的处理原则

同一控制下的企业合并，在合并中不涉及自集团外少数股东手中购买股权的情况下，合并方应遵循以下原则进行相关的处理：

（1）合并方在合并中确认取得的被合并方的资产、负债仅限于被合并方账面上原已确认的资产和负债，合并中不产生新的资产和负债。

同一控制下的企业合并，从最终控制方的角度来看，其在企业合并发生前后能够控制的净资产价值量并没有发生变化，因此合并中不产生新的资产，但被合并方在企业合并前账面上原已确认的商誉应作为合并中取得的资产确认。

（2）合并方在合并中取得的被合并方各项资产、负债应维持其在被合并方的原账面价值不变。

合并方在同一控制下企业合并中取得的有关资产和负债不应因该项合并而改变其账面价值。从最终控制方的角度，其在企业合并交易或事项发生前控制的资产、负债，在该交易或事项发生后仍在其控制之下，因此该交易或事项原则上不应引起所涉及资产、负债的计价基础发生变化。

在确定合并中取得各项资产、负债的入账价值时，应予以注意的是，被合并方在企业合并前采用的会计政策与合并方不一致的，应基于重要性原则，首先统一会计政策，即合并方应当按照本企业会计政策对被合并方资产、负债的账面价值进行调整，并以调整后的账面价值作为有关资产、负债的入账价值。

（3）合并方在合并中取得的净资产的入账价值相对于为进行企业合并支付的对价账面价值之间的差额，不作为资产的处置损益，不影响合并当期利润表，有关差额应调整所有者权益相关项目。

合并方在企业合并中取得的价值量相对于所放弃价值量之间存在差额的，应当调整所有者权益。在根据合并差额调整合并方的所有者权益时，应首先调整资本公积（资本溢价或股本溢价），资本公积（资本溢价或股本溢价）的余额不足冲减的，应冲减留存收益。

13.2.2 同一控制下控股合并的会计处理

在同一控制下的企业合并中，合并方在合并后取得对被合并方生产经营决策的控制权，并且被合并方在企业合并后仍然继续经营的，合并方在合并日涉及两个方面的问题：一是对于因该项企业合并形成的对被合并方的长期股权投资的确认和计量问题；二是合并日合并财务报表的编制问题。

1. 长期股权投资的确认和计量

按照《企业会计准则第2号——长期股权投资》的规定，同一控制下企业合并形成的长期股权投资，合并方应以合并日被合并方所有者权益在最终控制方合并财务报表中的账面价值的份额作为形成长期股权投资的初始投资成本，借记"长期股权投资"科目；按享有被投资单位已宣告但尚未发放的现金股利或利润，借记"应收股利"科目；按支付的合并对价的账面价值，贷记有关资产或借记有关负债科目。以支付现金、非现金资产方式进行的，该初始投资成本与支付的现金、非现金资产的差额，相应调整资本公积（资本溢价或股本溢价），资本公积（资本溢价或股本溢价）的余额不足冲减的，相应调整盈余公积和未分配利润；以发行权益性证券方式进行的，长期股权投资的初始投资成本与所发行股份的面值总额之间的差额，应调整资本公积（资本溢价或股本溢价），资本公积（资本溢价或股本溢价）的余额不足冲减的，相应调整盈余公积和未分配利润。

合并方为进行企业合并发生的各项直接相关费用，包括为进行企业合并而支付的审计费用、评估费用、法律服务费用等，应当于发生时计入当期损益。为企业合并发行的债券或承担其他债务支付的手续费、佣金等，应当计入所发行债券及其他债务的初始计量金额。企业合并中发行权益性证券发生的手续费、佣金等费用，应当抵减权益性证券溢价收入，溢价收入不足冲减的，冲减留存收益。

2. 合并日合并财务报表的编制

同一控制下的企业合并形成母子公司关系的，合并方一般应在合并日编制合并财务报表，反映于合并日形成的报告主体的财务状况、视同该主体一直存在产生的经营成果等。编制合并日的合并财务报表，一般包括合并资产负债表、合并利润表及合并现金流量表。

（1）合并资产负债表

被合并方的有关资产、负债应以其账面价值并入合并财务报表（合并方与被合并方采用的会计政策不同的，指按照合并方的会计政策，对被合并方有关资产、负债经调整后的账面价值）。合并方与被合并方在合并日及以前期间发生的交易，应作为内部交易进行抵销。

（2）合并利润表

合并方编制的合并日的合并利润表，应包含合并方及被合并方自合并当期期初至合并日实现的净利润，双方在当期所发生的交易，应当按照合并财务报表的有关原则进行抵销。例如，同一控制下的企业合并发生于2022年3月31日，合并方当日编制的合并利润表，应包括合并方及被合并方自2022年1月1日至2022年3月31日实现的净利润。

为了帮助企业的会计信息使用者了解合并利润表中净利润的构成，发生同一控制下企业合并的当期，合并方在合并利润表中的"净利润"项下应单列"其中：被合并方在合并前实现的净利润"科目，反映合并当期期初至合并日自被合并方带入的损益。

合并日合并现金流量表的编制与合并利润表的编制原则相同。

【例13-1】A、B公司是甲公司控制下的两家子公司。A公司于2022年6月30日自母公司甲处取得B公司100%的股权。为进行该项企业合并，A公司发行了50万股本公司普通股（每股面值1元）作为对价。假定A、B公司采用的会计政策相同。合并日，A公司及B公司的资产负债表数据如表13-1所示。

表13-1 资产负债表（简表）

2022年6月30日   单位：万元

项目	A公司	B公司	
		账面价值	公允价值
银行存款	280	10	10
应收账款	50	30	28
存货	90	40	50
固定资产	360	120	190
资产总计	780	200	278
应付账款	28	42	39
应付债券	112	8	9
股本	200	30	
资本公积	140	40	
盈余公积	100	50	
未分配利润	200	30	
负债和所有者权益总计	780	200	

A 公司及 B 公司 2022 年 1 月 1 日至 6 月 30 日的利润表如表 13-2 所示。

表 13-2　利润表（简表）

2022 年 1 月 1 日至 6 月 30 日　　　　　　　　　　　　　　单位：万元

项目	A 公司	B 公司
一、营业收入	425	120
减：营业成本	338	95
税金及附加	2	0.5
销售费用	6	2
管理费用	15	5
财务费用	4	3.5
加：投资收益	3	1
二、营业利润	63	15
加：营业外收入	5	4.5
减：营业外支出	4.5	5.5
三、利润总额	63.5	14
减：所得税费用	21	4
四、净利润	42.5	10

（1）A 公司对该项合并进行账务处理：

借：长期股权投资　　　　　　　　　　　　　　　　　　　1 500 000

　　贷：股本　　　　　　　　　　　　　　　　　　　　　　500 000

　　　　资本公积　　　　　　　　　　　　　　　　　　　1 000 000

（2）假定 A 公司与 B 公司在合并前未发生任何交易，则 A 公司在编制合并日的合并财务报表时抵销分录为：

借：股本　　　　　　　　　　　　　　　　　　　　　　　300 000

　　资本公积　　　　　　　　　　　　　　　　　　　　　400 000

　　盈余公积　　　　　　　　　　　　　　　　　　　　　500 000

　　未分配利润　　　　　　　　　　　　　　　　　　　　300 000

　　贷：长期股权投资　　　　　　　　　　　　　　　　　1 500 000

A 公司在合并日编制的合并资产负债表、合并利润表分别如表 13-3、表 13-4 所示。

表 13-3 合并资产负债表（简表）

2022 年 6 月 30 日   单位：万元

项目	A 公司	B 公司	调整及抵销分录		合并金额
			借方	贷方	
银行存款	280	10			290
应收账款	50	30			80
存货	90	40			130
长期股权投资	150			150	
固定资产	360	120			480
资产总计	930	200			980
应付账款	28	42			70
应付债券	112	8			120
股本	250	30	30		250
资本公积	240	40	40		240
盈余公积	100	50	50		100
未分配利润	200	30	30		200
负债和所有者权益总计	930	200			980

表 13-4 合并利润表（简表）

2022 年 1 月 1 日至 6 月 30 日   单位：万元

项目	A 公司	B 公司	调整及抵销分录		合并金额
			借方	贷方	
一、营业收入	425	120			545
减：营业成本	338	95			433
税金及附加	2	0.5			2.50
销售费用	6	2			8
管理费用	15	5			20
财务费用	4	3.50			7.50
加：投资收益	3	1			4
二、营业利润	63	15			78
加：营业外收入	5	4.50			9.5
减：营业外支出	4.50	5.50			10
三、利润总额	63.50	14			77.50
减：所得税费用	21	4			25

表13-4（续）

项目	A公司	B公司	调整及抵销分录		合并金额
			借方	贷方	
四、净利润	42.50	10			52.50
其中：被合并方在合并前实现利润					10

合并现金流量表略。

13.2.3 同一控制下吸收合并的会计处理

在同一控制下的吸收合并中，合并方主要涉及合并日取得被合并方资产、负债入账价值的确定，以及合并中取得有关净资产的入账价值与支付的合并对价账面价值之间差额的处理。

1. 合并中取得资产、负债入账价值的确定

合并方对同一控制下吸收合并中取得的资产、负债应当按照相关资产、负债在被合并方的原账面价值入账。其中，对于合并方与被合并方在企业合并前采用的会计政策不同的，在将被合并方的相关资产和负债并入合并方的账簿和报表进行核算之前，首先应基于重要性原则，统一被合并方的会计政策，即应当按照合并方的会计政策对被合并方的有关资产、负债的账面价值进行调整后，以调整后的账面价值确认。

2. 合并差额的处理

合并方在确认了合并中取得的被合并方的资产和负债的入账价值后，以发行权益性证券方式进行的该类合并，所确认的净资产入账价值与发行股份面值总额的差额，应计入资本公积（资本溢价或股本溢价），资本公积（资本溢价或股本溢价）的余额不足冲减的，相应冲减盈余公积和未分配利润；以支付现金、非现金资产方式进行的该类合并，所确认的净资产入账价值与支付的现金、非现金资产账面价值的差额，相应调整资本公积（资本溢价或股本溢价），资本公积（资本溢价或股本溢价）的余额不足冲减的，应冲减盈余公积和未分配利润。

【例13-2】续【例13-1】，假设合并后B公司失去法人资格。

合并日（2022年6月30日），A公司应进行如下账务处理：

借：银行存款	100 000
应收账款	300 000
存货	400 000
固定资产	1 200 000
贷：应付账款	420 000
应付债券	80 000
股本	500 000
资本公积	1 000 000

13.3　非同一控制下企业合并的会计处理

非同一控制下的企业合并，应采用购买法进行核算。购买法是从购买方的角度出发，该项交易中购买方取得了被购买方的净资产或是对净资产的控制权，应确认所取得的资产以及应当承担的债务，包括被购买方原来未予确认的资产和负债。

13.3.1　非同一控制下企业合并的处理原则

1. 购买方的确定

采用购买法核算企业合并的首要前提是确定购买方。购买方是指在企业合并中取得对另一方或多方控制权的一方。参与合并的其他企业为被购买方。合并中一方取得了另一方半数以上有表决权股份的，除非有明确的证据表明该股份不能形成控制，一般认为取得控股权的一方为购买方。某些情况下，即使一方没有取得另一方半数以上有表决权股份，但存在以下情况时，一般也可认为其获得了对另一方的控制权，如：

（1）通过与其他投资者签订协议，实质上拥有被购买企业半数以上表决权。

（2）按照法律或协议等的规定，具有主导被购买企业财务和经营决策的权利。

（3）有权任免被购买企业董事会或类似权力机构绝大多数成员。

（4）在被购买企业董事会或类似权力机构具有绝大多数投票权。

2. 购买日的确定

购买日，是指购买方实际取得对被购买方控制权的日期，即在企业合并的交易过程中，控制权发生转移的日期。同时满足以下条件时，一般可认为实现了控制权的转移，形成购买日。有关的条件包括：

（1）企业合并合同或协议已获股东大会等内部权力机构通过，如对于股份有限公司，其内部权力机构一般指股东大会。

（2）按照规定，合并事项需要经过国家有关主管部门审批的，已获得相关部门的批准。

（3）参与合并各方已办理了必要的财产权交接手续。作为购买方，其通过企业合并无论是取得对被购买方的股权还是被购买方的全部净资产，能够形成与取得股权或净资产相关的风险和报酬的转移，一般需办理相关的财产权交接手续，从而在法律上保障有关风险和报酬的转移。

（4）购买方已支付了购买价款的大部分（一般应超过50%），并且有能力支付剩余款项。

（5）购买方实际上已经控制了被购买方的财务和经营政策，并享有相应的收益和风险。

3. 企业合并成本的确定

企业合并成本包括购买方为进行企业合并支付的现金或非现金资产、发行或承担的债务、发行的权益性证券等在购买日的公允价值。

合并方为进行企业合并发生的各项直接相关费用和同一控制下企业合并过程中发生的有关费用处理方法一致。

4. 企业合并成本在取得的可辨认资产和负债之间的分配

在非同一控制下的企业合并中，购买方取得了对被购买方净资产的控制权，视合并方式的不同，应分别在合并财务报表或个别财务报表中确认合并中取得的各项可辨认资产和负债。

（1）购买方在企业合并中取得的被购买方各项可辨认资产和负债，要作为本企业的资产、负债（合并财务报表中的资产、负债）进行确认，在购买日，应当满足资产、负债的确认条件。

（2）企业合并中取得的无形资产在其公允价值能够可靠计量的情况下应单独予以确认。

在公允价值能够可靠计量的情况下，应区别于商誉单独确认的无形资产一般包括商标、版权及与其相关的许可协议、特许权、分销权等类似权利、专利技术、专有技术等。

（3）对于购买方在企业合并时可能需要代被购买方承担的或有负债，在其公允价值能够可靠计量的情况下，应作为合并中取得的负债单独确认。

（4）企业合并中取得的资产、负债在满足确认条件后，应以其公允价值计量。

对于被购买方在企业合并之前已经确认的商誉和递延所得税项目，购买方在对企业合并成本进行分配、确认合并中取得可辨认资产和负债时不予考虑。在按照规定确定了合并中应予以确认的各项可辨认资产、负债的公允价值后，其计税基础与账面价值不同形成暂时性差异的，应当按照所得税会计准则的规定确认相应的递延所得税资产或递延所得税负债。

5. 企业合并成本与合并中取得的被购买方可辨认净资产公允价值份额之间差额的处理

购买方对于企业合并成本与确认的可辨认净资产公允价值份额的差额，应视情况分别处理。

（1）企业合并成本大于合并中取得的被购买方可辨认净资产公允价值份额的差额应确认为商誉。视企业合并方式的不同，在控股合并的情况下，该差额是指在合并财务报表中应予以列示的商誉，即长期股权投资的成本与购买日按照持股比例计算确定应享有被购买方可辨认净资产公允价值份额之间的差额；在吸收合并的情况下，该差额是购买方在其账簿及个别财务报表中应确认的商誉。

（2）企业合并成本小于合并中取得的被购买方可辨认净资产公允价值份额的部分，应计入合并当期损益。在这种情况下，购买方首先要对合并中取得的资产、负债的公允价值、作为合并对价的非现金资产或发行的权益性证券等的公允价值进行复核。如果复核结果表明所确定的各项资产和负债的公允价值确定是恰当的，应将企业合并成本低于取得的被购买方可辨认净资产公允价值份额之间的差额，计入合并当期的营业外收入，并在会计报表附注中予以说明。

在吸收合并的情况下，上述企业合并成本小于合并中取得的被购买方可辨认净资产公允价值份额的差额，应计入购买方合并当期的个别利润表；在控股合并的情况下，上述差额应体现在购买方合并当期的合并利润表中，不影响购买方的个别利润表。

6. 购买日合并财务报表的编制

非同一控制下的企业合并中形成母子公司关系的，购买方一般应于购买日编制合并资产负债表，反映其于购买日开始能够控制的经济资源情况。在合并资产负债表中，合并中取得的被购买方各项可辨认资产、负债应以其在购买日的公允价值计量，长期股权投资的成本大于合并中取得的被购买方可辨认净资产公允价值份额的差额，体现为合并财务报表中的商誉；长期股权投资的成本小于合并中取得的被购买方可辨认净资产公允价值份额的差额，应计入合并当期损益。因购买日不需要编制合并利润表，该差额体现在合并资产负债表中，应调整合并资产负债表的盈余公积和未分配利润。

需要强调的是，在非同一控制下的企业合并中，作为购买方的母公司在进行有关会计处理后，应单独设置备查簿，记录其在购买日取得的被购买方各项可辨认资产、负债的公允价值以及因企业合并成本大于合并中取得的被购买方可辨认净资产公允价值的份额应确认的商誉金额，或因企业合并成本小于合并中取得的被购买方可辨认净资产公允价值的份额计入当期损益的金额，作为企业合并当期以及以后期间编制合并财务报表的基础。企业合并当期期末以及合并以后期间，应当纳入合并财务报表中的被购买方资产、负债等，是以购买日确定的公允价值为基础持续计算的结果。

13.3.2 非同一控制下控股合并的会计处理

在非同一控制下的企业合并中，购买方所涉及的会计处理问题主要有两个方面：一是购买日因进行企业合并形成的对被购买方的长期股权投资初始投资成本的确定，该成本与作为合并对价支付的有关资产账面价值之间差额的处理；二是购买日合并财务报表的编制。

在非同一控制下的企业合并中，购买方取得对被购买方的控制权的，在购买日应当按照确定的企业合并成本（不包括自被购买方收取的现金股利或利润），作为形成的对被购买方长期股权投资的初始投资成本，借记"长期股权投资"科目，按享有被投资单位已宣告但尚未发放的现金股利或利润，借记"应收股利"科目，按支付合并对价的账面价值，贷记有关资产或借记有关负债科目，贷记"银行存款"等科目，按其差额，贷记或借记"资产处置损益"等科目。按发生的直接相关费用，借记"管理费用"科目，贷记"银行存款"等科目。

购买方为取得对被购买方的控制权，以支付非货币性资产为对价的，有关非货币性资产在购买日的公允价值与其账面价值的差额，应作为资产的处置损益，计入合并当期的利润表中。其中，以库存商品等作为合并对价的，应按库存商品的公允价值，贷记"主营业务收入"科目，同时结转相关的成本。

【例 13-3】续【例 13-1】的资料，假设 A 公司和 B 公司不属于同一控制下的两个公司。A 公司于 2022 年 6 月 30 日发行 50 万股普通股（每股面值 1 元，市场价 4 元），取得 B 公司 80% 股权。则购买方 A 公司购买日的会计处理为：

（1）确认长期股权投资

借：长期股权投资 2 000 000

 贷：股本 500 000

  资本公积——股本溢价 1 500 000

（2）计算确定商誉

假定 B 公司除已确认资产外，不存在其他需要确认的资产及负债，则 A 公司首先计算合并中应确认的合并商誉。

合并商誉＝合并成本−合并中取得被购买方可辨认净资产公允价值份额

＝200−（278−39−9）×80%＝16（万元）

（3）编制调整与抵销分录

借：存货 100 000

 固定资产 700 000

 应付账款 30 000

  贷：应收账款 20 000

   应付债券 10 000

   资本公积 800 000

借：股本 300 000

 资本公积 1 200 000

 盈余公积 500 000

 未分配利润 300 000

 商誉 160 000

  贷：长期股权投资 2 000 000

   少数股东权益 460 000

（4）编制合并资产负债表

A 公司在购买日编制的合并资产负债表如表 13-5 所示。

表 13-5 合并资产负债表（简表）

2022 年 6 月 30 日 单位：万元

项目	A 公司	B 公司	调整及抵销分录		合并金额
			借方	贷方	
银行存款	280	10			290
应收账款	50	30		2	78
存货	90	40	10		140
长期股权投资	200			200	
固定资产	360	120	70		550
商誉			16		16
资产总计	980	200			1 074
应付账款	28	42	3		67

表13-5（续）

项目	A公司	B公司	调整及抵销分录		合并金额
			借方	贷方	
应付债券	112	8		1	121
股本	250	30	30		250
资本公积	290	40	120	80	290
盈余公积	100	50	50		100
未分配利润	200	30	30		200
少数股东权益				46	46
负债和所有者权益总计	980	200			1 074

13.3.3　非同一控制下吸收合并的会计处理

非同一控制下的吸收合并，购买方在购买日应当将合并中取得的符合确认条件的各项资产、负债，按其公允价值确认为本企业的资产和负债；作为合并对价的有关非货币性资产在购买日的公允价值与其账面价值的差额，应作为资产的处置损益计入合并当期的利润表；确定的企业合并成本与所取得的被购买方可辨认净资产公允价值的差额，视情况分别确认为商誉或是作为企业合并当期的损益计入利润表。其具体处理原则与非同一控制下的控股合并类似，不同点在于在非同一控制下的吸收合并中，合并中取得的可辨认资产和负债是作为个别报表中的项目列示，合并中产生的商誉也是作为购买方账簿及个别财务报表中的资产列示。

思考题

1. 什么是企业合并？企业合并是怎样进行分类的？
2. 试述同一控制下企业合并的会计处理原则。
3. 试述非同一控制下企业合并的会计处理原则。

14 企业合并报表

14.1 合并财务报表概述

14.1.1 合并财务报表的特点及作用

1. 合并财务报表的含义及特点

（1）合并财务报表，也称合并会计报表，是指反映母公司和其全部子公司形成的企业集团整体财务状况、经营成果和现金流量的财务报表。与个别财务报表相比，合并财务报表反映的对象是由母公司及其全部子公司组成的会计主体。

（2）合并财务报表是以整个企业集团为会计主体，以纳入合并范围企业的个别财务报表为基础，抵销内部交易或事项对个别财务报表的影响后编制而成的。与个别财务报表相比，它具有如下特点：

①合并财务报表反映的是企业集团整体的财务状况、经营成果和现金流量，反映的对象是由若干个法人（包括母公司及其全部子公司）组成的会计主体，是经济意义上的会计主体，而不是法律意义上的主体。

②合并财务报表的编制主体是母公司。并不是企业集团中所有企业都必须编制合并财务报表，更不是社会上所有企业都需要编制合并财务报表。

③合并财务报表以企业集团个别财务报表为基础编制。合并财务报表是以纳入合并范围的企业个别财务报表为基础，根据其他有关资料，抵销有关会计事项对个别财务报表的影响编制的。

2. 合并财务报表的作用

（1）合并财务报表能够向财务报告的使用者提供反映企业集团整体财务状况、经营成果和现金流量的会计信息，有助于财务报告的使用者做出经济决策。在控股经营的情况下，母公司及其控制的子公司都是独立的法人实体，分别编制各自的财务报表，反映各自企业的生产经营情况，但这些财务报表并不能有效地提供反映整个企业集团经营情况的会计信息。要了解控股公司整体经营情况，就需要将控股公司与被控股子公司的财务报表进行合并，通过合并财务报表提供反映整个企业集团整体经营情况的会计信息，从而满足有关信息用户经济决策的需要。

（2）合并财务报表有利于避免一些母公司利用控制关系，人为粉饰财务报表情况的发生。控股公司的发展带来了一系列新的问题，一些控股公司利用对子公司的控制和从属关系，运用内部转移价格等手段，如低价向子公司提供原材料、高价收购子公司产品，出于避税考虑而转移利润；再如，通过高价向集团内的其他企业进行销售、低价购买其他企业的原材料，转移亏损。因此，通过编制合并财务报表，可以将企业集团内部交易所产生的收入及利润予以抵销，使财务报表反映企业集团真实的财务和经营情况，有利于防止和避免公司人为操纵利润、粉饰财务报表的情况发生。

14.1.2 合并财务报表的合并理论

1. 所有权理论

所有权理论也称业主权理论，是一种着眼于母公司在子公司所持有的所有权的合并理论。该理论认为，母子公司之间的关系是拥有与被拥有的关系，编制合并财务报表的目的，是向母公司的股东报告其所拥有的资源。合并财务报表只是为了满足母公司股东的信息需求，而不是为了满足子公司少数股东的信息需求，后者的信息需求应当通过子公司的个别财务报表予以满足。

按照所有权理论，母公司在合并非全资子公司的财务报表时，应当按照母公司实际拥有的股权比例，合并子公司的资产、负债、所有者权益和损益。

2. 主体理论

主体理论也称实体理论，是一种站在由母公司及其子公司组成的统一主体的角度，来看待母子公司间的控股合并关系的合并理论。该理论认为，母子公司之间的关系是控制与被控制的关系，而不是拥有与被拥有的关系。由于存在控制与被控制的关系，母子公司在资产的运用、经营与财务决策上就成为独立于其终极所有者的一个统一体，这个统一体就应当是编制合并财务报表的主体。

主体理论主要特征为：①子公司中的少数股东权益是企业集团股东权益的一部分，在资产负债表中应与母公司权益同列；②合并净收益属于企业集团全体股东的收益，要在母公司权益和少数股东权益之间加以分配；③子公司的所有资产负债均按公允市价计量，商誉按子公司的全部公允价值推断而得，即包括少数股东权益享有的商誉；④在编制合并会计报表时所有内部交易产生的未实现利润无论顺销还是逆销均应全额抵销。

3. 母公司理论

母公司理论是一种站在母公司股东的角度，来看待母公司与子公司之间的控股合并关系的理论。该理论强调母公司股东的利益，它不将子公司当作独立的法人看待，而是将其视为母公司的附属机构。母公司理论主要特征为：

（1）子公司中的少数股东权益作为资产负债表中的负债项目列示。

（2）少数股东在子公司当年净收益中应享有的收益份额作为合并利润表中的费用项目列示。

（3）在购买方式合并下，对子公司的同一资产项目采用双重计价，属于母公司权益部分按购买价格计价，而属于少数股东权益部分仍按历史成本计价，商誉也不确认属于子公司的部分。

（4）公司间未实现利润在顺销时要全额抵销，而在逆销时应按母公司所享有的权益比例抵销。

应当指出，在合并财务报表实务中，往往不是单独运用某一种合并理论，而是综合运用不同的合并理论。

14.1.3　合并财务报表的合并范围

合并财务报表的合并范围是指纳入合并财务报表编报的子公司的范围，主要明确哪些被投资单位（主体）应当纳入合并财务报表的编报范围，哪些被投资单位（主体）不应当纳入合并财务报表的编报范围。合并财务报表的合并范围是编制合并财务报表的前提。

《企业会计准则第33号——合并财务报表》规定，合并财务报表的合并范围应当以控制为基础予以确定。

1. 控制的定义

控制，是指投资方拥有对被投资方的权利，通过参与被投资方的相关活动而享有可变回报，并且有能力运用对被投资方的权利影响其回报金额。控制的定义包含三项基本要素：一是投资方拥有对被投资方的权利，二是因参与被投资方的相关活动而享有可变回报，三是有能力运用对被投资方的权利影响其回报金额。在判断投资方是否能够控制被投资方时，当且仅当投资方具备上述三要素时，才能表明投资方能够控制被投资方。

2. 母公司与子公司

企业集团由母公司及其全部子公司构成。如图14-1所示，假定A公司能够控制B公司，A公司和B公司构成了企业集团。如图14-2所示，假定A公司能够同时控制B1公司、B2公司、B3公司和B4公司，A公司和B1公司、B2公司、B3公司、B4公司构成了企业集团。

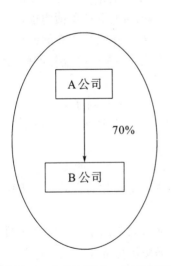

图14-1　企业集团（一个子公司）

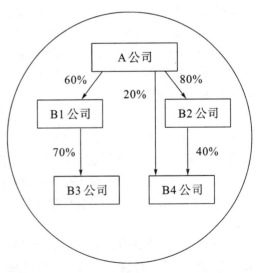

图14-2　企业集团（多个子公司）

　　母公司是指有一个或一个以上子公司的企业（主体，下同）。从母公司的定义可以看出，母公司要求同时具备两个条件：一是必须有一个或一个以上的子公司，必须满足控制的要求，能够决定另一个企业的财务和经营政策，并具有从另一个或多个企业的经营活动中获取利益的权利。母公司可以只控制一个子公司（见图14-1），也可以同时控制多个子公司（见图14-2）。二是母公司可以是企业，如《中华人民共和国公司法》所规范的股份有限公司、有限责任公司等；也可以是主体，如非企业形式的，但形成会计主体的其他组织，如基金等。

　　子公司是指被母公司控制的企业。从子公司的定义可以看出，子公司也要求同时具备两个条件：一是作为子公司必须被母公司控制，并且只能由一个母公司控制，不可能也不允许被两个或多个母公司同时控制。被两个或多个公司共同控制的被投资单位是合营企业，而不是子公司。二是子公司可以是企业，如《中华人民共和国公司法》所规范的股份有限公司、有限责任公司等；也可以是主体，如非企业形式的，但形成会计主体的其他组织，如基金以及信托项目等特殊目的主体等。

　　3. 控制标准的具体应用

　　在实际工作中，投资方应当在综合考虑所有相关事实和情况的基础上对是否控制被投资方进行判断。相关事实和情况主要包括：被投资方的设立目的和设计；被投资方的相关活动以及如何对相关活动做出决策；投资方享有的权利是否使其目前有能力主导被投资方的相关活动；投资方是否通过参与被投资方的相关活动而享有可变回报；投资方是否有能力运用对被投资方的权利影响其回报金额；投资方与其他方的关系等。

　　投资方拥有对被投资方的权利是判断控制的第一要素。在判断投资方是否对被投资方拥有权利时，应注意以下几点：权利只表明投资方主导被投资方相关活动的现时能力，并不要求投资方实际行使其权利；权利是一种实质性权利，而不是保护性权利；权利是为自己行使的，而不是代其他方行使的；权利通常表现为表决权，但有时也可能表现为其他合同安排。

　　通常情况下，当被投资方从事一系列对其回报产生显著影响的经营及财务活动，且需要就这些活动连续地进行实质性决策时，表决权或类似权利本身或者结合其他安排，将赋予投资方拥有权利。但在一些情况下，表决权不能对被投资方回报产生重大影响（例如，表决权可能仅与日常行政活动有关），被投资方的相关活动由一项或多项合同安排决定。投资方拥有对被投资方的权利主要包括以下三种情况：

　　（1）投资方拥有多数表决权的权利。表决权是对被投资方经营计划、投资方案、年度财务预算方案和决算方案、利润分配方案和弥补亏损方案、内部管理机构的设置、聘任或解聘公司经理及确定其报酬、公司的基本管理制度等事项进行表决而持有的权利。表决权比例通常与其出资比例或持股比例是一致的，但公司章程另有规定的除外。

　　通常情况下，当被投资方的相关活动由持有半数以上表决权的投资方决定，或者主导被投资方相关活动的管理层多数成员（管理层决策由多数成员表决通过）由持有半数以上表决权的投资方聘任时，无论该表决权是否行使，持有被投资方过半数表决权的投资方拥有对被投资方的权利，但下述两种情况除外：

　　一是存在其他安排赋予被投资方的其他投资方拥有对被投资方的权利。例如，存在赋予其他方拥有表决权或实质性潜在表决权的合同安排，且该其他方不是投资方的代理人时，投资方不拥有对被投资方的权利。

二是投资方拥有的表决权不是实质性权利。例如，有确凿证据表明，由于客观原因无法获得必要的信息或存在法律法规的障碍，投资方虽持有半数以上表决权但无法行使该表决权时，该投资方不拥有对被投资方的权利。

投资方拥有被投资单位半数以上表决权，通常包括如下三种情况：

第一，投资方直接拥有被投资单位半数以上表决权。如图14-1所示，假定A公司直接拥有B公司表决权的70%，在这种情况下，B公司就成为A公司的子公司，A公司编制合并财务报表时，必须将B公司纳入其合并范围。

第二，投资方间接拥有被投资单位半数以上表决权。间接拥有半数以上表决权，是指投资方通过子公司而对子公司的子公司拥有半数以上表决权。如图14-2所示，假定A公司拥有Bl公司60%的表决权，而Bl公司又拥有B3公司70%的表决权。在这种情况下，A公司作为母公司通过其子公司Bl公司，间接拥有B3公司70%的表决权，从而B3公司也是A公司的子公司，A公司编制合并财务报表时，也应当将B3公司纳入其合并范围。需要注意的是，A公司间接拥有B3公司的表决权是以Bl公司为A公司的子公司为前提的。

第三，投资方通过直接和间接方式合计拥有被投资单位半数以上表决权。直接和间接方式合计拥有半数以上表决权，是指投资方以直接方式拥有某一被投资单位半数以下的表决权，同时又通过其他方式如通过子公司拥有该被投资单位一部分的表决权，两者合计拥有该被投资单位半数以上的表决权。例如，如图14-2所示，假定A公司拥有B2公司80%的表决权，拥有B4公司20%的表决权；B2公司拥有B4公司40%的表决权。在这种情况下，B2公司为A公司的子公司，A公司通过子公司B2公司间接拥有B4公司40%的表决权，与直接拥有20%的表决权合计，A公司共拥有B4公司60%的表决权，从而B4公司属于A公司的子公司，A公司编制合并财务报表时，也应当将B4公司纳入其合并范围。

需要注意的是，确定持有半数以上表决权的投资方是否拥有权利，关键在于该投资方现时是否有能力主导被投资方的相关活动。当其他投资方现时有权利能够主导被投资方的相关活动，且其他投资方不是投资方的代理人时，投资方就不拥有对被投资方的权利。当表决权不是实质性权利时，即使投资方持有被投资方多数表决权，也不拥有对被投资方的权利。例如，当被投资方相关活动被政府、法院、管理人、接管人、清算人或监管人等其他方主导时，投资方虽然持有多数表决权，但也不可能主导被投资方的相关活动。被投资方自行清算的除外。

（2）投资方持有被投资方半数或以下的表决权，但通过与其他表决权持有人之间的协议能够控制半数以上表决权。这种情况是指母公司与其他投资者共同投资某企业，母公司与其中的某些投资者签订书面协议，受托管理和控制该被投资单位，从而在被投资单位的董事会上拥有该被投资单位半数以上表决权。在这种情况下，母公司对这一被投资单位的财务和经营政策拥有控制权，使该被投资单位成为事实上的子公司，应当将其纳入合并财务报表的合并范围。

（3）投资方持有被投资方半数或以下的表决权，但其目前有能力主导被投资方相关活动。投资方持有被投资方半数或以下的表决权，但综合考虑下列事实和情况后，判断投资方持有的表决权足以使其目前有能力主导被投资方相关活动的，视为投资方对被投资方拥有权利：

①投资方持有的表决权相对于其他投资方持有的表决权份额的大小，以及其他投资方持有表决权的分散程度。

②投资方和其他投资方持有的被投资方的潜在表决权。潜在表决权是获得被投资方表决权的权利，例如，可转换工具、可执行认股权证、远期股权购买合同或其他期权所产生的权利。

③其他合同安排产生的权利。投资方可通过将持有的表决权与其他决策权相结合的方式，使其当前能够主导被投资方的相关活动。例如，合同安排赋予投资方能够聘任被投资方董事会或类似权力机构多数成员，这些成员能够主导董事会或类似权力机构对相关活动的决策。但是，在不存在其他权利时，仅仅是被投资方对投资方的经济依赖（如供应商与其主要客户的关系），不会导致投资方对被投资方拥有权利。

④被投资方以往的表决权行使情况等其他相关事实和情况。

4. 纳入合并范围的特殊情况——对被投资方可分割部分的控制

投资方通常应当对是否控制被投资方整体进行判断。但在少数情况下，如果有确凿证据表明同时满足下列条件并且符合相关法律法规规定的，投资方应当将被投资方的一部分视为被投资方可分割的部分，进而判断是否控制该部分（可分割部分）：

（1）该部分的资产是偿付该部分负债或该部分其他利益方的唯一来源，不能用于偿还该部分以外的被投资方的其他负债；

（2）除与该部分相关的各方外，其他方不享有与该部分资产相关的权利，也不享有与部分资产剩余现金流量相关的权利。

5. 合并范围的豁免——投资性主体

母公司应当将其全部子公司（包括母公司所控制的被投资单位可分割部分、结构化主体）纳入合并范围。但是，如果母公司是投资性主体，则只应将那些为投资性主体的投资活动提供相关服务的子公司纳入合并范围，其他子公司不予合并，母公司对其他子公司的投资应当按照公允价值计量且其变动计入当期损益。

一个投资性主体的母公司如果其本身不是投资性主体，则应当将其控制的全部主体，包括投资性主体以及通过投资性主体间接控制的主体，纳入合并财务报表范围。

当母公司同时满足以下三个条件时，该母公司属于投资性主体：一是该公司以向投资方提供投资管理服务为目的，从一个或多个投资者处获取资金；二是该公司的唯一经营目的，是通过资本增值、投资收益或两者兼有而让投资者获得回报；三是该公司按照公允价值对几乎所有投资的业绩进行计量和评价。

投资性主体通常应当符合下列四个特征：一是拥有一个以上投资；二是拥有一个以上投资者；三是投资者不是该主体的关联方；四是该主体的所有者权益以股权或类似权益存在。

14.1.4 合并财务报表的种类及编制原则

1. 合并财务报表的种类

合并财务报表主要包括合并资产负债表、合并利润表、合并所有者权益变动表（合并股东权益变动表）和合并现金流量表，它们分别从不同的方面反映企业集团的经营情况，构成一个完整的合并财务报表体系。

（1）合并资产负债表是反映企业集团某一特定日期财务状况的财务报表。其格式如表14-5所示。

（2）合并利润表是反映企业集团在一定期间经营成果的财务报表。其格式如表14-6所示。

（3）合并所有者权益变动表（合并股东权益变动表）是反映母公司在一定期间内，包括经营成果分配在内的所有者（股东）权益增减变动情况的财务报表。它从母公司的角度，站在母公司所有者的立场反映企业所有者（股东）在母公司中的权益增减变动情况。其格式如表14-7所示。

（4）合并现金流量表是反映企业集团在一定期间现金流入、流出量以及现金净增减变动情况的财务报表。其格式如表14-8所示。

2. 合并财务报表的编制原则

合并财务报表作为财务报表，必须符合财务报表编制的一般原则和基本要求。除此之外，还应当遵循以下原则和要求：

（1）以个别财务报表为基础编制。合并财务报表并不是直接根据母公司和子公司的账簿资料编制的，而是利用母公司和子公司编制的反映各自财务状况和经营成果的财务报表提供的数据，通过合并财务报表的特有方法进行编制的。这是客观性原则在合并财务报表编制时的具体体现。

（2）一体性原则。合并财务报表反映的是企业集团的财务状况和经营成果，在编制合并财务报表时应当将母公司和所有子公司作为一个整体来看待，视为同一会计主体。因此，在编制合并财务报表时，对于母公司和子公司、子公司相互之间产生的经济业务，应当作为同一会计主体之下的内部业务处理。

（3）重要性原则。与个别财务报表相比，合并财务报表涉及多个法人实体，涉及的经营活动范围很广，母公司与子公司的经营活动往往跨越不同行业界限，有时母公司与子公司经营活动甚至相差很大。合并财务报表要综合反映这样的会计主体的财务情况，必然要涉及重要性的判断问题。特别是在拥有众多子公司的情况下，更是如此。如一些项目在企业集团中的某一企业具有重要性，但对于整个企业集团则不一定具有重要性，在这种情况下根据重要性的要求对会计报表进行取舍，则具有重要的意义。此外，母公司与子公司、子公司相互之间发生的经济业务，对整个企业集团的财务状况和经营成果影响不大时，为简化合并手续也应根据重要性原则进行取舍，可以不编制抵销分录而直接合并。

14.1.5　合并财务报表编制的前期准备事项

合并财务报表的编制涉及多个子公司，为了使编制的合并财务报表准确、全面反映企业集团的真实情况，必须做好一系列的前期准备事项。这些前期准备事项主要包括以下几项：

1. 统一母子公司的会计政策

会计政策是企业在进行会计核算和编制财务报表时所采用的会计原则、会计程序和会计处理方法，是编制财务报表的基础。统一母子公司的会计政策是保证母子公司财务报表各项目反映内容一致的基础。只有在母子公司财务报表各项目反映内容一致的情况下，才能对其进行加总，编制合并财务报表。因此，在编制合并财务报表之前，母公司应当尽可能统一集团内部的会计政策，统一要求子公司所采取的会计政策与母公司保持一致。

2. 统一母子公司资产负债表日及会计期间

由于财务报表是反映企业一定日期的财务状况和一定会计期间的经营成果，只有在母公司与各子公司的个别财务报表反映财务状况的日期和反映经营成果的会计期间一致的情况下，才能以这些个别财务报表为基础编制合并财务报表。为了编制合并财务报表，必须统一企业集团内所有子公司的资产负债表日和会计期间，使子公司的资产负债表日和会计期间与母公司保持一致，以便于子公司提供相同资产负债表日和会计期间的财务报表。

3. 对子公司外币财务报表进行折算

对母公司和子公司的财务报表进行合并，其前提是母、子公司个别财务报表所采用的货币计量尺度一致。在我国允许外部业务较多的企业采用某一外币作为记账本位币，境外企业一般也采用其所在国或地区的货币作为记账本位币。在将这些企业的财务报表进行合并时，必须将其折算为母公司所采用的记账本位币表示的财务报表。

4. 收集编制合并财务报表相关资料

合并财务报表以母公司和子公司的财务报表以及其他有关资料为依据，由母公司合并有关项目的数额编制。为编制合并财务报表，母公司应当要求子公司提供以下资料：

（1）子公司相应期间的财务报表；

（2）与母公司及其他子公司之间发生的内部购销交易、债权债务、投资及其产生的现金流量和未实现内部销售损益的期初、期末余额及变动情况等资料；

（3）子公司所有者权益变动和利润分配的有关资料；

（4）编制合并财务报表所需要的其他资料。

14.1.6　合并财务报表的编制程序

第一步，设置合并工作底稿。设置合并工作底稿的作用是为合并财务报表的编制提供基础。在合并工作底稿中，对母公司和子公司的个别财务报表各项目的金额进行汇总和抵销处理，最终计算得出合并财务报表各项目的合并金额。合并工作底稿的格式如表 14-4 所示。

第二步，将母公司、纳入合并范围的子公司的个别资产负债表、利润表及所有者权益变动表各项目的数据录入合并工作底稿，并在合并工作底稿中对母公司和子公司个别财务报表的数据进行加总，计算得出个别资产负债表、利润表及所有者权益变动表各项目的合计数额。

第三步，编制调整分录与抵销分录，将母公司与子公司、子公司相互之间发生的经济业务对个别财务报表有关项目的影响进行调整抵销处理。进行调整抵销处理是合并财务报表编制的关键和主要内容，其目的在于对因会计政策和计量基础的差异而对个别财务报表产生的影响进行调整，以及将个别财务报表各项目的加总金额中重复的因素予以抵销。

第四步，计算合并财务报表各项目的合并数额。在母公司和子公司个别财务报表各项目加总金额的基础上，分别计算出合并财务报表中各资产项目、负债项目、所有者权益项目、收入项目和费用项目等的合并金额。计算方法如下：

（1）资产类各项目，其合并金额根据该项目加总金额，加上该项目调整与抵销分录有关的借方发生额，减去该项目调整与抵销分录有关的贷方发生额计算确定。

（2）负债类各项目和所有者权益类项目，其合并金额根据该项目加总金额，减去该项目调整与抵销分录有关的借方发生额，加上该项目调整与抵销分录有关的贷方发生额计算确定。

（3）有关收益类各项目，其合并金额根据该项目加总金额，减去该项目调整与抵销分录的借方发生额，加上该项目调整与抵销分录的贷方发生额计算确定。

（4）有关成本费用类项目和有关利润分配的项目，其合并金额根据该项目加总金额，加上该项目调整与抵销分录的借方发生额，减去该项目调整与抵销分录的贷方发生额计算确定。

第五步，填列合并财务报表。根据合并工作底稿中计算出的资产、负债、所有者权益、收入、成本费用类各项目的合并金额，填列生成正式的合并财务报表。

14.2 合并资产负债表、合并利润表与合并所有者权益变动表的编制

合并资产负债表、合并利润表与合并所有者权益变动表都是以母公司和纳入合并范围的子公司的个别财务报表为基础编制的。个别财务报表是以单个企业为会计主体进行会计核算的结果，它从母公司或子公司本身的角度对自身的财务状况、经营成果进行反映。企业集团内部发生的经济业务，均在个别财务报表上进行了反映，其中包含了很多重复计算的因素在内。因此，在编制合并财务报表时，要将这些经济业务抵销，以消除它们对个别财务报表的影响，保证以个别财务报表为基础编制的合并财务报表能够正确反映企业集团的财务状况和经营成果。需要抵销的内部事项主要包括：①母公司的长期股权投资与子公司的所有者权益（股东权益）项目；②内部投资收益

及利润分配项目；③内部债权债务项目；④内部商品交易项目；⑤内部固定资产、无形资产等交易项目。

14.2.1 长期股权投资与所有者权益的合并处理

1. 对子公司的个别财务报表进行调整

对于属于同一控制下企业合并中取得的子公司的个别财务报表，如果不存在与母公司会计政策和会计期间不一致的情况，则不需要对该子公司的个别财务报表进行调整，即不需要将该子公司的个别财务报表调整为公允价值反映的财务报表，只需要抵销内部交易对合并财务报表的影响即可。

对于属于非同一控制下企业合并中取得的子公司，除存在与母公司会计政策和会计期间不一致的情况，需要对该子公司的个别财务报表进行调整外，还应当根据母公司为该子公司设置的备查簿的记录，以记录的该子公司的各项可辨认资产、负债及或有负债等在购买日的公允价值为基础，通过编制调整分录，对该子公司的个别财务报表进行调整，以使子公司的个别财务报表反映为在购买日公允价值基础上确定的可辨认资产、负债及或有负债在本期资产负债表日的金额。

【例14-1】2022年1月1日，A公司用银行存款4 200万元购得B公司80%的股份（假定A公司与B公司的企业合并属于非同一控制下的企业合并）。A公司在2022年1月1日建立的备查簿中记录的B公司在购买日（2022年1月1日）可辨认资产、负债及或有负债的公允价值的信息显示，B公司一项无形资产账面价值为300万元，公允价值为350万元（该无形资产剩余有效期5年），其他可辨认净资产账面价值和公允价值一致。2022年1月1日，B公司股东权益总额为5 000万元，其中股本为4 000万元，资本公积为500万元，盈余公积为200万元，未分配利润为300万元。

A公司在编制2022年合并财务报表时，应编制如下调整分录：

借：无形资产　　　　　　　　　　　　　　　　　　500 000①

　　贷：资本公积　　　　　　　　　　　　　　　　　　　500 000

2. 按权益法调整对子公司的长期股权投资

合并财务报表应当以母公司和其子公司的财务报表为基础，根据其他有关资料，按照权益法调整对子公司的长期股权投资后，由母公司编制。

在合并工作底稿中，将对子公司的长期股权投资调整为权益法时，应按照《企业会计准则第2号——长期股权投资》所规定的权益法进行调整。在确认应享有子公司净损益的份额时，对于属于非同一控制下企业合并形成的长期股权投资，应当以在备查簿中记录的子公司各项可辨认资产、负债及或有负债等在购买日的公允价值为基础，对该子公司的净利润进行调整后确认；对于属于同一控制下的企业合并形成的长期股权投资，可以直接以该子公司的净利润进行确认，但是该子公司的会计政策或会计期间与母公司不一致的，仍需要对净利润进行调整。如果存在未实现的内部交易损益，在采用权益法进行调整时还应对该未实现的内部交易损益进行调整。

在合并工作底稿中编制的调整分录为：对于当期该子公司实现净利润，按母公司应享有的份额，借记"长期股权投资"科目，贷记"投资收益"科目；对于当期该子公司发生的净亏损，按母公司应分担的份额，借记"投资收益"科目，贷记"长期股权投资""长期应收款"等科目；对于当期收到的净利润或现金股利，借记"投资收益"科目，贷记"长期股权投资"等科目。

子公司除净损益以外所有者权益的其他变动，按母公司应享有的份额，借记"长期股权投资"科目，贷记"资本公积"科目。

【例14-2】续【例14-1】，2022年，假定B公司2022年度实现净利润1 000万元，提取法定公积金100万元，向A公司分派现金股利①480万元，向其他股东分派现金股利120万元，未分配利润为300万元。

A公司在编制2022年合并财务报表时，应编制如下调整分录：

（1）增加无形资产应摊销费用10万元。

借：管理费用　　　　　　　　　　　　　　　　　　　　100 000②

　　贷：无形资产——累计摊销　　　　　　　　　　　　　　　　100 000

据此，以2022年1月1日B公司各项可辨认资产、负债公允价值为基础重新计算的2022年度净利润②为：

1 000-10=990（万元）

（2）确认A公司2022年度应享有的投资收益为792万元（990×80%）。

借：长期股权投资　　　　　　　　　　　　　　　　　　7 920 000③

　　贷：投资收益　　　　　　　　　　　　　　　　　　　　7 920 000

（3）确认A公司收到B公司2022年分派的现金股利，同时抵销原按成本法确认的投资收益480万元。

借：投资收益　　　　　　　　　　　　　　　　　　　　4 800 000④

　　贷：长期股权投资　　　　　　　　　　　　　　　　　　4 800 000

3. 长期股权投资与所有者权益的抵销

母公司对子公司进行的长期股权投资，一方面反映为长期股权投资以外的其他资产的减少，另一方面反映为长期股权投资的增加，在母公司个别资产负债表中作为资产类项目中的长期股权投资列示。子公司接受这一投资，一方面增加资产，另一方面作为实收资本（股本，下同）等处理，在其个别资产负债表中一方面反映为实收资本等的增加，另一方面反映为相对应的资产的增加。从企业集团整体来看，母公司对子公司进行的长期股权投资实际上相当于母公司将资本拨付下属核算单位，并不引起整个企业集团的资产、负债和所有者权益的增减变动。因此，母公司在编制合并财务报表时，应当在母公司与子公司财务报表数据简单相加的基础上，将母公司对子公司长期股权投资项目与子公司所有者权益项目予以抵销。

（1）在子公司为全资子公司的情况下，母公司对子公司长期股权投资的金额和子公司所有者权益各项目的金额应当全额抵销。在合并工作底稿中编制的抵销分录为：借记"实收资本""资本公积""盈余公积"和"未分配利润"科目，贷记"长期股权

---

① 为了便于说明合并所有者权益变动表的编制，本章特假设A公司2022年即进行了现金股利分配。

② 为简化计算，本例中没有考虑未实现内部销售损益对B公司当期净利润的影响。

投资"科目。其中，属于商誉的部分，还应借记"商誉"科目。

（2）在子公司为非全资子公司的情况下，母公司应当将其对子公司长期股权投资的金额与子公司所有者权益中母公司所享有的份额相抵销。子公司所有者权益中不属于母公司的份额，即子公司所有者权益中抵销母公司所享有的份额后的余额，在合并财务报表中作为"少数股东权益"处理。在合并工作底稿中编制的抵销分录为：借记"实收资本""资本公积""盈余公积"和"未分配利润"科目，贷记"长期股权投资"和"少数股东权益"科目。其中，属于商誉的部分，还应借记"商誉"科目。

需要说明的是，合并财务报表准则规定，子公司持有母公司的长期股权投资、子公司相互之间持有的长期股权投资，也应当比照上述母公司对子公司的股权投资的抵销方法采用通常所说的交互分配法进行抵销处理。

【例14-3】续【例14-2】，经过上述调整后，A公司年末对B公司长期股权投资调整后金额为4 512万元（4 200 +792-480），B公司年末调整后股东权益总额为5 440万元，其中：股本为4 000万元，资本公积为550万元（500+50），盈余公积为300万元（200+100），未分配利润为590万元（300+990-100-600）。其中的20%（5 440×20%=1 088万元）属于少数股东权益。

另外，根据《企业会计准则第20号——企业合并》的规定确定的商誉为：

合并成本4 200-（购买日B公司的所有者权益总额5 000+B公司无形资产公允价值增加额50）×80%=160（万元）

在合并工作底稿中应编制如下抵销分录：

借：股本	40 000 000⑤	
资本公积	5 500 000	
盈余公积	3 000 000	
未分配利润	5 900 000	
商誉	1 600 000	
贷：长期股权投资		45 120 000
少数股东权益		10 880 000

14.2.2 投资收益与利润分配的合并处理

在子公司为全资子公司的情况下，母公司对某一子公司在合并工作底稿中按权益法调整的投资收益，实际上就是该子公司当期实现的净利润。编制合并利润表，实际上是将子公司的营业收入、营业成本和期间费用视为母公司本身的营业收入、营业成本和期间费用同等看待，与母公司相应的项目进行合并。因此，编制合并利润表时，必须将对子公司长期股权投资收益予以抵销；同时，相应地将子公司的个别所有者权益变动表中本年利润分配各项目的金额，包括提取盈余公积、对所有者（股东）的分配和期末未分配利润的金额予以抵销。

在子公司为全资子公司的情况下，子公司本期净利润就是母公司本期子公司长期股权投资按权益法调整的投资收益。假定子公司期初未分配利润为零，子公司本期净利润就是子公司本期可供分配的利润，是本期子公司利润分配的来源，而子公司本期利润分配［包括提取盈余公积、对所有者（股东）的分配等］的金额与期末未分配利润的金额则是本期利润分配的结果。母公司对子公司的长期股权投资按权益法调整的投资收益正好与子公司的本年利润分配项目相抵销。在子公司为非全资子公司的情况下，母公司本期对子公司长期股权投资按权益法调整的投资收益与本期少数股东损益之和就是子公司本期净利润，同样假定子公司期初未分配利润为零，母公司本期对子公司长期股权投资按权益法调整的投资收益与本期少数股东损益之和，正好与子公司本年利润分配项目相抵销。

至于子公司个别所有者权益变动表中本年利润分配项目中的"期初未分配利润"项目，作为子公司以前会计期间净利润的一部分，在全资子公司的情况下已全额包括在母公司以前会计期间按权益法调整的投资收益之中，从而包括在母公司按权益法调整的本期期初未分配利润之中。因此，也应将其予以抵销。从子公司个别所有者权益变动表来看，其期初未分配利润加上本期净利润就是其本期利润分配的来源；而本期利润分配和期末未分配利润则是利润分配的结果。母公司本期对子公司长期股权投资按权益法调整的投资收益和子公司期初未分配利润正好与子公司本年利润分配项目相抵销。在子公司为非全资子公司的情况下，母公司本期对子公司长期股权投资按权益法调整的投资收益、本期少数股东损益和期初未分配利润与子公司本年利润分配项目也正好相抵销。

在合并工作底稿中编制的抵销分录为：借记"投资收益""少数股东损益"和"期初未分配利润"科目，贷记"提取盈余公积""对所有者（股东）的分配""未分配利润"等科目。

【例 14-4】续【例 14-2】，A 公司年末在合并工作底稿中应编制的抵销分录为：

借：投资收益	7 920 000⑥	
少数股东损益	1 980 000	
期初未分配利润	3 000 000	
贷：提取盈余公积		1 000 000
对所有者（股东）的分配		6 000 000
未分配利润		5 900 000

14.2.3　内部债权债务的合并处理

母公司与子公司、子公司相互之间的债权和债务项目，是指母公司与子公司、子公司相互之间因销售商品、提供劳务以及发生结算业务等原因产生的应收账款与应付账款、应收票据与应付票据、预付账款与预收账款、其他应收款与其他应付款、持有至到期投资与应付债券等项目。发生在母公司与子公司、子公司相互之间的这些项目，企业集团内部企业的一方在其个别资产负债表中反映为资产，而另一方则在其个别资产负债表中反映为负债。但从企业集团整体角度来看，它只是内部资金运动，既不能增加企业集团的资产，也不能增加负债。为此，为了消除个别资产负债表直接加总中的重复计算因素，母公司在编制合并财务报表时应当将内部债权债务项目予以抵销。

1. 初次编制合并报表时内部债权债务的合并处理

（1）内部债权债务的抵销。将母公司与子公司、子公司相互之间的债权债务抵销时，母公司应根据内部债权、债务的数额，借记"应付账款""应付票据""应付债券""预收款项"等科目，贷记"应收账款""应收票据""债权投资""预付款项"等科目。

【例14-5】续【例14-1】，假设2022年12月31日A公司应收B公司账款40万元，B公司持有A公司发行的3年期公司债券50万元（B公司将其划分为债权投资）。

在合并工作底稿中A公司应编制如下抵销分录：

借：应付账款　　　　　　　　　　　　　　　　　　　　400 000⑦

　　应付债券　　　　　　　　　　　　　　　　　　　　500 000

　　贷：应收账款　　　　　　　　　　　　　　　　　　　　400 000

　　　　债权投资　　　　　　　　　　　　　　　　　　　　500 000

在某些情况下，债券投资企业持有的企业集团内部成员企业的债券并不是从发行债券的企业直接购进的，而是在证券市场上从第三方手中购进的。在这种情况下，持有至到期投资中的债券投资与发行债券企业的应付债券抵销时，可能会出现差额，应分别进行处理：如果债券投资的余额大于应付债券的余额，其差额应作为投资损失计入合并利润表的投资收益项目；如果债券投资的余额小于应付债券的余额，其差额应作为利息收入计入合并利润表的财务费用项目。

（2）内部利息收入与利息支出的抵销。当企业集团内部企业之间存在债权债务关系时，债权方企业会将收到的利息作为投资收益或冲减财务费用而列示在利润表中，债权方企业会将利息支出作为财务费用列示在利润表中。由于企业集团内部的债权债务属于内部资金运动而予以抵销，由此产生的利息收入与利息支出也应该予以抵销。

【例14-6】续【例14-5】，B公司所持债券2022年度利息为2万元。

在合并工作底稿中应编制如下抵销分录：

借：投资收益　　　　　　　　　　　　　　　　　　　　20 000⑧

　　贷：财务费用　　　　　　　　　　　　　　　　　　　　20 000

（3）内部坏账准备的抵销。在应收账款计提坏账准备的情况下，某一会计期间坏账准备的金额是以当期应收款项为基础计提的。在编制合并财务报表时，随着内部应收款项的抵销，与此相联系也须将内部应收款项计提的坏账准备予以抵销。其抵销分录为：借记"应收账款——坏账准备""应收票据——坏账准备"等科目，贷记"信用减值损失"科目。

【例14-7】续【例14-5】，假设A公司按应收款项余额的5%计提坏账准备。

在合并工作底稿中应编制如下抵销分录：

借：应收账款——坏账准备　　　　　　　　　　　　　　20 000⑨

　　贷：信用减值损失　　　　　　　　　　　　　　　　　　20 000

2. 连续编制合并报表时内部债权债务的合并处理

从合并财务报表来讲，内部应收款项计提的坏账准备的抵销是与抵销当期信用减值损失相对应的，上期抵销的坏账准备的金额，即上期信用减值损失抵减的金额，最终将影响到本期合并所有者权益变动表中的期初未分配利润金额的增加。由于利润表和所有者权益变动表是反映企业一定会计期间经营成果及其分配情况的财务报表，其上期期末未分配利润就是本期所有者权益变动表期初未分配利润（假定不存在会计政策变更和前期差错更正的情况）。本期编制合并财务报表是以本期母公司和子公司当期的个别财务报表为基础编制的，随着上期编制合并财务报表时内部应收账款计提的坏账准备的抵销，以此个别财务报表为基础加总得出的期初未分配利润与上一会计期间合并所有者权益变动表中的未分配利润金额之间则将产生差额。因此，编制合并财务报表时，必须将上期因内部应收款项计提的坏账准备抵销而抵销的信用减值损失对本期期初未分配利润的影响予以抵销，调整本期期初未分配利润的金额。

在连续编制合并财务报表进行抵销处理时，首先，将内部应收款项与应付款项予以抵销，即按内部应收款项的金额，借记"应付账款""应付票据"等科目，贷记"应收账款""应收票据"等科目。其次，应将上期信用减值损失中抵销的内部应收款项计提的坏账准备对本期期初未分配利润的影响予以抵销，即按上期信用减值损失项目中抵销的内部应收款项计提的坏账准备的金额，借记"应收账款——坏账准备""应收票据——坏账准备"等科目，贷记"期初未分配利润"科目。最后，对于本期个别财务报表中内部应收款项相对应的坏账准备增减变动的金额也应予以抵销，即按照本期个别资产负债表中期末内部应收款项相对应的坏账准备的增加额，借记"应收账款——坏账准备""应收票据——坏账准备"等科目，贷记"信用减值损失"科目，或按照本期个别资产负债表中期末内部应收款项相对应的坏账准备的减少额，借记"信用减值损失"科目，贷记"应收账款——坏账准备""应收票据——坏账准备"等科目。

【例14-8】续【例14-7】，假设2023年年末A公司应收B公司账款余额仍然为40万元，坏账准备计提比例不变。在合并工作底稿中应编制如下抵销分录：

（1）借：应付账款   400 000

   贷：应收账款   400 000

（2）借：应收账款——坏账准备   20 000

   贷：期初未分配利润   20 000

假设A公司应收B公司账款为50万元，则在合并工作底稿中应编制如下抵销分录：

（1）借：应付账款   500 000

   贷：应收账款   500 000

（2）借：应收账款——坏账准备   20 000

   贷：期初未分配利润   20 000

（3）借：应收账款——坏账准备   5 000

   贷：信用减值损失   5 000

假设 A 公司应收 B 公司账款为 30 万元，则在合并工作底稿中应编制如下抵销分录：

（1）借：应付账款　　　　　　　　　　　　　　　　　　300 000

　　　　贷：应收账款　　　　　　　　　　　　　　　　　　300 000

（2）借：应收账款——坏账准备　　　　　　　　　　　　 20 000

　　　　贷：期初未分配利润　　　　　　　　　　　　　　　 20 000

（3）借：信用减值损失　　　　　　　　　　　　　　　　　5 000

　　　　贷：应收账款——坏账准备　　　　　　　　　　　　　5 000

14.2.4　内部存货交易的合并处理

1. 初次编制合并报表时内部存货交易的合并处理

母公司与子公司、子公司相互之间发生的内部存货交易主要是指内部商品或产品的销售业务。对于企业集团成员企业之间发生的内部销售，各成员企业都从自身的角度，以独立的会计主体进行了核算。销售企业已将其销售收入和销售成本计入了当期损益，列示在利润表中。购买企业按支付的价款作为购进存货的入账价值，其存货可能出现三种情况：第一种情况是内部购进的商品全部实现对外销售，第二种情况是内部购进的商品全部未实现对外销售，第三种情况是内部购进的商品部分实现对外销售，部分形成期末存货。

（1）内部购进商品全部实现对外销售的合并处理。在这种情况下，对于销售企业来说，销售给企业集团内其他企业的商品与销售给企业集团外部企业的商品的会计处理相同，即在本期确认销售收入，结转销售成本，计算销售商品损益，并在其个别利润表中反映；对于购买企业来说，一方面要确认向企业集团外部企业的销售收入，另一方面要结转销售内部购进商品的成本，在其个别利润表中分别作为营业收入和营业成本反映，并确认销售损益。这也就是说，对于同一购销业务，在销售企业和购买企业的个别利润表中都作了反映。但从整个企业集团来看，这一购销业务只是实现了一次对外销售，其销售收入只是购买企业向企业集团外部企业销售该产品的销售收入，其销售成本只是销售企业向购买企业销售该商品的成本。销售企业向购买企业销售该商品实现的收入属于内部销售收入，相应地，购买企业向企业集团外部企业销售该商品的销售成本则属于内部销售成本。因此在编制合并利润表时，母公司就必须将重复反映的内部营业收入与内部营业成本予以抵销。其抵销分录为：借记"营业收入"科目，贷记"营业成本"科目。

【例 14-9】续【例 14-1】，假设 A 公司本期将成本 20 万元的商品，以 25 万元的价格销售给 B 公司，B 公司当期全部实现对外销售。

在合并工作底稿中应编制如下抵销分录：

借：营业收入　　　　　　　　　　　　　　　　　　　　250 000⑩

　　贷：营业成本　　　　　　　　　　　　　　　　　　　　250 000

（2）内部购进商品全部未实现对外销售的合并处理。在内部购进商品全部未实现对外销售的情况下，销售企业将集团内部销售作为收入确认并计算销售利润；而购买企业则是以支付购货的价款作为其成本入账，其存货价值中也相应地包括两部分内容：

一部分为真正的存货成本（销售企业销售该商品的成本），另一部分为销售企业的销售毛利（其销售收入减去销售成本的差额）。对于期末存货价值中包括的这部分销售毛利，从企业集团整体来看，并不是真正实现的利润。因为从整个企业集团来看，集团内部企业之间的商品购销活动实际上相当于企业内部物资调拨活动，既不会实现利润，也不会增加商品的价值。正是从这一意义上来说，将期末存货价值中包括的这部分销售企业作为利润确认的部分，称之为未实现内部销售损益。因此，在编制合并财务报表时，母公司应当将存货价值中包含的未实现内部销售损益予以抵销。其抵销分录为：按照集团内部销售企业销售该商品的销售收入，借记"营业收入"科目，按照销售企业销售该商品的销售成本，贷记"营业成本"科目，按照当期期末存货价值中包含的未实现内部销售损益的金额，贷记"存货"科目。

【例 14-10】续【例 14-9】，假设 B 公司购进商品全部未对外销售。

在合并工作底稿中应编制如下抵销分录：

借：营业收入	250 000
贷：营业成本	200 000
存货	50 000

也可以编制两笔抵销分录：

借：营业收入	250 000
贷：营业成本	250 000
借：营业成本	50 000
贷：存货	50 000

（3）内部购进商品部分实现对外销售部分形成期末存货的合并处理，即内部购进的商品部分实现对外销售，部分形成期末存货的情况，可以将内部购买的商品分解为两部分来理解：一部分为当期购进并全部实现对外销售；另一部分为当期购进但未实现对外销售而形成期末存货。分别按照上述两种情况进行抵销处理。

【例 14-11】续【例 14-9】，假设 B 公司购进商品于当期对外销售了 60%，期末结存 40%。

在合并工作底稿中可编制如下抵销分录：

借：营业收入（250 000×60%）	150 000
贷：营业成本	150 000
借：营业收入（250 000×40%）	100 000
贷：营业成本（200 000×40%）	80 000
存货（50 000×40%）	20 000

也可以编制如下抵销分录：

借：营业收入	250 000
贷：营业成本	250 000
借：营业成本	20 000
贷：存货	20 000

2. 连续编制合并报表时内部存货交易的合并处理

在上期内部购进商品全部实现对外销售的情况下，由于不涉及内部存货价值中包含的未实现内部销售损益的抵销处理，在本期连续编制合并财务报表时不涉及对其进行处理的问题。但在上期内部购进并形成期末存货的情况下，在编制合并财务报表进行抵销处理时，存货价值中包含的未实现内部销售损益的抵销，直接影响上期合并财务报表中合并净利润金额的减少，最终影响合并所有者权益变动表中期末未分配利润的金额的减少。由于本期编制合并财务报表时是以母公司和子公司本期个别财务报表为基础的，而母公司和子公司个别财务报表中未实现内部销售损益是作为其实现利润的部分包括在其期初未分配利润之中，以母子公司个别财务报表中期初未分配利润为基础计算得出的合并期初未分配利润的金额就可能与上期合并财务报表中的期末未分配利润的金额不一致。因此，上期编制合并财务报表时抵销的内部购进存货中包含的未实现内部销售损益，也对本期的期初未分配利润产生影响，本期编制合并财务报表时必须在合并母子公司期初未分配利润的基础上，将上期抵销的未实现内部销售损益对本期期初未分配利润的影响予以抵销，调整本期期初未分配利润的金额。

在连续编制合并财务报表的情况下，首先必须将上期抵销的存货价值中包含的未实现内部销售损益对本期期初未分配利润的影响予以抵销，调整本期期初未分配利润的金额；然后再对本期内部购进存货进行抵销处理。其具体抵销处理程序和方法如下：

（1）将上期抵销的存货价值中包含的未实现内部销售损益对本期期初未分配利润的影响进行抵销。即按照上期内部购进存货价值中包含的未实现内部销售损益的金额，借记"期初未分配利润"科目，贷记"营业成本"科目。

（2）对于本期发生内部购销活动的，将内部销售收入、内部销售成本及内部购进存货中未实现内部销售损益予以抵销。即按照销售企业内部销售收入的金额，借记"营业收入"科目，贷记"营业成本"科目。

（3）将期末内部购进存货价值中包含的未实现内部销售损益予以抵销。对于期末内部购买形成的存货（包括上期结转形成的本期存货），应按照购买企业期末内部购入存货价值中包含的未实现内部销售损益的金额，借记"营业成本"科目，贷记"存货"科目。

【例 14-12】续【例 14-11】，假设 2023 年 B 公司将上期结存内部购进商品全部实现对外销售，本期又从 A 公司以 50 万元价格购进成本为 40 万元的商品，该商品全部未实现对外销售。

在合并工作底稿中应编制如下抵销分录：

（1）调整期初未分配利润

借：期初未分配利润　　　　　　　　　　　　　　　　20 000

　　贷：营业成本　　　　　　　　　　　　　　　　　　　　20 000

（2）抵销本期内部销售收入

借：营业收入　　　　　　　　　　　　　　　　　　500 000

　　贷：营业成本　　　　　　　　　　　　　　　　　　　500 000

（3）抵销期末存货中包含的内部销售损益

借：营业成本　　　　　　　　　　　　　　　　　　　　　　　　100 000

　　贷：存货　　　　　　　　　　　　　　　　　　　　　　　　　100 000

14.2.5　内部固定资产交易的合并处理

内部固定资产交易是指企业集团内部发生交易的一方与固定资产有关的购销业务。对于企业集团内部固定资产交易，根据销售企业销售的是产品还是固定资产，可以将其划分为以下几种类型：第一种类型是企业集团内部企业将自身生产的产品销售给企业集团内的其他企业作为固定资产使用；第二种类型是企业集团内部企业将自身的固定资产出售给企业集团内的其他企业作为固定资产使用；此外，还有另一种类型是内部固定资产交易，即企业集团内部企业将自身使用的固定资产出售给企业集团内的其他企业作为普通商品销售。这种类型的固定资产交易，在企业集团内部发生的情况极少，一般情况下发生的数量也不大。

与存货的情况不同，固定资产的使用寿命较长，往往要跨越几个会计年度。对于内部交易形成的固定资产，不仅在该内部固定资产交易发生的当期需要进行抵销处理，而且在以后使用该固定资产的期间也需要进行抵销处理。固定资产在使用过程中通过折旧的方式将其价值转移到产品价值之中。由于固定资产按原价计提折旧，在固定资产原价中包含未实现内部销售损益的情况下，每期计提的折旧费中也必然包含未实现内部销售损益的金额，由此也需要对该内部交易形成的固定资产每期计提的折旧费进行相应的抵销处理。同样，如果购买企业对该项固定资产计提了固定资产减值准备，由于固定资产减值准备是按原价为基础进行计算确定的，在固定资产原价中包含未实现内部销售损益的金额，由此也需要对该内部交易形成的固定资产计提的减值准备进行相应的抵销处理。

1. 内部固定资产交易当期的合并处理

（1）内部购进商品作为固定资产的合并处理。在这种情况下，购买企业购进的固定资产，在其个别资产负债表中以支付的价款作为该固定资产的原价列示，因此首先就必须将该固定资产原价中包含的未实现内部销售损益予以抵销。其次，购买企业对该固定资产计提了折旧，折旧费计入相关资产的成本或当期损益。由于购买企业是以该固定资产的取得成本作为原价计提折旧的，取得成本中包含未实现内部销售损益，在相同的使用寿命下，各期计提的折旧费要大于不包含未实现内部销售损益时计提的折旧费，因此还必须将当期多计提的折旧额从该固定资产当期计提的折旧费中予以抵销。其抵销处理程序如下：

第一，将与内部交易形成的固定资产相关的销售收入、销售成本以及原价中包含的未实现内部销售损益予以抵销。

第二，将内部交易形成的固定资产当期多计提的折旧费和累计折旧（少计提的折旧费和累计折旧）予以抵销。对于单个企业来说，对计提折旧进行会计处理时，一方面增加当期的费用或计入相关资产的成本，另一方面形成累计折旧。因此，对内部交易形成的固定资产当期多计提的折旧费抵销时，应按当期多计提的折旧额，借记"固定资产——累计折旧"科目,贷记"管理费用"等科目①。

【例 14-13】假设母公司甲公司本期将成本 100 万元的商品,以 110 万元的价格销售给子公司乙公司作为固定资产使用,该固定资产使用寿命为 5 年,乙公司按年限平均法计提折旧。

在合并工作底稿中应编制如下抵销分录:

①抵销内部营业收入、营业成本及固定资产原价中包含的未实现内部销售损益

借:营业收入　　　　　　　　　　　　　　　　　　　1 100 000
　　贷:营业成本　　　　　　　　　　　　　　　　　　　1 000 000
　　　　固定资产——原价　　　　　　　　　　　　　　　　100 000

②抵销当期多提折旧

借:固定资产——累计折旧　　　　　　　　　　　　　　20 000
　　贷:管理费用　　　　　　　　　　　　　　　　　　　　20 000

（2）内部购进固定资产作为固定资产的合并处理。在这种情况下,对于销售企业来说,在其个别资产负债表中表现为固定资产的减少,同时在其个别利润表中表现为固定资产处置损益。对于购买企业来说,在其个别资产负债表中则表现为固定资产的增加,其固定资产原价中既包含该固定资产在原销售企业中的账面价值,也包含销售企业因该固定资产出售所实现的损益。但从整个企业集团来看,这一交易属于集团内部固定资产调拨性质,它既不能产生收益,也不会造成损失,固定资产既不能增值也不会减值。因此,母公司在编制合并报表时必须将销售企业因该内部交易所实现的固定资产处置损益予以抵销,同时将购买企业固定资产原价中包含的未实现内部销售损益的金额予以抵销。通过抵销后,其在合并财务报表中该固定资产原价仍然以销售企业的原账面价值反映。

【例 14-14】假设母公司甲公司本期将账面价值 200 万元的固定资产,以 210 万元的价格销售给子公司乙公司继续作为固定资产使用。

在合并工作底稿中应编制如下抵销分录:

借:资产处置损益　　　　　　　　　　　　　　　　　100 000
　　贷:固定资产——原价　　　　　　　　　　　　　　　100 000

2. 连续编制合并财务报表时内部交易固定资产的合并处理

首先,在以后会计期间,该内部交易形成的固定资产仍然以原价在购买企业的个别资产负债表中列示,因此必须将原价中包含的未实现内部销售损益的金额予以抵销。相应地,销售企业以前会计期间由于该内部交易所实现的销售利润,形成销售当期的净利润的一部分并结转到以后会计期间,在其个别所有者权益变动表中列示,因此必须将期初未分配利润中包含的该未实现内部销售损益予以抵销,以调整期初未分配利润的金额。将内部交易形成的固定资产原价中包含的未实现内部销售损益抵销,并调整期初未分配利润。即按照原价中包含的未实现内部销售损益的金额,借记"期初未

---

① 为便于理解,本节有关内部交易形成的固定资产多计提的折旧费的抵销,均假定该固定资产为购买企业的管理用固定资产,通过"管理费用"科目进行抵销。

分配利润"科目，贷记"固定资产——原价"科目。

其次，对于该固定资产在以前会计期间计提折旧而形成的期初累计折旧，一方面由于将以前会计期间以包含未实现内部销售损益的原价为依据而多计提折旧的抵销，必须按照以前会计期间累计多计提的折旧额抵销期初累计折旧；另一方面由于以前会计期间累计折旧抵销而影响到期初未分配利润，因此还必须调整期初未分配利润的金额。将以前会计期间内部交易形成的固定资产多计提的累计折旧抵销，并调整期初未分配利润。即按以前会计期间抵销该内部交易形成的固定资产多计提的累计折旧额，借记"固定资产——累计折旧"科目，贷记"期初未分配利润"科目。

最后，该内部交易形成的固定资产在本期仍然计提了折旧。由于多计提了折旧，本期有关资产或费用项目增加并形成累计折旧，因此，一方面必须将本期多计提折旧而计入相关资产的成本或当期损益的金额予以抵销；另一方面将本期多计提折旧而形成的累计折旧额予以抵销。即按本期该内部交易形成的固定资产多计提的折旧额，借记"固定资产——累计折旧"科目，贷记"管理费用"等科目。

【例 14-15】续【例 14-13】，第二年年末乙公司个别资产负债表中列示的该项内部交易固定资产原价为 110 万元，累计已提折旧 44 万元，其中当年提取 22 万元，账面价值为 66 万元。

在合并工作底稿中应编制如下抵销分录：

(1) 借：期初未分配利润　　　　　　　　　　　　　　　　　100 000
　　　　贷：固定资产——原价　　　　　　　　　　　　　　　　　100 000

(2) 借：固定资产——累计折旧　　　　　　　　　　　　　　　20 000
　　　　贷：期初未分配利润　　　　　　　　　　　　　　　　　　20 000

(3) 借：固定资产——累计折旧　　　　　　　　　　　　　　　20 000
　　　　贷：管理费用　　　　　　　　　　　　　　　　　　　　　20 000

第三年年末乙公司个别资产负债表中列示的该项内部交易固定资产原价为 110 万元，累计已提折旧 66 万元，其中当年提取 22 万元，账面价值为 44 万元。

在合并工作底稿中应编制如下抵销分录：

(1) 借：期初未分配利润　　　　　　　　　　　　　　　　　100 000
　　　　贷：固定资产——原价　　　　　　　　　　　　　　　　　100 000

(2) 借：固定资产——累计折旧　　　　　　　　　　　　　　　40 000
　　　　贷：期初未分配利润　　　　　　　　　　　　　　　　　　40 000

(3) 借：固定资产——累计折旧　　　　　　　　　　　　　　　20 000
　　　　贷：管理费用　　　　　　　　　　　　　　　　　　　　　20 000

第四年年末乙公司个别资产负债表中列示的该项内部交易固定资产原价为 110 万元，累计已提折旧 88 万元，其中当年提取 22 万元，账面价值为 22 万元。

在合并工作底稿中应编制如下抵销分录：

(1) 借：期初未分配利润　　　　　　　　　　　　　　　　　100 000
　　　　贷：固定资产——原价　　　　　　　　　　　　　　　　　100 000

（2）借：固定资产——累计折旧　　　　　　　　　　　　60 000

　　　　贷：期初未分配利润　　　　　　　　　　　　　　　　　60 000

（3）借：固定资产——累计折旧　　　　　　　　　　　　20 000

　　　　贷：管理费用　　　　　　　　　　　　　　　　　　　　20 000

3. 内部交易固定资产清理期间的合并处理

固定资产的清理可能出现三种情况：期满清理、超期清理和提前清理。企业在编制合并财务报表时，应当根据具体情况进行抵销处理。

（1）内部交易固定资产使用寿命届满进行清理时的合并处理。在这种情况下，购买企业内部交易形成的固定资产实体已不复存在，包含未实现内部销售损益在内的该内部交易形成的固定资产的价值已全部转移到用其加工的产品价值或各期损益中去了，因此不存在未实现内部销售损益的抵销问题。对于整个企业集团来说，随着该内部交易形成的固定资产的使用寿命届满，其包含的未实现内部销售损益也转化为已实现利润。但是，由于销售企业因该内部交易所实现的利润，作为期初未分配利润的一部分结转到购买企业对该内部交易形成的固定资产进行清理的会计期间为止。因此，必须调整期初未分配利润。同时，在固定资产进行清理的会计期间，如果仍计提了折旧，本期计提的折旧费中仍然包含多计提的折旧额，因此需要将多计提的折旧额予以抵销。

【例 14-16】续【例 14-15】，假设第五年年末乙公司将该项固定资产报废，实现清理净收益 5 万元计入营业外收入。因该项固定资产已报废，故在乙公司个别资产负债表中不再列示。

在合并工作底稿中应编制如下抵销分录：

①借：期初未分配利润　　　　　　　　　　　　　　　　100 000

　　　贷：营业外收入　　　　　　　　　　　　　　　　　　　100 000

②借：营业外收入　　　　　　　　　　　　　　　　　　80 000

　　　贷：期初未分配利润　　　　　　　　　　　　　　　　　80 000

③借：营业外收入　　　　　　　　　　　　　　　　　　20 000

　　　贷：管理费用　　　　　　　　　　　　　　　　　　　　20 000

（2）内部交易固定资产超期使用进行清理时的合并处理。在这种情况下，在内部交易形成的固定资产清理前的会计期间，该固定资产仍然包含未实现内部销售损益的原价及计提的累计折旧，在购买企业的个别资产负债表中列示；销售企业因该内部交易所实现的利润，作为期初未分配利润的一部分结转到购买企业对该内部交易形成的固定资产进行清理的会计期间为止。因此，需要将固定资产原价中包含的未实现内部销售损益予以抵销，并调整期初未分配利润。同时，由于在该固定资产使用寿命届满的会计期间仍然需要计提折旧，本期计提的折旧费中仍然包含多计提的折旧额，因此需要将多计提的折旧额予以抵销，并调整已计提的累计折旧。

【例 14-17】续【例 14-15】，假设第五年年末，该项固定资产继续使用。乙公司个别资产负债表中列示的该项内部交易固定资产原价为 110 万元，累计已提折旧 110 万元，其中当年提取 22 万元，账面价值为 0。

在合并工作底稿中应编制如下抵销分录：

①借：期初未分配利润   100 000
 贷：固定资产——原价   100 000
②借：固定资产——累计折旧   80 000
 贷：期初未分配利润   80 000
③借：固定资产——累计折旧   20 000
 贷：管理费用   20 000

如果该固定资产在第六年年末仍然继续使用，当期不再计提折旧。

在合并工作底稿中应编制如下抵销分录：

①借：期初未分配利润   100 000
 贷：固定资产——原价   100 000
②借：固定资产——累计折旧   100 000
 贷：期初未分配利润   100 000

该项固定资产在以后期间报废清理时，不再需要编制抵销分录。

（3）内部交易固定资产使用寿命未满提前进行清理时的合并处理。在这种情况下，购买企业内部交易形成的固定资产实体已不复存在，因此不存在固定资产原价中包含的未实现内部销售损益的抵销问题。但由于固定资产提前报废，固定资产原价中包含的未实现内部销售损益随着清理而成为实现的损益。对于销售企业来说，因该内部交易所实现的利润，作为期初未分配利润的一部分结转到购买企业对该内部交易形成的固定资产进行清理的会计期间为止。因此，必须调整期初未分配利润。同时，在固定资产使用寿命未满进行清理的会计期间仍须计提折旧，本期计提的折旧费中仍然包含多计提的折旧额，因此需要将多计提的折旧额予以抵销。

【例 14-18】续【例 14-15】，假设第四年年末乙公司将该项固定资产报废，实现清理净收益 3 万元计入营业外收入。因该项固定资产已报废，故在乙公司个别资产负债表中不再列示。

在合并工作底稿中应编制如下抵销分录：

①借：期初未分配利润   100 000
 贷：营业外收入   100 000
②借：营业外收入   60 000
 贷：期初未分配利润   60 000
③借：营业外收入   20 000
 贷：管理费用   20 000

【例 14-19】续【例 14-1】，2022 年 12 月 31 日，A 公司和 B 公司个别资产负债表、个别利润表和个别所有者权益变动表分别如表 14-1、表 14-2、表 14-3 所示。

表 14-1　资产负债表（简表）

会企 01 表

2022 年 12 月 31 日

单位：万元

资产	A 公司	B 公司	负债及所有者权益	A 公司	B 公司
流动资产：			流动负债：		
货币资金	8 000	1 200	应付账款	392	135
应收账款	300	65	应付职工薪酬	128	36
存货	8 530	1 067	应交税费	93	28
流动资产合计	16 830	2 332	流动负债合计	613	199
非流动资产：			非流动负债：		
长期股权投资	8 268	127	长期借款	5 100	1 200
固定资产	12 385	4 900	应付债券	2 600	800
无形资产	986	240	非流动负债合计	7 700	2 000
非流动资产合计	21 639	5 267	负债合计	8 313	2 199
			所有者权益（股东权益）：		
			实收资本（股本）	25 000	4 000
			资本公积	2 200	500
			盈余公积	1 350	300
			未分配利润	1 606	600
			所有者权益合计	30 156	5 400
资产总计	38 469	7 599	负债和所有者权益总计	38 469	7 599

表 14-2　利润表（简表）

会企 02 表

2022 年度

单位：万元

项目	A 公司	B 公司
营业收入	55 000	12 460
营业成本	40 200	9 000
税金及附加	680	160
销售费用	3 500	800
管理费用	3 760	900
财务费用	2 800	640
信用减值损失	120	40
投资收益	870	350

表14-2（续）

项目	A公司	B公司
营业利润	4 810	1 270
营业外收入	140	80
营业外支出	62	50
利润总额	4 888	1 300
所得税费用	1 100	300
净利润	3 788	1 000

表 14-3　所有者权益变动表（简表）

会企 02 表

2022 年度

单位：万元

项目	A公司					B公司				
	实收资本（股本）	资本公积	盈余公积	未分配利润	所有者权益合计	实收资本（股本）	资本公积	盈余公积	未分配利润	所有者权益合计
一、上年年末余额	25 000	2 200	971.2	696.8	28 868	4 000	500	200	300	5 000
加：会计政策变更										
前期差错更正										
二、本年年初余额	25 000	2 200	971.2	696.8	28 868	4 000	500	200	300	5 000
三、本年增减变动金额（减少以"–"号填列）			378.8	909.2	1 288				100	300	400
（一）综合收益总额				3 788	3 788				1 000	1 000
（二）所有者投入和减少资本										
（三）利润分配			378.8	-2 878.8	-2 500			100	-700	-600
1. 提取盈余公积			378.8	-378.8				100	-100	
2. 对所有者（股东）的分配				-2 500	-2 500				-600	-600
3. 其他										
（四）所有者权益内部结转										
四、本年年末余额	25 000	2 200	1 350	1 606	30 156	4 000	500	300	600	5 400

　　根据上述①至⑩笔调整抵销分录，编制合并工作底稿表，如表 14-4 所示。

表 14-4　合并工作底稿

2022 年度

单位：万元

项目	A公司	B公司	合计数	调整与抵销分录		少数股东权益	合并数
				借方	贷方		
流动资产：							
货币资金	8 000	1 200	9 200				9 200
应收账款	300	65	365	⑨2	⑦40		327

表14-4（续）

项目	A公司	B公司	合计数	调整与抵销分录借方	调整与抵销分录贷方	少数股东权益	合并数
存货	8 530	1 067	9 597				9 597
流动资产合计	16 830	2 332	19 162	2	40		19 124
非流动资产：							
长期股权投资	8 268	127	8 395	③792	⑦50 ④480 ⑤4 512		4 145
固定资产	12 385	4 900	17 285				17 285
无形资产	986	240	1 226	①50	②10		1 266
商誉				⑤160			160
非流动资产合计	21 639	5 267	26 906	1 002	5 052		22 856
资产总计	38 469	7 599	46 068	1 004	5 092		41 980
流动负债：							
应付账款	392	135	527	⑦40			487
应付职工薪酬	128	36	164				164
应交税费	93	28	121				121
流动负债合计	613	199	812	40			772
非流动负债：							
长期借款	5 100	1 200	6 300				6 300
应付债券	2 600	800	3 400	⑦50			3 350
非流动负债合计	7 700	2 000	9 700	50			9 650
负债合计	8 313	2 199	10 512	90			10 422
所有者权益（股东权益）：							
实收资本（股本）	25 000	4 000	29 000	⑤4 000			25 000
资本公积	2 200	500	2 700	⑤550	①50		2 200
盈余公积	1 350	300	1 650	⑤300			1 350
未分配利润	1 606	600	2 206				1 920
所有者权益合计	30 156	5 400	35 556				31 558
少数股东权益						1 088	1 088
负债和所有者权益总计	38 469	7 599	46 068				41 980

表14-4（续）

项目	A公司	B公司	合计数	调整与抵销分录 借方	调整与抵销分录 贷方	少数股东权益	合并数
营业收入	55 000	12 460	67 460	⑩25			67 435
营业成本	40 200	9 000	49 200		⑩25		49 175
税金及附加	680	160	840				840
销售费用	3 500	800	4 300				4 300
管理费用	3 760	900	4 660	②10			4 670
财务费用	2 800	640	3 440		⑧2		3 438
信用减值损失	120	40	160		⑨2		158
投资收益	870	350	1 220	④480 ⑥792 ⑧2	③792		738
营业利润	4 810	1 270	6 080	1 309	821		5 592
营业外收入	140	80	220				220
营业外支出	62	50	112				112
利润总额	4 888	1 300	6 188	1 309	821		5 700
所得税费用	1 100	300	1 400				1 400
净利润	3 788	1 000	4 788	1 309	821		4 300
少数股东损益						⑥198	198
归属于母公司所有者的净利润							4 102
一、年初未分配利润	696.8	300	996.8	⑥300			696.8
二、本年增减变动金额							
三、利润分配							
1. 提取盈余公积	378.8	100	478.8		⑥100		378.8
2. 对股东的分配	2 500	600	3 100		⑥600		2 500
四、年末未分配利润	1 606	600	2 206	⑤590 2 199	⑥590 2 111	198	1 920*

注：1 920* = 2 206 - 2 199 + 2 111 - 198。

根据上述工作底稿，我们编制合并资产负债表、合并利润表与合并所有者权益变动表，分别如表14-5、表14-6、表14-7所示。

表 14-5 合并资产负债表（简表）

编制单位：A 公司　　　　　2022 年 12 月 31 日　　　　　单位：万元

资产	期末余额	年初余额	负债及所有者权益	期末余额	年初余额
流动资产：			流动负债：		
货币资金	9 200		应付账款	487	
应收账款	327		应付职工薪酬	164	
存货	9 597		应交税费	121	
流动资产合计	19 124		流动负债合计	772	
非流动资产：			非流动负债：		
长期股权投资	4 145		长期借款	6 300	
固定资产	17 285		应付债券	3 350	
无形资产	1 266		非流动负债合计	9 650	
商誉	160		负债合计	10 422	
非流动资产合计	22 856		所有者权益（股东权益）：		
			实收资本（股本）	25 000	
			资本公积	2 200	
			盈余公积	1 350	
			未分配利润	1 920	
			归属于母公司所有者权益合计	30 470	
			少数股东权益	1 088	
资产总计	41 980		负债和所有者权益总计	41 980	

表 14-6 合并利润表（简表）

编制单位：A 公司　　　　　2022 年度　　　　　单位：万元

项目	本年金额	上年金额
营业收入	67 435	
营业成本	49 175	
税金及附加	840	
销售费用	4 300	
管理费用	4 670	
财务费用	3 438	

表14-6（续）

项目	本年金额	上年金额
信用减值损失	158	
投资收益	738	
营业利润	5 592	
营业外收入	220	
营业外支出	112	
利润总额	5 700	
所得税费用	1 400	
净利润	4 300	
归属于母公司股东的净利润	198	
少数股东损益	4 102	

表 14-7　合并所有者权益变动表（简表）

会企 02 表

编制单位：A 公司　　　　　　2022 年度　　　　　　单位：万元

项目	本年金额					
	归属于母公司所有者权益				少数股东权益	所有者权益合计
	实收资本	资本公积	盈余公积	未分配利润		
一、上年年末余额	25 000	2 200	971.2	696.8		28 868
加：会计政策变更					1 010	1 010
前期差错更正						
二、本年年初余额	25 000	2 200	971.2	696.8	1 010	29 878
三、本年增减变动金额（减少以"－"号填列）						
（一）综合收益总额				4 102	198	4 300
（二）所有者投入和减少资本						
（三）利润分配			378.8	－2 878.8	－120	－2 620
1. 提取盈余公积			378.8	－378.8		
2. 对所有者（股东）的分配				－2 500	－120	
3. 其他						
（四）所有者权益内部结转						
四、本年年末余额	25 000	2 200	592.4	7 677.6	1 328	31 558

14.3 合并现金流量表的编制

合并现金流量表是综合反映母公司及其所有子公司组成的企业集团在一定会计期间现金和现金等价物①流入和流出的报表。合并现金流量表以母公司和子公司的现金流量表为基础，在抵销母公司与子公司、子公司相互之间发生内部交易对合并现金流量表的影响后，由母公司编制。合并现金流量表也可以以合并资产负债表和合并利润表为依据进行编制。

14.3.1 编制合并现金流量表需要抵销的项目

现金流量表作为以单个企业为会计主体进行会计核算的结果，分别从母公司本身和子公司本身反映其在一定会计期间的现金流入和现金流出。在以个别现金流量表为基础计算的现金流入和现金流出项目的加总金额中，也必然包含有重复计算的因素，因此，编制合并现金流量表时，也需要将这些重复的因素予以抵销。

编制合并现金流量表时需要进行抵销处理的项目，主要有如下项目：

1. 母公司与子公司、子公司相互之间当期以现金投资或收购股权增加的投资所产生的现金流量的抵销

母公司以现金从子公司购买持有的其他企业的股票时，由此所产生的现金流量，在购买方母公司个别现金流量表中，以"投资活动产生的现金流量"中的"投资支付的现金"科目列示，在出售方子公司个别现金流量表中，以"投资活动产生的现金流量"中的"收回投资收到的现金"科目反映。在母公司对子公司投资的情况下，其所产生的现金流量，在母公司个别现金流量表中，以"投资活动产生的现金流量"中的"投资支付的现金"科目列示，在接受投资的子公司个别现金流量表中，以"筹资活动产生的现金流量"中的"吸收投资收到的现金"科目反映。因此，编制合并现金流量表时应将其抵销。

2. 企业集团内部当期取得投资收益收到的现金与分配股利、利润或偿付利息支付的现金的抵销

母公司对子公司以及子公司相互之间进行投资分配现金股利或利润时，由此所产生的现金流量，在股利或利润支付方的个别现金流量表中，以"筹资活动产生的现金流量"中的"分配股利、利润或偿付利息支付的现金"科目反映，在收到股利或利润的个别现金流量表中，以"投资活动产生的现金流量"中的"取得投资收益收到的现金"科目列示。因此，编制合并现金流量表时应将其抵销。

3. 企业集团内部以现金结算债权与债务所产生的现金流量的抵销

以现金结算内部债权债务，对于债权方来说表现为现金流入，对于债务方来说表现为现金流出。如果债权债务是集团内部商品交易引起的，在债权方的个别现金流量

---

① 在本节提及现金时，除非同时提及现金等价物，均包括现金和现金等价物。

表中以"销售商品、提供劳务收到的现金"科目列示，在债务方的个别现金流量表中以"购买商品、接受劳务支付的现金"科目列示，在编制合并现金流量表时应将其抵销。如果债权债务是属于其他内部往来所产生的，在债权方的个别现金流量表中以"收到的其他与经营活动有关的现金"科目列示，在债务方的个别现金流量表中以"支付的其他与经营活动有关的现金"科目列示，在编制合并现金流量表时也应将其抵销。

4. 企业集团内部当期销售商品所产生的现金流量的抵销

母公司与子公司、子公司相互之间销售商品在没有形成固定资产、在建工程、无形资产等长期资产的情况下，其所产生的现金流量，在销售方的个别现金流量表中以"销售商品、提供劳务收到的现金"科目列示，在购买方的个别现金流量表中以"购买商品、接受劳务支付的现金"科目列示。在母公司与子公司、子公司相互之间销售商品形成固定资产、在建工程、无形资产等长期资产的情况下，其所产生的现金流量，在购买方的个别现金流量表中以"购建固定资产、无形资产和其他长期资产所支付的现金"科目列示。因此，编制合并现金流量表时应将其抵销。

5. 企业集团内部处置固定资产等收回的现金净额与购建固定资产等支付的现金的抵销

企业集团内部处置固定资产所产生的现金流量，在处置方的个别现金流量表中以"处置固定资产、无形资产和其他长期资产收回的现金净额"科目列示，在接受方的个别现金流量表中以"购建固定资产、无形资产和其他长期资产所支付的现金"科目列示。因此，编制合并现金流量表时应将其抵销。

14.3.2　合并现金流量表中有关少数股东权益项目的反映

合并现金流量表的编制与个别现金流量表的编制相比，一个特殊的问题就是在子公司为非全资子公司的情况下，前者涉及子公司与其少数股东之间的现金流入和现金流出的处理问题。

对于子公司与少数股东之间发生的现金流入和现金流出，从整个企业集团来看，也影响到其整体的现金流入和流出数量的增减变动，必须在合并现金流量表中予以反映。子公司与少数股东之间发生的影响现金流入和现金流出的经济业务包括少数股东对子公司增加权益性投资、少数股东依法从子公司中抽回权益性投资、子公司向其少数股东支付现金股利或利润等。为了便于企业集团合并财务报表使用者了解掌握企业集团现金流量的情况，有必要将与子公司少数股东之间的现金流入和现金流出的情况单独予以反映。

对于子公司的少数股东增加在子公司中的权益性投资，在合并现金流量表中应当在"筹资活动产生的现金流量"之下的"吸收投资收到的现金"科目下的"其中：子公司吸收少数股东投资收到的现金"科目中反映。

对于子公司向少数股东支付现金股利或利润，在合并现金流量表中应当在"筹资活动产生的现金流量"之下的"分配股利、利润或偿付利息支付的现金"科目下的"其中：子公司支付给少数股东的股利、利润"科目中反映。

对于子公司的少数股东依法抽回在子公司中的权益性投资，在合并现金流量表中应当在"筹资活动产生的现金流量"之下的"支付其他与筹资活动有关的现金"科目中反映。

需要说明的是，在企业合并当期，母公司购买子公司及其他营业单位支付对价中以现金支付的部分与子公司及其他营业单位在购买日持有的现金和现金等价物应当相互抵销，区别两种情况分别处理：

（1）子公司及其他营业单位在购买日持有的现金和现金等价物小于母公司支付对价中以现金支付的部分，按减去子公司及其他营业单位在购买日持有的现金和现金等价物后的净额在"取得子公司及其他营业单位支付的现金净额"科目中反映，应编制的抵销分录为：借记"取得子公司及其他营业单位支付的现金净额"科目，贷记"年初现金及现金等价物余额"科目。

（2）子公司及其他营业单位在购买日持有的现金和现金等价物大于母公司支付对价中以现金支付的部分，按减去子公司及其他营业单位在购买日持有的现金和现金等价物后的净额在"收到其他与投资活动有关的现金"科目中反映，应编制的抵销分录为：借记"取得子公司及其他营业单位支付的现金净额"科目和"收到其他与投资活动有关的现金"科目，贷记"年初现金及现金等价物余额"科目。

14.3.3 合并现金流量表的格式

合并现金流量表的格式综合考虑了企业集团中一般工商企业和金融企业（包括商业银行、保险公司和证券公司）的现金流入和现金流出列报的要求，与个别现金流量表的格式基本相同，主要增加了反映金融企业行业特点的经营活动现金流量项目。合并现金流量表的一般格式如表 14-8 所示。

表 14-8 合并现金流量表

会企 03 表

编制单位： 年度 单位：

项目	本年金额	上年金额
一、经营活动产生的现金流量：		
销售商品、提供劳务收到的现金		
客户存款和同业存放款项净增加额		
向中央银行借款净增加额		
向其他金融机构拆入资金净增加额		
收到原保险合同保费取得的现金		
收到再保险业务现金净额		
保户储金及投资款净增加额		
处置交易性金融资产净增加额		
收取利息、手续费及佣金净增加额		

表14-8(续)

项目	本年金额	上年金额
拆入资金净增加额		
回购业务资金净增加额		
收到的税费返还		
收到其他与经营流动有关的现金		
经营活动现金流入小计		
购买商品、接受劳务支付的现金		
客户贷款及垫款净增加额		
存入中央银行和同业款项净增加额		
支付原保险合同赔付款项的现金		
支付利息、手续费及佣金的现金		
支付保单红利的现金		
支付给职工以及为职工支付的现金		
支付的各项税费		
支付其他与经营活动有关的现金		
经营活动现金流出小计		
经营活动产生的现金流量净额		
二、投资活动产生的现金流量		
收回投资收到的现金		
取得投资收益收到的现金		
处置固定资产、无形资产和其他长期资产收回的现金净额		
处置子公司及其他营业单位收到的现金净额		
收到其他与投资活动有关的现金		
投资活动现金流入小计		
购建固定资产、无形资产和其他长期资产支付的现金		
投资支付的现金		
质押贷款净增加额		
取得子公司及其他营业单位支付的现金净额		
支付其他与投资活动有关的现金		
投资活动现金流出小计		
投资活动产生的现金流量净额		

表14-8(续)

项目	本年金额	上年金额
三、筹资活动产生的现金流量		
吸收投资收到的现金		
其中：子公司吸收少数股东投资收到的现金		
取得借款收到的现金		
发行债券收到的现金		
收到其他与筹资活动有关的现金		
筹资活动现金流入小计		
偿还债务支付的现金		
分配股利、利润或偿付利息支付的现金		
其中：子公司支付给少数股东的股利、利润		
支付其他与筹资活动有关的现金		
筹资活动现金流出小计		
筹资活动产生的现金流量净额		
四、汇率变动对现金的影响		
五、现金及现金等价物净增加额		
加：年初现金及现金等价物余额		
六、年末现金及现金等价物余额		

14.4 报告期内增减子公司的合并处理

14.4.1 本期增加子公司的合并处理

在企业投资或追加投资取得对被投资单位的控制权，而使其成为子公司的情况下，对于该投资企业的投资，应当采用权益法进行核算；在会计期末，应当将该子公司纳入合并范围编制合并财务报表，并分以下两种情况进行处理：

1. 同一控制下的企业合并增加子公司

在编制合并资产负债表时，视同该子公司从设立起就被母公司控制，应当调整合并资产负债表中所有相关项目的期初数，相应地，合并资产负债表的留存收益项目应当反映母公司如果一直作为一个整体运行至合并日应实现的盈余公积和未分配利润的情况。

在编制合并利润表时，应视同合并后形成的报告主体自最终控制方开始实施控制时一直是一体化存续下来的，经营成果应持续计算，因此，应当将该公司合并当期期初至报告期末的收入、费用、利润纳入合并利润表，而不是从合并日开始纳入合并利润表。由于这部分净利润是企业合并准则所规定的同一控制下企业合并的编表原则所致，而非母公司管理层通过生产经营活动实现的净利润，因此应当在合并利润表中单列"其中：被合并方在合并前实现的净利润"科目进行反映。

在编制合并现金流量表时，应当将该子公司合并当期期初至报告期末的现金流量纳入合并现金流量表。

2. 非同一控制下的企业合并增加子公司

在编制合并资产负债表时，应以本期取得的子公司在合并资产负债表日的资产负债表为基础编制。对本期投资或追加投资取得的子公司，不需要调整合并资产负债表的期初数。

在编制合并利润表时，应以本期取得的子公司自取得控制权日起至本期期末为会计期间的财务报表为基础编制，将本期取得的子公司自取得控制权日起至本期期末的收入、费用和利润通过合并，纳入合并财务报表之中。

在编制合并现金流量表时，应当将本期取得的子公司自取得控制权日起至本期期末止的现金流量的信息纳入合并现金流量表。

14.4.2 本期减少子公司的合并处理

在本期出售转让子公司部分股份或全部股份，丧失对该子公司的控制权而使其成为非子公司的情况下，应当将其排除在合并财务报表的合并范围之外。

在编制合并资产负债表时，不需要对该出售转让股份而成为非子公司的资产负债表进行合并。但为了提高会计信息的可比性，应当在合并财务报表附注中披露该子公司成为非子公司对合并财务报表财务状况以及对前期相关金额的影响，即披露该子公司在丧失控制权日以及该子公司在上年年末的资产和负债金额，具体包括流动资产、长期股权投资、固定资产、无形资产及其他资产和流动负债、长期负债等。

在编制合并利润表时，应当以该子公司期初至丧失控制权成为非子公司之日止的利润表为基础，将该子公司自期初至丧失控制权之日止的收入、费用、利润纳入合并利润表。同时为了提高会计信息的可比性，在合并财务报表附注中披露该子公司成为非子公司对合并财务报表的经营成果以及对前期相关金额的影响，即披露该子公司自期初至丧失控制权日止的经营成果以及上年度的经营成果，具体包括营业收入、营业利润、利润总额、所得税费用和净利润等。

在编制现金流量表时，应将该子公司自期初至丧失控制权之日止的现金流量的信息纳入合并现金流量表，并将出售该子公司所收到的现金扣除子公司持有的现金和现金等价物以及相关处置费用后的净额，在有关投资活动类的"处置子公司及其他营业单位所收到的现金"科目中反映。

思考题

1. 试述合并财务报表的概念及特点。
2. 试述合并财务报表的三种合并理论。
3. 合并财务报表的合并范围如何确定?
4. 合并财务报表编制的原则包括哪些?
5. 试述在编制合并报表时如何抵销内部债权债务。
6. 试述在编制合并报表时如何抵销内部商品交易。
7. 试述在编制合并报表时如何抵销内部固定资产交易。

参考文献

[1] 中华人民共和国财政部.企业会计准则［M］.北京：经济科学出版社，2006.

[2] 中华人民共和国财政部.企业会计准则：应用指南［M］.北京：中国财政经济出版社，2006.

[3] 财政部会计司编写组.企业会计准则讲解2010［M］.北京：人民出版社，2010.

[4] 石本仁.高级财务会计［M］.2版.北京：中国人民大学出版社，2011.

[5] 刘永泽.高级财务会计［M］.2版.大连：东北财经大学出版社，2011.

[6] 贝克，莱姆基，金，等.高级财务会计（7版）［M］.赵小鹿，译.北京：人民邮电出版社，2011.

[7] 贾守华，牛丽文，张玮.中级财务会计［M］.北京：科学出版社，2011.

[8] 梁莱歆.高级财务会计［M］.北京：清华大学出版社，2011.

[9] 中国注册会计师协会.会计［M］.北京：中国财政经济出版社，2012.

[10] 比姆斯，等.高级会计学（10版）［M］.储一昀，译.北京：中国人民大学出版社，2012.

[11] 胡世强，杨明娜.财务会计［M］.2版.成都：西南财经大学出版社，2012.

[12] 企业会计准则编审委员会.企业会计准则（2015年版）［M］.上海：立信会计出版社，2015.

[13] 企业会计准则编审委员会.企业会计准则应用指南（2015年版）［M］.上海：立信会计出版社，2015.

[14] 中华人民共和国财政部.企业会计准则（2018年版）［M］.上海：立信会计出版社，2018.

[15] 中华人民共和国财政部.企业会计准则应用指南（2018年版）［M］.上海：立信会计出版社，2018.

[16] 中华人民共和国财政部.企业会计准则（2023年版）［M］.上海：立信会计出版社，2023.

[17] 中华人民共和国财政部.企业会计准则应用指南（2023年版）［M］.上海：立信会计出版社，2023.

[18] 企业会计准则编审委员会.企业会计准则案例讲解（2023年版）［M］.上海：立信会计出版社，2023.

[19] 企业会计准则编审委员会.企业会计准则详解与实务（2023年版）［M］.北京：人民邮电出版社，2023.